CB077684

LEGISLAÇÃO INTERNA do

TJ-SP

para Concurso de

ESCREVENTE
TÉCNICO JUDICIÁRIO

O livro é a porta que se abre para a realização do homem.
Jair Lot Vieira

Supervisão editorial
JAIR LOT VIEIRA

LEGISLAÇÃO INTERNA do TJ-SP para Concurso de ESCREVENTE TÉCNICO JUDICIÁRIO

- Resolução TJSP nº 850, de 14 de abril de 2021
- Resolução TJSP nº 963, de 28 de maio de 2025
- Lei Complementar nº 1.111, de 25 de maio de 2010
- Regimento Interno do Tribunal de Justiça do Estado de São Paulo
- Normas da Corregedoria Geral da Justiça:
  - Provimento nº 50, de 14 de setembro de 1989
  - Provimento nº 30, de 16 de outubro de 2013
- Índices alfabético-remissivos

edipro

Copyright desta edição © 2025 by Edipro Edições Profissionais Ltda.

Todos os direitos reservados. Nenhuma parte deste livro poderá ser reproduzida ou transmitida de qualquer forma ou por quaisquer meios, eletrônicos ou mecânicos, incluindo fotocópia, gravação ou qualquer sistema de armazenamento e recuperação de informações, sem permissão por escrito do editor.

Grafia conforme o novo Acordo Ortográfico da Língua Portuguesa.

1ª edição, 2025.

Atualizada até o *DOE* de 3.9.2025

Produção Editorial: Alexandre Rudyard Benevides
Revisão: Ursula Augusta Benevides
Capa: Equipe Edipro

Dados Internacionais de Catalogação na Publicação (CIP)
(Câmara Brasileira do Livro, SP, Brasil)

Legislação interna do TJ-SP para concurso de escrevente técnico judiciário / supervisão editorial Jair Lot Vieira. – São Paulo : Edipro, 2025.

ISBN 978-65-5660-201-1

1. Concursos públicos – Preparação 2. Direito – Concursos públicos I. Vieira, Jair Lot.

25-297505.0 CDU-34(079.1)

Índice para catálogo sistemático:
1. Brasil : Concursos públicos : Direito : 34(079.1)

Eliane de Freitas Leite – Bibliotecária – CRB 8/8415

EDITORA AFILIADA

edipro

São Paulo: (11) 3107-7050 • Bauru: (14) 3234-4121
www.edipro.com.br • edipro@edipro.com.br
@editoraedipro @editoraedipro

SUMÁRIO

ÍNDICES ALFABÉTICO-REMISSIVOS

LEGISLAÇÃO INTERNA DO TJSP PARA CONCURSO DE ESCREVENTE TÉCNICO JUDICIÁRIO

6.1. RESOLUÇÃO TJSP Nº 850, DE 14 DE ABRIL DE 2021

Regulamenta o teletrabalho no âmbito do Tribunal de Justiça do Estado de São Paulo e dá outras providências.

O Tribunal de Justiça do Estado de São Paulo, por seu Órgão Especial, no uso de suas atribuições legais;

Considerando as dificuldades que envolvem a mobilidade urbana, em especial nos grandes centros;

Considerando a preocupação com a qualidade de vida e consequentes reflexos na produtividade de servidores(as) e magistrados(as);

Considerando a equivalência dos efeitos jurídicos do trabalho realizado de forma remota àqueles decorrentes da atividade exercida de forma direta nas dependências do Tribunal de Justiça do Estado de São Paulo;

Considerando a possibilidade de incremento da produtividade decorrente dos recursos tecnológicos de informação e de comunicação disponíveis;

Considerando a Resolução CNJ nº 227, de 15 de junho de 2016, alterada pelas Resoluções CNJ nº 298, de 22 de outubro de 2019, e nº 371 de 17 de fevereiro de 2021, que regulamentou o teletrabalho no âmbito do Poder Judiciário;

Considerando a Resolução CNJ nº 343, de 9 de setembro de 2020, que instituiu condições especiais de trabalho para magistrados(as) e servidores(as) com deficiência, necessidades especiais ou doença grave ou que sejam pais ou responsáveis por dependentes nessa mesma condição;

Considerando a experiência obtida e os resultados alcançados com a realização do trabalho à distância durante o isolamento social em razão da pandemia de Covid-19;

Considerando a significativa redução de gastos, observada com a implementação provisória do teletrabalho, a partir da necessidade de isolamento social surgida com a pandemia de Covid-19;

Considerando o quanto deliberado nos autos nº 2021/20736;

Resolve:

Capítulo I
DO REGIME DE TELETRABALHO NO ÂMBITO DO TRIBUNAL DE JUSTIÇA DE SÃO PAULO

Art. 1º. Entende-se por teletrabalho a realização das atividades funcionais de servidores(as) e magistrados(as) fora das dependências físicas das unidades do Tribunal de Justiça do Estado de São Paulo, por meio de ambiente virtual.

Art. 2º. São objetivos do teletrabalho:

I – reduzir tempo e custo de deslocamento até o local de trabalho;

II – promover mecanismos de motivação e comprometimento com as metas da instituição;

III – aumentar a produtividade e a qualidade de trabalho;

IV – contribuir para a melhoria de programas socioambientais, com a diminuição de poluentes e a redução no consumo de água, esgoto, energia elétrica, papel e outros bens e serviços;

V – ampliar as possibilidades de trabalho a pessoas com dificuldade de deslocamento;

VI – propiciar melhor qualidade de vida a servidores(as) e magistrados(as);

VII – promover a cultura orientada a resultados, com foco no incremento da eficiência e da efetividade dos serviços prestados à sociedade;

VIII – considerar a multiplicidade das tarefas, dos contextos de produção e das condições de trabalho para a concepção e implemento de mecanismos de avaliação e alocação de recursos.

Art. 3º. O regime de teletrabalho, contanto que exercido de acordo com as regras dispostas na presente Resolução, assegurará a quem o realize os mesmos direitos do regime de trabalho presencial, inclusive auxílio-alimentação, exceção feita ao auxílio-transporte.

Art. 4º. O regime de teletrabalho não será permitido se implicar qualquer despesa ao Tribunal de Justiça de São Paulo.

Art. 5º. Servidores(as) e magistrados(as) em regime de teletrabalho deverão, às suas expensas e sob sua responsabilidade, providenciar o quanto necessário para integral desempenho de suas atividades funcionais, à distância, incluindo-se, exemplificativamente, mesas, cadeiras, estantes, computadores, telas, acessórios, fonte de alimentação energética, *hardware*, *software*, impressoras, digitalizadoras e provedores de internet, sempre com capacidades e características suficientes para bom e fiel desempenho da totalidade de suas atividades laborais.

Art. 6º. Eventuais dissensos acerca da aplicação da presente Resolução serão decididos pela Presidência, observadas, em especial, as Resoluções CNJ nº 227/2016 e nº 343/2020 e ouvida previamente a Corregedoria Geral da Justiça nas matérias de que trata o Capítulo III da presente Resolução.

Capítulo II
DO REGIME DE TELETRABALHO DE SERVIDORES(AS)

Art. 7º. O presente capítulo aplica-se aos(às) escreventes técnicos judiciários, servidores(as) lotados(as) nos gabinetes dos(as) Juízes(as) atendidos(as) pelas Unidades de Processamento Judicial (UPJs), assistentes judiciários e assistentes jurídicos das unidades judiciais e administrativas, de primeira e segunda instâncias, da Capital e das Comarcas do Interior, bem como aos(às) psicólogos(as) e assistentes sociais do setor técnico.

[*] Art. 7º, *caput*, com redação dada pela Resolução nº 864/2022.

Parágrafo único. Para os demais cargos, o pedido deverá ser formulado pelo(a) servidor(a), devidamente justificado pelo(a) gestor(a), e será apreciado pela Presidência.

Art. 8º. As atividades e atribuições dos(as) servidores(as) poderão ser executadas fora das dependências físicas das unidades do Tribunal de Justiça, na modalidade de teletrabalho.

§ 1º. Não se enquadram no conceito de teletrabalho as atividades que, em virtude da natureza do cargo ou das atribuições da unidade de lotação, já sejam desempenhadas externamente às dependências do órgão ou que, pelas mesmas razões, devam ser executadas exclusivamente nos prédios da Corte.

§ 2º. O dia de atividade em teletrabalho corresponderá a um dia normal da jornada de trabalho do(a) servidor(a) e será considerado para todos os fins de direito, incluído o auxílio-alimentação e excluído o auxílio-transporte.

§ 3º. A jornada diária de trabalho será cumprida no horário de expediente forense fixado pelo C. Conselho Superior da Magistratura.

Art. 9º. O teletrabalho de servidores(as) sujeita-se às seguintes regras:

I – exigência de que as atividades sejam, exclusivamente, relativas a processamentos digitais;

II – a quantidade de servidores(as) em teletrabalho, por unidade, poderá ser de até 70% (setenta por cento) do quadro nas unidades do Tribunal vinculadas diretamente à Presidência, à Vice-Presidência, à Corregedoria Geral da Justiça e às Presidências de Seção, arredondadas as frações para o primeiro número inteiro imediatamente superior, admitida excepcionalmente a majoração, desde que constatada pelo(a) gestor(a) da unidade a possibilidade de manutenção do atendimento ao público externo e de outras atividades que exijam atuação presencial, com aprovação da Presidência do Tribunal de Justiça;

III – nas unidades de primeiro grau, com exceção dos gabinetes, a quantidade de servidores(as) em teletrabalho, por unidade, será de até 50% (cinquenta por cento) do quadro, arredondadas as frações para o primeiro número inteiro imediatamente superior;

IV – nos gabinetes, o número de servidores(as) em teletrabalho será definido pelo(a) Juiz(a) ou Desembargador(a);

V – caso o número de servidores(as) interessados(as) em realizar o teletrabalho supere os limites previstos nos incisos II e III, caberá ao(à) gestor(a) da unidade a indicação daquele(s) com perfil(s) mais adequado(s) ao exercício da atividade nessa modalidade, sendo-lhe facultado propor um revezamento entre os(as) servidores(as), observadas diariamente as porcentagens definidas para o teletrabalho, sempre respeitado o disposto na Resolução CNJ nº 343, de 10 de setembro de 2020, bem como no Capítulo IV desta Resolução;

[*] Inciso V com redação dada pela Resolução nº 864/2022.

VI – realização de reuniões virtuais entre o(a) gestor(a) da unidade ou chefia imediata e servidor(a) em teletrabalho, utilizando-se dos meios de tecnologia disponíveis, segundo acordo prévio, com periodicidade mínima mensal, observado o disposto no inciso VIII deste artigo;

VII – o contato entre servidor(a) e gestor(a) deverá ocorrer em dias úteis, no horário de expediente forense, respeitada a jornada diária de trabalho de cada categoria e o horário reservado para o almoço;

VIII – intervalo para almoço, de 30 minutos, admitida a tolerância de até 15 minutos, deverá ocorrer, obrigatoriamente, no período compreendido entre 12h e 14h, sendo vedado nesse período o agendamento de reuniões ou contato com o(a) servidor(a) para qualquer finalidade, salvo situação de urgência;

IX – a frequência do(a) servidor(a) em teletrabalho será registrada com o "log in" e o "log off" realizados no sistema, que equivalerá ao registro obrigatório de seu ponto, observados os horários de entrada e de saída de sua jornada normal de trabalho;

X – o alcance da meta de produtividade estabelecida para o(a) servidor(a) em teletrabalho equivale ao cumprimento de sua jornada de trabalho e a superação dela não implica pagamento de gratificação de horas extras ou a formação de banco de horas.

Parágrafo único. As reuniões periódicas previstas no inciso VI deste artigo deverão propiciar a avaliação e o acompanhamento da evolução dos trabalhos pelo(a) gestor(a) ou pela chefia imediata e, quando possível, a interação do(a) servidor(a) em teletrabalho com os demais membros da unidade.

Art. 10. O teletrabalho, de caráter facultativo e realizado no interesse e a critério da Administração, dependerá de apresentação de requerimento, em formulário próprio, do qual constará a autorização prévia do(a) Desembargador(a), Juiz(a) ou gestor(a) da unidade, além de compromisso do(a) interessado(a) de cumprir integralmente os parâmetros e deveres previstos neste ato e no Manual de Orientação de Teletrabalho e declaração expressa do(a) servidor(a) de que o local em que executará o teletrabalho atende às exigências do Tribunal de Justiça.

§ 1º. A participação do(a) servidor(a) no teletrabalho será informada à Secretaria de Gestão de Pessoas – SGP em até 10 dias úteis da autorização mencionada no *caput* deste artigo, e vigorará por tempo indeterminado, enquanto presentes as condições estabelecidas nesta Resolução, ou até que ocorra uma das hipóteses de desligamento previstas no art. 19 deste ato.

§ 2º. As autorizações para realização de teletrabalho dos servidores serão publicadas no Diário da Justiça Eletrônico – DJE.

§ 3º. Os nomes dos(as) servidores(as) autorizados(as) a realizar teletrabalho serão disponibilizados no Portal da Transparência, com atualização mínima semestral.

§ 4º. O(A) servidor(a) em regime de teletrabalho poderá requerer, desde que atendido o interesse e a critério da Administração, autorização para residir em local diverso de sua lotação.

§ 5º. Decorridos 30 (trinta) dias, contados do início do teletrabalho, a estação de trabalho do(a) servidor(a) disponível nas dependências do Tribunal de Justiça poderá ser desativada, cabendo ao(à) gestor(a) da unidade informar o decurso do tempo à administração do prédio para devolução do equipamento à Secretaria de Tecnologia da Informação – STI, nos termos a serem determinados pela Presidência.

[*] § 5º com redação dada pela Resolução nº 864/2022.

§ 6º. O requerimento de que trata o *caput* deste artigo será dirigido à Secretaria de Gestão de Pessoas – SGP, em formato eletrônico, via sistema informatizado.

§ 7º. Ficam dispensados(as) da comunicação de teletrabalho à Secretaria de Gestão de Pessoas – SGP, em formato eletrônico, via sistema informatizado, os(as) servidores(as) ocupantes dos cargos de assistente jurídico, assistente judiciário, escrevente técnico judiciário lotado(a) em gabinete de Desembargador(a) e Juiz(a) de Direito Substituto(a) em Segundo Grau, bem como servidores(as) lotados(as) nos gabinetes dos Juízes(as) atendidos pelas Unidades de Processamento Judicial (UPJs).

[*] § 7º acrescentado pela Resolução nº 864/2022.

§ 8º. Deverão permanecer em trabalho presencial até a publicação da autorização do teletrabalho os(as) servidores(as) que o requereram nos termos do Capítulo IV, bem como os(as) abrangidos(as) pelo parágrafo único do art. 7º, ambos desta Resolução.

[*] § 8º acrescentado pela Resolução nº 864/2022.

Art. 11. É vedada a participação em teletrabalho aos(às) servidores(as) que:

I – apresentem contraindicações por motivo de saúde, devidamente comprovadas por laudo médico;

II – tenham sofrido penalidade disciplinar nos 2 (dois) anos anteriores à solicitação;

III – tenham sido desligados(as) do teletrabalho nos últimos 6 (seis) meses, nos termos indicados no art. 19, inciso IV, desta resolução;

IV – tenham sido relotados(as) pelo processo de remoção, nos últimos 6 (seis) meses;

V – não tenham alcançado conceito positivo na avaliação de desempenho mais recente;

VI – estejam no primeiro ano do estágio probatório.

Art. 12. São deveres do(a) servidor(a) em teletrabalho:

I – cumprir a meta de produtividade estabelecida, com a qualidade exigida pela chefia imediata e pelo(a) gestor(a) da unidade;

II – atender às solicitações de superiores hierárquicos para comparecimento às dependências do Tribunal de Justiça, salvo impossibilidade justificada;

III – manter telefones de contato permanentemente atualizados e ativos nos dias úteis, durante o horário de expediente forense;

IV – consultar diariamente sua caixa de correio eletrônico institucional ou outro canal de comunicação institucional previamente definido, bem como o portal do Tribunal de Justiça, para constante atualização;

V – manter seu(sua) gestor(a) informado(a), por meio de mensagem dirigida à caixa de correio eletrônico ou outro canal de comunicação institucional previamente definido, acerca da evolução de trabalho, indicando eventual dificuldade, dúvida ou informação que possa prejudicar o andamento das atividades sob sua responsabilidade;

VI – preservar o sigilo dos dados acessados de forma remota, mediante observância das normas internas de segurança da informação, bem como manter atualizados os sistemas informatizados institucionais instalados nos equipamentos em uso;

VII – cumprir diretamente as atividades atribuídas em regime de teletrabalho, sendo vedada a utilização de terceiros, servidores(as) ou não, para o cumprimento das metas estabelecidas;

VIII – participar das atividades de orientação, capacitação e acompanhamento ao teletrabalho, sempre que assim determinado pela Administração do Tribunal de Justiça;

IX – participar de reuniões periódicas com o(a) gestor(a) da unidade ou com a chefia imediata.

X – observar as regras do termo de confidenciabilidade subscrito no ato de posse, zelando pela segurança das informações armazenadas no equipamento de trabalho.

XI – não manter contato com partes ou advogados(as) sem ciência prévia do(a) gestor(a), se possível, ou, na impossibilidade, posterior;

XII – providenciar e manter, às suas expensas, as estruturas física e tecnológica necessárias ao desempenho das atividades do cargo ou função, atendidos os requisitos mínimos estabelecidos pela Secretaria de Tecnologia da Informação – STI, conforme especificado no Manual de Orientação de Teletrabalho.

Art. 13. No caso de descumprimento dos deveres estabelecidos nesta Resolução, ou em caso de denúncia motivada e identificada, o(a) servidor(a) deverá prestar, em 2 (dois) dias úteis, esclarecimentos ao(à) gestor(a) da unidade, que poderá, se for o caso, suspender o teletrabalho, comunicando o fato à Secretaria de Gestão de Pessoas – SGP.

Art. 14. São atribuições da chefia imediata, em conjunto com o(a) gestor(a) da unidade:

I – participar das atividades de orientação e de desenvolvimento gerencial, relacionadas ao teletrabalho, proporcionadas pelo Tribunal de Justiça;

II – elaborar, juntamente com o(a) servidor(a), o plano de trabalho, que deverá contemplar:

a) descrição das atividades a serem desempenhadas pelo(a) servidor(a);

b) as metas a serem alcançadas;

c) a periodicidade em que o(a) servidor(a) em regime de teletrabalho deverá comparecer ao local de trabalho;

d) o cronograma de reuniões com a chefia imediata ou gestor(a) da unidade para eventual revisão e ajustes de metas, bem como avaliação do desempenho do(a) servidor(a) no teletrabalho.

III – acompanhar o trabalho e a adaptação do(a) servidor(a) em regime de teletrabalho.

IV – aferir e monitorar o cumprimento das metas estabelecidas, bem como a qualidade do trabalho apresentado;

V – realizar reuniões periódicas com o(a) servidor(a) em teletrabalho.

VI – garantir a manutenção de equipe em trabalho presencial, adequando, quando necessário, o percentual dos(as) servidores(as) em teletrabalho.

[*] Inciso VI acrescentado pela Resolução nº 864/2022.

Parágrafo único. O plano de trabalho de que trata o inciso II poderá ser alterado a qualquer tempo, sempre observado o interesse da Administração.

Art. 15. Para atendimento ao contido nas Resoluções CNJ nº 227/2016 e nº 298/2019, compete ao(à) gestor(a) da unidade enviar relatório semestral, com nome e produtividade dos(as) servidores(as) em teletrabalho, além de comunicar eventuais desligamentos de servidores(as) à Secretaria de Gestão de Pessoas – SGP, pelo sistema Hólos.

Art. 16. Sempre que entender conveniente e necessário, e no interesse e a critério da Administração, o(a) servidor(a) em teletrabalho poderá prestar serviços nas dependências de sua unidade de lotação, mediante autorização do(a) gestor(a).

Parágrafo único. O comparecimento poderá ser substituído por reuniões virtuais com o uso das ferramentas de tecnologia disponíveis, a critério do(a) gestor(a) da unidade.

Art. 17. O teletrabalho ficará restrito a tarefas que possibilitem mensuração objetiva do desempenho do(a) servidor(a) e aferição de sua produtividade pelo(a) gestor(a).

Art. 18. A produtividade do(a) servidor(a) em teletrabalho deverá ser superior à produtividade aferida na atividade presencial da unidade de trabalho.

§ 1º. A Secretaria de Gestão de Pessoas – SGP buscará informações com as demais unidades judiciais e administrativas para realizar acompanhamentos periódicos da produtividade dos(as) servidores(as) em teletrabalho, fornecendo dados ao Grupo de Acompanhamento do Teletrabalho – GA-Tel, para análise de resultados.

§ 2º. Deverá ser desenvolvida pela Secretaria de Tecnologia da Informação – STI, em conjunto com a Secretaria da Primeira Instância – SPI e com a Secretaria de Gestão de Pessoas – SGP, no prazo de 6 (seis) meses, ferramenta para controle e acompanhamento de produtividade, que possibilite a automática extração de relatórios.

§ 3º. Os(As) servidores(as) em teletrabalho nos termos do Capítulo IV ficam dispensados(as) do acréscimo de produtividade de que trata o *caput* deste artigo (art. 2º, inciso IV, da Resolução CNJ nº 343/2020).

[*] § 3º acrescentado pela Resolução nº 864/2022.

Art. 19. O(A) servidor(a) será desligado(a) do teletrabalho:

I – a qualquer tempo, por pedido pessoal;

II – em decorrência de finalização ou descontinuidade do teletrabalho na unidade de lotação;

III – no interesse da Administração, por força da necessidade de prestação de serviços presenciais;

IV – pelo não atingimento das metas e/ou não-cumprimento das regras estabelecidas nesta resolução;

V – a critério do(a) gestor(a) da unidade ou por deliberação da Presidência, a qualquer tempo.

VI – em caso de alteração de posto de trabalho ou do cargo, devendo adotar todos os procedimentos para o teletrabalho se autorizado pelo(a) Magistrado(a) ou gestor(a), exceto se houver dispensa dos procedimentos de teletrabalho (art. 10, § 7º).

[*] Inciso VI acrescentado pela Resolução nº 864/2022.

§ 1º. Em caso de cessação do teletrabalho, o(a) servidor(a) terá o prazo de até 5 (cinco) dias úteis para retorno ao trabalho presencial, mantido, no período, o dever de cumprimento das atividades definidas no plano de trabalho.

§ 2º. Ao tomar conhecimento de desligamento do teletrabalho, o(a) gestor(a) da unidade poderá, caso necessário, solicitar à administração predial uma estação de trabalho, nos termos a serem determinados pela Presidência. Enquanto não instalada, deverá o servidor permanecer em teletrabalho.

[*] § 2º com redação dada pela Resolução nº 864/2022.

Art. 20. O Tribunal de Justiça não arcará com nenhum custo na aquisição de bens ou serviços para o(a) servidor(a) em teletrabalho.

Parágrafo único. Será permitida ao(à) servidor(a) a utilização do serviço de suporte ao(à) usuário(a), oferecido pela Secretaria de Tecnologia da Informação – STI, no horário de expediente forense, para atendimento exclusivo de forma remota dos serviços de configuração e instalação de softwares e aplicativos inerentes às atividades exercidas pelos funcionários.

[*] Parágrafo único com redação dada pela Resolução nº 864/2022.

Art. 21. A composição do Grupo de Acompanhamento do Teletrabalho – GA-Tel dar-se-á por ato do Presidente do Tribunal de Justiça e não implicará nenhum benefício aos seus membros.

Parágrafo único. Compete ao Grupo de Acompanhamento do Teletrabalho – GA-Tel:

I – analisar os resultados apresentados pelas unidades participantes, em avaliações com periodicidade máxima semestral, e propor os aperfeiçoamentos necessários;

II – apresentar relatórios anuais à Presidência deste Tribunal, com descrição dos resultados auferidos e dados sobre o cumprimento dos objetivos descritos no art. 2º desta Resolução.

Art. 22. A Secretaria de Gestão de Pessoas – SGP promoverá a capacitação de gestores(as) e servidores(as) envolvidos(as) com o regime de teletrabalho mediante cursos e palestras.

Capítulo III
DO REGIME DE TELETRABALHO DE MAGISTRADOS(AS)

Art. 23. É facultado a magistrados(as) de primeiro grau do Tribunal de Justiça de São Paulo, atendidos os pressupostos e procedimentos deste capítulo, o regime de teletrabalho.

Art. 24. Os(as) magistrados(as) titulares de comarcas de entrância final e os titulares de Comarcas de entrância intermediária com mais de 3 (três) varas, que optarem pelo regime de teletrabalho, deverão comparecer ao fórum pelo menos 3 (três) dias úteis por semana.

§ 1º. Os(as) magistrados(as) titulares de comarcas de entrância intermediária com 3 (três) ou menos varas, os(as) titulares de comarcas de entrância inicial e os(as) juízes(as) substitutos(as), que optarem pelo regime de teletrabalho, deverão comparecer ao fórum pelo menos 4 (quatro) dias úteis por semana.

§ 2º. Para os fins do disposto no *caput* e no § 1º, aplica-se aos(às) juízes(as) de direito auxiliar o mesmo regime dos(as) juízes(as) titulares da respectiva comarca.

§ 3º. Nos dias em que trabalhar remotamente, o(a) magistrado(a) deverá estar na comarca em que autorizado(a) a residir.

§ 4º. A assinatura digital dos atos a cargo do(a) magistrado(a) deverá ser por ele(a) exclusivamente efetuada e, se estiver em regime de teletrabalho, de seu equipamento pessoal.

Art. 25. O(A) magistrado(a) diretor(a) submeterá, para fins de controle, à Presidência e à Corregedoria Geral da Justiça, escala de comparecimento presencial dos(as) magistrados(as) do respectivo fórum, bem como eventuais alterações subsequentes.

§ 1º. Sem prejuízo da observância das regras fixadas no artigo anterior quanto ao comparecimento presencial mínimo de cada magistrado(a), o magistrado(a) diretor(a) deverá zelar para que seja garantida, em cada dia útil da escala, a presença de pelo menos 1/3 (um terço) do número total de magistrados(as) em exercício no fórum.

§ 2º. O piso de 1/3 (um terço) estabelecido no parágrafo anterior não se aplica às comarcas de vara única, em relação às quais deverá ser observada apenas a regra do § 1º do art. 24 desta Resolução.

§ 3º. A Presidência poderá determinar, a qualquer tempo, de ofício, ou por provocação, ouvida a Corregedoria Geral da Justiça, a modificação da escala apresentada.

§ 4º. A escala de comparecimento presencial dos(as) magistrados(as) de cada fórum deverá ser disponibilizada no sítio do Tribunal de Justiça para consulta pública.

§ 5º. Designada, pela Corregedoria Geral de Justiça, correição em unidade judicial, é obrigatório o comparecimento presencial do(a) magistrado(a) e servidores(as) respectivos(as) durante os trabalhos.

Art. 26. A Corregedoria Geral da Justiça poderá determinar, a qualquer tempo, de ofício, ou por provocação, a cessação do regime de teletrabalho de qualquer magistrado(a), em casos, exemplificativamente, de produtividade insuficiente, aumento de processos conclusos há mais de cem dias, recusa a atendimento remoto de advogados(as), defensores(as) e promotores(as), prejuízo à atividade jurisdicional ligado à especialidade da unidade e problemas de gestão da unidade cartorária.

§ 1º. É dever do(s) magistrados(as) em regime de teletrabalho atender, por ferramenta virtual, advogados(as), defensores(as) e promotores(as), quando assim solicitado.

§ 2º. O(A) magistrado(a) em regime de teletrabalho deve ter produtividade igual ou superior à média dos(as) magistrados(as) que atuam em Varas de semelhante competência na mesma comarca, ou, tratando-se de vara única ou de vara de competência exclusiva na comarca, igual ou superior à dos(as) magistrados(as) das varas de competência semelhante em comarcas do mesmo porte.

Art. 27. O(a) magistrado(a), quer esteja ou não em regime de teletrabalho, deverá permanecer, durante o expediente forense, em condições de ser prontamente contactado, via sistema Teams ou outro que o substituir, pela Presidência, pela Corregedoria Geral da Justiça, por outros(as) magistrados(as) e pelo(a) diretor(a) da unidade que esteja assumindo ou auxiliando.

§ 1º. É dever do(a) magistrado(a), quer esteja ou não em regime de teletrabalho, acessar diariamente seu e-mail funcional, presumindo-se como recebidas e lidas as mensagens no primeiro dia útil subsequente ao do envio.

§ 2º. Em que pese a comunicação estabelecer-se prioritariamente pelos meios eletrônicos referidos no *caput* e no § 1º deste artigo, todos(as) os(as) magistrados(as) devem manter atualizados, perante a Secretaria da Magistratura (Portal da Magistratura), seus contatos telefônicos, além de disponibilizá-los ao(a) diretor(a) da unidade que esteja assumindo ou auxiliando.

Capítulo IV
DO REGIME DE TELETRABALHO DE SERVIDORES(AS) E MAGISTRADOS(AS) COM DEFICIÊNCIA, NECESSIDADES ESPECIAIS OU DOENÇA GRAVE, BEM COMO DAQUELES(AS) QUE TENHAM FILHOS(AS) OU DEPENDENTES LEGAIS NA MESMA CONDIÇÃO

Art. 28. Será regido pelas regras do presente capítulo o regime de teletrabalho exercido por magistrados(as) e servidores(as) com deficiência, necessidades especiais ou doença grave, bem como por quem tenha filhos(as) ou dependentes legais nas mesmas condições.

§ 1º. Para os efeitos desta Resolução, considera-se pessoa com deficiência aquela abrangida pelo art. 2º da Lei nº 13.146/2015, pela equiparação legal veiculada no art. 1º, § 2º, da Lei nº 12.764/2012 e, nos casos de doença grave, aquelas expostas no art. 6º, inciso XIV, da Lei nº 7.713/88.

§ 2º. Poderá ser deferido o teletrabalho em hipóteses não previstas no § 1º deste artigo mediante apresentação de parecer de equipe multidisciplinar, a ser homologado por junta oficial em matéria de saúde.

[*] Regulamentação do disposto no § 2º: Vide Portaria nº 10.263/2023.

§ 3º. O teletrabalho exercido nas hipóteses previstas neste artigo será computado para o cálculo dos limites fixados nos capítulos anteriores desta Resolução.

Art. 29. Além do teletrabalho, poderão ser concedidas as seguintes modalidades de condição especial de trabalho a magistrados(as) e servidores(as) mencionados no art. 29 desta Resolução:

I – designação provisória para atividade fora da Comarca de lotação do(a) magistrado(a) ou servidor(a), de forma a aproximá-lo(a) do local de residência do(a) filho(a) ou do(a) dependente legal com deficiência, bem como do local onde são prestados a si ou aos seus dependentes serviços médicos, terapias multidisciplinares e atividades pedagógicas;

II – apoio à unidade judicial de lotação ou de designação de magistrado(a) ou servidor(a), que poderá ocorrer por meio de designação de juiz(a) auxiliar ou substituto(a) com jurisdição plena ou para a prática de atos processuais específicos, pela inclusão da unidade em mutirão de prestação jurisdicional e/ou pelo incremento quantitativo do quadro de servidores(as);

III – concessão de jornada especial, nos termos da lei.

Art. 30. Para a concessão de qualquer modalidade de condição especial de trabalho, deverão ser considerados o contexto e a forma de organização da família, a necessidade do compartilhamento de responsabilidades, a participação ativa dos pais ou responsáveis legais, com o objetivo de garantir a construção de um ambiente saudável e propício ao crescimento e bem-estar de seus(suas) filhos(as) ou dependentes, bem assim de todos os membros da unidade familiar.

Art. 31. A existência de tratamento ou acompanhamento similar em outras localidades diversas ou mais próximas daquela indicada pelo requerente não implica necessariamente indeferimento do pleito, visto que caberá ao(à) interessado(a), no momento do pedido, explicitar as questões fáticas capazes de demonstrar a necessidade da sua permanência em determinada localidade, facultando-se ao Tribunal de Justiça a escolha de Comarca que esteja em plena harmonia com o interesse público, desde que não haja risco à saúde do(a) magistrado(a) ou servidor(a), do(a) filho(a) ou dependente legal.

Art. 32. Os(As) magistrados(as) e os(as) servidores(as) com deficiência, necessidades especiais ou doença grave, ou que tenham filhos(as) ou dependentes legais nessa condição, poderão requerer diretamente à Presidência do Tribunal de Justiça a concessão de condição especial de trabalho em uma ou mais das modalidades previstas neste Capítulo, independentemente de compensação laboral posterior e sem prejuízo da remuneração.

§ 1º. O requerimento deverá enumerar os benefícios resultantes da inclusão do(a) magistrado(a) ou servidor(a) em condição especial de trabalho para si ou para o(a) filho(a) ou dependente legal com deficiência, necessidades especiais ou doença grave, acompanhado de fundamentada justificação.

§ 2º. O requerimento, que deverá ser instruído com laudo técnico, poderá ser submetido à homologação mediante avaliação de perícia técnica ou de equipe multidisciplinar designada pelo Tribunal de Justiça, facultada a indicação de assistente técnico pelo(a) requerente.

§ 3º. Quando não houver possibilidade de instrução do requerimento com laudo técnico prévio, o(a) requerente, ao ingressar com o pleito, poderá desde logo solicitar que a perícia técnica seja realizada por equipe multidisciplinar do Tribunal de Justiça, facultada a solicitação da cooperação de profissional vinculado a outra instituição pública.

§ 4º. O laudo técnico necessariamente deverá atestar a gravidade da doença ou a deficiência que fundamenta o pedido, bem como deverá informar:

a) se a localidade onde reside ou passará a residir o(a) paciente, conforme o caso, é agravante de seu estado de saúde ou prejudicial à sua recuperação ou ao seu desenvolvimento;

b) se, na localidade de lotação do(a) magistrado(a) ou do(a) servidor(a), há tratamento ou estrutura adequados;

c) se a manutenção ou mudança de domicílio pleiteada terá caráter temporário e, em caso positivo, a época de nova avaliação médica.

§ 5º. Para fins da manutenção das condições especiais de trabalho deverá ser apresentado, anualmente, laudo médico que ateste a permanência da situação que deu ensejo à concessão.

§ 6º. A condição especial de trabalho deferida ao(à) magistrado(a) ou servidor(a) não será levada em consideração como motivo a impedir o regular preenchimento dos cargos vagos da unidade em que atuam.

Art. 33. A condição especial de trabalho será revista em caso de alteração da situação fática que a motivou, mediante avaliação de perícia técnica ou de equipe multidisciplinar.

§ 1º. O(A) magistrado(a) e o(a) servidor(a) deverão comunicar à Presidência do Tribunal de Justiça, no prazo de cinco dias, qualquer alteração no seu quadro de saúde ou no de filho(a) ou dependente legal com deficiência, necessidade especial ou doença grave que implique cessação da necessidade de trabalho no regime de condição especial.

§ 2º. Cessada a condição especial de trabalho, aplica-se o período de trânsito definido em lei em caso de necessidade de deslocamento do(a) magistrado(a) ou servidor(a), conforme definido pela Presidência do Tribunal de Justiça;

Art. 34. O Tribunal de Justiça fomentará ações formativas, de sensibilização e de inclusão voltadas aos(às) magistrados(as) e servidores(as) com deficiência, necessidades especiais ou doença grave, ou que tenham filhos(as) ou dependentes legais na mesma condição.

Art. 35. A Escola Paulista da Magistratura e a Escola Judicial dos Servidores do Tribunal de Justiça de São Paulo deverão promover cursos voltados ao conhecimento e à reflexão de questões relativas às pessoas com deficiência e seus direitos.

Art. 36. O(A) magistrado(a) ou servidor(a) em condição especial de trabalho participará das substituições automáticas previstas em regulamento do Tribunal, independentemente de designação, bem como das escalas de plantão, na medida do possível.

Parágrafo único. A participação em substituições e plantões poderá ser afastada, de maneira fundamentada, expressamente especificada nas condições especiais, a critério do Tribunal de Justiça.

Art. 37. A concessão de qualquer das condições especiais de trabalho não justifica qualquer atitude discriminatória no trabalho, inclusive no que diz respeito à concessão de vantagens de qualquer natureza, remoção ou promoção na carreira, bem como ao exercício de função de confiança ou de cargo em comissão, desde que atendidas as condicionantes de cada hipótese.

Capítulo V
DAS DISPOSIÇÕES FINAIS E TRANSITÓRIAS

Art. 38. As situações eventualmente não contempladas nesta Resolução serão apreciadas pela Presidência do Tribunal de Justiça, observadas, em especial, as Resoluções CNJ nº 227/2016 e nº 343/2020, ouvida previamente a Corregedoria Geral da Justiça nas matérias relacionadas ao Capítulo III.

Art. 39. Considerando que, no curso da pandemia da COVID-19, o trabalho remoto extraordinário permanece em vigor, nas formas plena e parcial, como Sistema Remoto de Trabalho ou Sistema Escalonado de Retorno ao Trabalho Presencial, esta Resolução entrará em vigor 30 (trinta) dias após a cessação do trabalho em tais modalidades por ato do Presidente do Tribunal de Justiça, com exceção do capítulo IV, que entra em vigor na data da sua publicação, revogadas as disposições em contrário.

Parágrafo único. O prazo mencionado no *caput* deste artigo poderá ser reduzido ou prorrogado por ato do Presidente do Tribunal de Justiça.

Art. 40. Os(As) estagiários(as) em geral, funcionários(as) cedidos(as) pelas municipalidades e voluntários(as), poderão atuar em teletrabalho, considerando o interesse do serviço e sob o controle do(a) Magistrado(a) ou gestor(a), dispensada a comunicação à Secretaria de Gestão de Pessoas – SGP.

[*] Art. 40 acrescentado pela Resolução nº 864/2022.

Registre-se. Publique-se. Cumpra-se.

São Paulo, 14 de abril de 2021.

Geraldo Francisco Pinheiro Franco, Presidente do TJSP

6.2.[A] RESOLUÇÃO TJSP Nº 963, DE 28 DE MAIO DE 2025

Dispõe sobre a governança e utilização do sistema eproc nas unidades do Poder Judiciário do Estado de São Paulo e dá outras providências.

O Tribunal de Justiça do Estado de São Paulo, por seu Órgão Especial, no uso de suas atribuições legais,

Considerando o disposto no art. 8 da Lei nº 11.419, de 19 de dezembro de 2006, que dispõe sobre a competência dos órgãos do Poder Judiciário para regulamentar a informatização do processo judicial no âmbito de suas competências;

Considerando a deliberação de 24 de julho de 2024, deste Órgão Especial, pela adesão do Tribunal de Justiça ao sistema eproc, que possui sistemática própria para tramitação, desenvolvimento e sustentação;

Considerando a necessidade de prever regulamentação específica para os processos digitais no novo sistema, a fim de garantir uniformidade, segurança e eficiência aos procedimentos adotados em todas as Unidades Judiciárias paulistas;

Resolve:

DAS DISPOSIÇÕES GERAIS

Art. 1º. A presente Resolução dispõe sobre a governança e utilização do sistema eproc nas unidades do Poder Judiciário do Estado de São Paulo e dá outras providências.

Art. 2º. São princípios para utilização, implementação, sustentação, desenvolvimento e evolução do sistema eproc no Tribunal de Justiça do Estado de São Paulo:

I – aderência à versão nacional: o sistema será mantido em conformidade com a versão nacional, preservando o módulo base e prevenindo fragmentações que comprometam sua estabilidade, segurança e interoperabilidade;

II – desenvolvimento colaborativo: serão priorizadas soluções que atendam às necessidades comuns da Justiça Estadual e Federal, favorecendo a sustentação e evolução do sistema de forma integrada e compartilhada;

III – automação e simplificação: sempre que possível, as atividades serão automatizadas para aumentar a produtividade, precedidas pela revisão e eliminação de rotinas que não agreguem valor ao fluxo processual;

IV – pragmatismo e efetividade: as definições de regras e evoluções seguirão a lógica do impacto amplo, priorizando soluções aplicáveis à maioria dos casos, sem foco em casos excepcionais ou preferências individuais;

V – instrumentalidade e autonomia: a implementação e normatização devem favorecer a flexibilidade e autonomia, priorizando eficiência e alta produtividade, assegurada a rastreabilidade das ações dos usuários.

Parágrafo único. O fomento e o zelo pela manutenção das diretrizes definidas neste artigo são de responsabilidade de todos os usuários do sistema eproc.

DA GOVERNANÇA DO SISTEMA

Art. 3º. A governança do sistema eproc no âmbito do Tribunal de Justiça do Estado de São Paulo objetivará:

I – Manter o funcionamento do sistema eproc de acordo com suas características, diretrizes e princípios próprios;

II – Zelar pelo caráter colaborativo de gestão e evolução do sistema; e

III – Adotar as estratégias necessárias para a sustentação e o desenvolvimento do sistema.

Art. 4º. A governança será exercida pelos seguintes órgãos:

I – Comitê Gestor do eproc – CGe;

II – Núcleo de Gestão Negocial – NGN; e

III – Núcleo de Gestão Técnica – NGT.

Art. 5º. O CGe será o órgão coordenador da governança do sistema eproc e atuará como interlocutor das demandas locais a serem incorporadas à versão nacional.

§ 1º. O CGe será composto por, no mínimo, um Juiz assessor da Presidência, um Juiz assessor da Vice-Presidência e um juiz Assessor da Corregedoria Geral da Justiça.

§ 2º. A composição, as atribuições e o funcionamento do CGe serão regulados por Provimento do Conselho Superior da Magistratura.

Art. 6º. Incumbirá ao NGN subsidiar o CGe com as informações necessárias sobre as demandas levadas à decisão daquele, pela ótica negocial do sistema eproc.

§ 1º. O NGN será integrado por, no mínimo, um representante da Secretaria de Governança de Sistemas, da Secretaria de Primeira Instância, da Secretaria Judiciária, da Secretaria de Gestão de Pessoas e da Corregedoria.

§ 2º. A composição, as atribuições e o funcionamento do NGN serão regulados pela Presidência em ato próprio.

Art. 7º. Incumbirá ao NGT subsidiar o CGe com as informações necessárias sobre as demandas levadas à decisão daquele, pela ótica tecnológica do sistema eproc.

§ 1º. O NGT será integrado por, no mínimo, dois servidores da Secretaria de Tecnologia de Informações e um da Secretaria de Governança de Sistemas.

§ 2º. A composição, as atribuições e o funcionamento do NGT serão regulados pela Presidência por meio de ato próprio.

Art. 8º. A interlocução com as entidades externas para as questões relacionadas ao sistema eproc será realizada por meio de Comitê Interinstitucional, criado pela Presidência especificamente para tal fim, mediante ato próprio.

Parágrafo único. Os usuários externos poderão apresentar demandas relacionadas ao sistema eproc exclusivamente por meio do Comitê Interinstitucional, que exercerá o primeiro filtro de pertinência e relevância.

DA IMPLANTAÇÃO

Art. 9º. A implantação do sistema eproc e a migração de processos do sistema legado serão realizadas de forma gradativa, por competências, em unidades judiciárias previamente definidas, conforme cronograma divulgado pela Presidência.

Art. 10. Implantado o sistema eproc em determinada competência de uma unidade judiciária, o ajuizamento de novos processos nessa competência será admitido exclusivamente por meio do eproc.

§ 1º. Os processos em tramitação no sistema eproc somente admitirão o protocolo de petições intermediárias, incidentes e recursos por meio do próprio sistema.

§ 2º. O cumprimento definitivo de sentença no sistema eproc será iniciado por petição inicial autônoma, observada a classe processual "Cumprimento de Sentença", que será vinculado ao principal, quando tramitar na mesma unidade.

Art. 11. Os processos ajuizados antes da implantação do sistema eproc, bem como os recursos, incidentes e processos dependentes ou conexos, continuarão tramitando no sistema legado até o seu encerramento, ressalvada a hipótese de migração.

§ 1º. Os processos que tramitam no sistema legado somente admitirão o protocolo de petições intermediárias, incidentes e recursos pelo próprio sistema, salvo disposição em contrário regulamentada pela Presidência.

§ 2º. O cumprimento definitivo de sentença oriundo de processo que tramitou no sistema legado deverá ser iniciado nesse mesmo sistema, até que seja disponibilizada, no eproc, a funcionalidade específica para essa finalidade, conforme regulamentação própria.

Art. 12. A migração de processos do sistema legado para o sistema eproc observará os procedimentos e regramentos estabelecidos em ato conjunto da Presidência e da Corregedoria.

Art. 13. Ato próprio da Presidência regulamentará a remessa de autos entre unidades judiciais, nos casos de incompetência, em que os autos devam ser remetidos a outro juízo ou instância que não disponha de sistema compatível.

Art. 14. A identificação do sistema processual correto e a prática do respectivo ato processual competem exclusivamente ao peticionante, sob pena de não produção dos respectivos efeitos jurídicos.

DOS USUÁRIOS

Art. 15. São usuários do sistema eproc:

I – Internos: magistrados, servidores, estagiários, servidores cedidos por outros órgãos, voluntários e outros auxiliares autorizados pelo Tribunal de Justiça do Estado de São Paulo;

II – Externos: partes, advogados, procuradores, defensores públicos, membros do Ministério Público, policiais, peritos, tradutores, intérpretes, leiloeiros, administradores de recuperação judicial/falência e outros interessados ou intervenientes na relação jurídico-processual.

Parágrafo único. Os usuários terão acesso às funcionalidades do sistema eproc de acordo com o perfil que lhes for atribuído.

Art. 16. O credenciamento dos usuários internos do sistema eproc será efetuado:

I – Pela Secretaria de Governança de Sistemas – SGS, quanto aos servidores com perfil de gestor do sistema;

II – Pela chefia que possua perfil de gestor do sistema, quanto aos demais usuários internos;

§ 1º. É dever do usuário interno com perfil de gestor do sistema ou de seu substituto gerenciar o acesso dos magistrados e demais usuários internos que lhe estejam subordinados, bem como interrompê-lo após o encerramento do vínculo com a unidade em até 24 (vinte e quatro) horas, sob pena de responsabilidade.

§ 2º. O usuário interno com perfil de gestor do sistema que for substituído na função deverá promover o credenciamento e habilitação do seu substituto nas funcionalidades inerentes à gerência do sistema eproc.

§ 3º. A atribuição de perfil no sistema tem a exclusiva finalidade de permitir o acesso ao conjunto de funcionalidades a ele inerentes e não equivale ao reconhecimento de cargo ou função para qualquer outra finalidade de fato ou direito.

Art. 17. O credenciamento de usuários externos será oportunamente regulado pela Presidência em ato próprio, sem prejuízo do que consta nesta Resolução.

Parágrafo único. A desabilitação do acesso de usuário externo ao sistema será feita por solicitação deste, pelo gerente responsável pelo seu credenciamento ou por determinação de autoridade administrativa ou judicial competente.

Art. 18. Os usuários do sistema eproc devem utilizá-lo de forma adequada, sem comprometer sua disponibilidade, desempenho ou segurança, observando as seguintes diretrizes gerais:

I – resguardar o sigilo de suas credenciais de acesso, bem como de processos e documentos classificados como sigilosos;

II – garantir que os dispositivos utilizados atendam aos requisitos técnicos do sistema, incluindo conexão na rede mundial de computadores estável e funcional;

III – utilizar corretamente as funcionalidades do sistema, sem adulterar dados, manipular registros processuais ou comprometer a integridade das informações;

IV – responsabilizar-se pelo uso adequado de registros audiovisuais para fins exclusivamente processuais, vedada a divulgação indevida de seu conteúdo;

V – abster-se de práticas que causem sobrecarga ao sistema, incluindo o uso não autorizado, por usuários externos, de robôs de consulta;

VI – comunicar imediatamente eventuais falhas ou vulnerabilidades identificadas, contribuindo para a segurança e continuidade do sistema.

Parágrafo único. O descumprimento deste artigo sujeita o usuário às sanções administrativas, civis, criminais e processuais aplicáveis, inclusive aquelas previstas no art. 37 e seguintes desta Resolução.

DO ACESSO

Art. 19. O sistema eproc será acessado por meio da rede mundial de computadores, no endereço eletrônico do Tribunal de Justiça do Estado de São Paulo.

Parágrafo único. Os documentos e atos praticados pelos usuários serão assinados e certificados com a utilização de assinatura digital, baseada em certificado digital, ou de assinatura eletrônica, com uso de login e senha fornecidos no credenciamento do usuário, nos termos das alíneas "a" e "b" do inciso III do § 2º do art. 1º da Lei nº 11.419, de 19 de dezembro de 2006.

Art. 20. O acesso ao sistema eproc para consulta ou movimentação processual será disponibilizado ininterruptamente, ressalvadas as hipóteses de indisponibilidade.

Parágrafo único. Considera-se indisponibilidade a interrupção de acesso ao sistema decorrente de falha ou manutenção nos equipamentos e programas do Tribunal de Justiça do Estado de São Paulo, certificada pelo administrador do sistema eproc.

Art. 21. Os prazos que se vencerem no dia de indisponibilidade do sistema serão prorrogados para o dia útil seguinte à retomada do funcionamento, quando:

I – a indisponibilidade for superior a 60 (sessenta) minutos, ininterruptos ou não, e ocorrer entre 12h00min e 23h00min;

II – a indisponibilidade ocorrer por qualquer período entre 23h01min e 00h00min.

§ 1º. A indisponibilidade ocorrida entre 00h01min e 11h59min dos dias de expediente forense e a ocorrida em feriados e finais de semana, por qualquer período, não produzirão o efeito do *caput* deste artigo.

§ 2º. Quando tecnicamente possível, a ocorrência de indisponibilidade será certificada pelo administrador do sistema eproc, que providenciará o lançamento de evento em cada processo cujo prazo foi prorrogado.

§ 3º. Não se aplica a regra prevista no *caput* deste artigo se a impossibilidade de acesso ao sistema decorrer de falha nos equipamentos ou programas dos usuários ou em suas conexões à rede mundial de computadores, ressalvada decisão judicial em contrário.

DAS INTEGRAÇÕES

Art. 22. Os Órgãos e instituições públicas poderão submeter à análise do Tribunal pedido de integração do eproc com sistemas próprios de gestão de processos judiciais eletrônicos, por meio do MNI (Modelo Nacional de Interoperabilidade) ou outro padrão técnico que venha a ser adotado.

Art. 23. O sistema eproc também será utilizado como meio eletrônico de tramitação de comunicação de atos processuais e transmissão de peças processuais, sempre que possível.

§ 1º. A pesquisa de informações e a inclusão ou exclusão de dados em cadastros, entre outras providências semelhantes, cujo cumprimento se realize via acesso a sistemas de terceiros, ocorrerão via integração destes ao sistema judicial.

§ 2º. É vedada, para o cumprimento referido no § 1º, a disponibilização de portais que demandem das unidades a digitação de dados ou outra atividade manual similar, salvo nos casos de absoluta impossibilidade técnica de integração, determinação do Conselho Nacional de Justiça e imposição legal ou regulamentar.

§ 3º. Sempre que o uso de portais for admitido nos termos do § 2º, sua manutenção será anualmente revisada para, se houver viabilidade técnica, providenciar sua substituição por integração direta ao sistema judicial.

§ 4º. Cabe à Presidência a celebração de convênio, termo de cooperação ou outro instrumento similar, para o acesso, envio e obtenção de informações em sistemas de terceiros, quando necessário, observado o disposto neste artigo.

DA PRÁTICA DE ATOS PROCESSUAIS

Art. 24. Caberá ao peticionante:

I – preencher corretamente os campos obrigatórios do formulário eletrônico;

II – qualificar corretamente todas as partes e seus representantes indicadas na petição, com as informações que dispuser, especialmente CPF ou CNPJ, nos termos do art. 15 da Lei nº 11.419/2006;

III – classificar corretamente a petição de acordo com a classe, o assunto e o tipo processuais disponibilizados na tabela do sistema;

IV – carregar, sob pena de rejeição, as peças essenciais da respectiva classe e documentos complementares:

a) em conformidade com as especificações técnicas regulamentadas em Portaria da Presidência do Tribunal de Justiça do Estado de São Paulo;

b) em formato legível e ajustado ao padrão de visualização, evitando zoom excessivo ou distorções;

c) na ordem em que deverão aparecer no processo;

d) nomeados de acordo com a listagem disponibilizada;

e) livres de vírus ou ameaças que possam comprometer a integridade do sistema;

V – Disponibilizar arquivos de áudio e vídeo testados previamente, garantindo sua qualidade e acessibilidade;

VI – Revisar todas as informações antes do envio da petição ou documentos anexos, assumindo a responsabilidade por eventuais erros.

§ 1º. Nos casos em que a petição ou quaisquer outros documentos devam ser firmados por mais de um signatário, o interessado anexará, junto à sua assinatura eletrônica, o arquivo com o texto do documento e um termo assinado por todos os que necessitam intervir, esclarecendo o fato.

§ 2º. O descumprimento do disposto neste artigo poderá ensejar a aplicação das sanções previstas no art. 18, parágrafo único, sem prejuízo de eventuais consequências processuais.

Art. 25. As petições iniciais, incidentes, cartas, mandados, recursos e demais atos serão distribuídos automaticamente pelo sistema.

§ 1º. A análise dos casos normativos de prevenção e outros filtros que não sejam realizados automaticamente pelo sistema observará o disposto em atos próprios.

§ 2º. Se necessário, a redistribuição em primeiro grau será feita diretamente no sistema pelo juízo que a determinar.

Art. 26. Considera-se realizado o ato processual no dia e hora do seu envio ao sistema eproc.

§ 1º. Quando o ato for praticado para atender prazo processual, será considerado tempestivo aquele transmitido integralmente até as 24 (vinte e quatro) horas do seu último dia.

§ 2º. O eproc considerará o horário oficial de Brasília – DF.

§ 3º. Não serão considerados para efeito de tempestividade o horário inicial da conexão do usuário à rede mundial de computadores, o horário inicial do acesso do usuário ao eproc ou os horários registrados pelos equipamentos do remetente.

§ 4º. Nas petições intermediárias, será considerada como comprovante a impressão da tela do processo em que conste a juntada do documento.

Art. 27. Toda movimentação gerada no sistema eproc será registrada com a indicação da data e horário de sua realização e a identificação do usuário que lhe deu causa.

§ 1º. É de exclusiva responsabilidade do usuário identificado a movimentação processual registrada no sistema.

§ 2º. As anulações e retificações de eventos realizados por usuários internos deverão ser registradas no histórico do processo.

§ 3º. Os documentos não pertinentes ao processo ou a ele indevidamente anexados poderão ser desentranhados por determinação judicial.

Art. 28. Os eventos registrados na movimentação ou registros do processo no sistema eproc equivalem à certificação da prática do ato processual para todos os fins de direito.

§ 1º. Os eventos de abertura de conclusão, encaminhamento à publicação, publicação, disponibilização em diário eletrônico, distribuição de recurso, publicação de pauta e de trânsito em julgado, dentre outros realizados pelo sistema, não serão objeto de certificação manual pelas unidades judiciais, salvo eventual interrupção na funcionalidade de geração automática dos respectivos eventos e apenas durante tal período.

§ 2º. É dispensado o envio por meio de mensagens eletrônicas de eventos realizados pelo sistema.

Art. 29. O recolhimento da taxa judiciária e demais despesas observará as regras parametrizadas do sistema e será disciplinado em atos próprios.

DA CONSULTA E DO SIGILO

Art. 30. A consulta aos dados e documentos dos processos judiciais por meio da rede mundial de computadores observará o disposto na Resolução nº 121 de 5 de outubro de 2010 do Conselho Nacional de Justiça e regulamentação pertinente.

Art. 31. A emissão de certidões de distribuição será disciplinada por ato conjunto da Presidência e Corregedoria.

Parágrafo único. Havendo necessidade das partes de documento comprobatório de qualquer evento do processo eletrônico, deverá fazer uso da funcionalidade "certidão narratória", que terá a mesma validade de certidão de objeto e pé para todos os fins de direito.

Art. 32. Os processos e os documentos no eproc que não sejam públicos poderão ser classificados segundo níveis de sigilo, conforme padronização do sistema.

Parágrafo único. A indicação sigilo de processo ou documento poderá ser feita de ofício ou no momento do peticionamento, conforme a funcionalidade liberada para o respectivo perfil, sujeito a posterior ratificação pelo juízo.

DOS PROCESSOS EM SEGUNDO GRAU

Art. 33. As apelações interpostas em processos eletrônicos que tramitam no sistema eproc serão processadas nos próprios autos, devendo o juízo de origem proceder à remessa eletrônica ao tribunal competente, depois do trâmite regular e providenciadas as necessárias alterações nos registros.

Art. 34. Os agravos de instrumento tirados de processos que tramitam pelo sistema eproc serão interpostos no sistema de primeiro grau, por intermédio do link apropriado, que os enviará automaticamente ao sistema de segundo grau do tribunal competente, onde serão processados em autos apartados com nova numeração

§ 1º. A parte agravante juntará apenas a petição inicial do agravo de instrumento com as suas razões, devendo indicar precisamente a decisão agravada, preferentemente por referência ao evento que a gerou, dispensada a juntada de quaisquer peças existentes no processo de primeiro grau.

§ 2º. A parte agravante deverá demonstrar nas razões de agravo a tempestividade do recurso mediante a indicação do evento que gerou sua intimação.

§ 3º. O sistema lançará automaticamente registro no processo de primeiro grau, que servirá como comprovação da interposição do agravo.

§ 4º. Caso o agravante não seja parte do processo na origem, o agravo deverá ser interposto diretamente no sistema do tribunal competente, fazendo referência ao número do processo de primeiro grau.

Art. 35. Nos processos criminais, os recursos em sentido estrito que são julgados em segundo grau de jurisdição deverão tramitar em autos próprios, cabendo ao interessado providenciar sua distribuição por dependência ao processo originário.

Art. 36. Sem prejuízo do disposto neste Capítulo, a Presidência poderá, mediante ato próprio, regulamentar o processamento de feitos no Tribunal no sistema eproc, observadas as peculiaridades das diferentes matérias, notadamente da jurisdição criminal.

Parágrafo único. Aplica-se, no que couber, o disposto neste Capítulo aos recursos interpostos e ações autônomas no Colégio Recursal.

USO INADEQUADO DO SISTEMA

Art. 37. Compreende uso inadequado do sistema toda atividade que evidencie ataque cibernético, violação de dados ou uso desproporcional dos ativos computacionais, causando sobrecarga na sua infraestrutura ou redução significativa de sua disponibilidade, com prejuízo às partes e à atividade jurisdicional.

Parágrafo único. Identificada utilização inadequada do sistema por qualquer usuário, proceder-se-á ao bloqueio preventivo do usuário, temporário e total.

Art. 38. Na hipótese do parágrafo único do art. 37, a Secretaria de Tecnologia da Informação – STI deverá entrar em contato com o usuário bloqueado pelo e-mail fornecido no cadastro para que este, se for o caso, possa solicitar sua eventual reativação no sistema.

Parágrafo único. Caso o usuário bloqueado seja advogado, procurador ou membro da Defensoria Pública ou do Ministério Público, deverá ser dirigida comunicação à respectiva Seccional da Ordem dos Advogados do Brasil ou à correspondente corregedoria, conforme o caso.

Art. 39. A Presidência do Tribunal de Justiça, mediante ato próprio, definirá procedimentos pelos quais se evite o comprometimento do desempenho do sistema eproc em razão de ferramentas de consulta automatizadas.

Parágrafo único. A Presidência poderá avaliar, em ato próprio, a conveniência e oportunidade de cobrança pelo acesso massificado a dados existentes no sistema eproc, por meio de API, nos termos da Recomendação CNJ nº 74/2020, desde que não configure uso inadequado do sistema.

DISPOSIÇÕES FINAIS E TRANSITÓRIAS

Art. 40. A tramitação dos processos eletrônicos no Sistema de Automação da Justiça – SAJ permanece regulamentada pela Resolução nº 551, de 8 de setembro de 2011, deste Órgão Especial.

Parágrafo único. Até a edição de normas específicas para o eproc, as unidades poderão utilizar os manuais e informativos do sistema como referência para sua operacionalização.

Art. 41. Em caso de indisponibilidade absoluta do sistema eproc, devidamente certificada, e para o fim de evitar perecimento de direito ou ofensa à liberdade de locomoção, a petição poderá ser protocolizada em meio físico para distribuição manual, com posterior digitalização e inserção no sistema pelo juízo a que for distribuída.

Art. 42. Esta Resolução entra em vigor na data de sua publicação.

Art. 43. Revogam-se as disposições em contrário.

Registre-se. Publique-se. Cumpra-se.

São Paulo, 28 de maio de 2025.

(a) *Fernando Antonio Torres Garcia*, Presidente do Tribunal de Justiça.

6.2.[B] LEI COMPLEMENTAR Nº 1.111, DE 25 DE MAIO DE 2010

[*] Atualizada até *DOE* de 3.9.2025.

Institui o Plano de Cargos e Carreiras dos servidores do Tribunal de Justiça do Estado de São Paulo e dá providências correlatas

O Governador do Estado de São Paulo:

Faço saber que a Assembleia Legislativa decreta e eu promulgo a seguinte lei complementar:

Capítulo I
DAS DISPOSIÇÕES PRELIMINARES

Art. 1º. Fica instituído, na forma desta Lei Complementar, o Plano de Cargos e Carreiras dos Servidores do Tribunal de Justiça do Estado de São Paulo.

Capítulo II
DO QUADRO DE PESSOAL

Art. 2º. O Quadro de Pessoal do Tribunal de Justiça do Estado de São Paulo compreende:

I – cargos efetivos constantes do Anexo I;

II – cargos em comissão constantes do Anexo II.

Capítulo III
DOS VENCIMENTOS, DAS JORNADAS DE TRABALHO E DAS VANTAGENS PECUNIÁRIAS

Art. 3º. Os valores dos vencimentos dos servidores do Tribunal de Justiça do Estado de São Paulo abrangidos pelo Plano de Cargos e Carreiras ficam fixados de acordo com as Escalas de Vencimentos anexas a esta Lei Complementar, na seguinte conformidade:

I – Escala de Vencimentos – Cargos Efetivos, constituída de 8 (oito) referências, identificadas por algarismos arábicos de 1 (um) a 8 (oito) e por 18 (dezoito) graus, representados pelas letras de "A" a "R", destinada aos cargos de provimento efetivo, na conformidade do Anexo III desta Lei Complementar;

II – Escala de Vencimentos – Cargos Efetivos – Área Saúde, constituída de 3 (três) referências, identificadas por algarismos arábicos de 11 (onze) a 13 (treze) e por 18 (dezoito) graus, representados pelas letras de "A" a "R", destinada aos cargos efetivos da Área Saúde, na conformidade do Anexo III desta Lei Complementar;

III – Escala de Vencimentos – Cargos em Comissão, constituída de 2 (dois) níveis de 14 (quatorze) referências, representadas por algarismos romanos de "I" a "XIV", na conformidade do Anexo IV desta Lei Complementar.

[*] Inciso III com redação dada pela Lei Complementar nº 1.217, de 12.11.2013, com efeitos a partir de 1º.12.2013.

Art. 4º. Os valores mensais do vencimento previstos no Anexo III correspondem às jornadas de 40 (quarenta) e 30 (trinta) horas semanais de trabalho, cujos valores são aplicáveis aos servidores ocupantes de cargos efetivos de acordo com as jornadas a que estiverem sujeitos.

§ 1º. Os cargos de Auxiliar de Saúde Judiciário, referência "11" e Enfermeiro Judiciário, referência "12", terão jornada de trabalho de 30 (trinta) horas semanais, e os cargos de Médico Judiciário e Cirurgião Dentista Judiciário, referência "13", terão jornada de trabalho de 20 (vinte) horas semanais, aplicando-se-lhes os valores previstos na Escala de Vencimentos – Cargos Efetivos – Área Saúde, constante do Anexo III desta Lei Complementar.

§ 2º. Os valores mensais dos vencimentos previstos na Escala de Vencimentos – Cargos em Comissão, constantes do Anexo IV desta Lei Complementar, correspondem à jornada de 40 (quarenta) horas semanais de trabalho.

§ 3º. Os cargos de Assistente Social Judiciário terão jornada de trabalho de 30 (trinta) horas semanais, a partir de 27 de agosto de 2010, aplicando-se-lhes os valores previstos na referência "8" da Escala de Vencimentos – Cargos Efetivos, Jornada de Trabalho de 30 (trinta) horas semanais, constante do Anexo III desta Lei Complementar.

[*] § 3º acrescentado pela Lei Complementar nº 1.201, de 18.6.2013, com efeitos a partir de 27.8.2010.

§ 4º. Os cargos de Psicólogo Judiciário terão jornada de trabalho de 30 (trinta) horas semanais, aplicando-se-lhes os valores previstos na referência 8 da Escala de Vencimentos – Cargos Efetivos, Jornada de Trabalho de 30 (trinta) horas semanais, constante do Anexo III desta Lei Complementar.

[*] § 4º acrescentado pela Lei Complementar nº 1.210, de 24.9.2013.

Art. 5º. Para os cargos de provimento em comissão de Secretário, Diretor, Coordenador, Supervisor de Serviço, Chefe de Seção Técnica Judiciário, Chefe de Seção Judiciário e de Assistente Jurídico poderá haver substituição durante os impedimentos do titular.

Art. 6º. O servidor titular de cargo efetivo, quando nomeado para o provimento de cargos em comissão, ou no exercício da substituição a que se refere o art. 5º, poderá optar pela percepção do vencimento do seu cargo de provimento efetivo.

Art. 7º. A remuneração dos servidores abrangidos por este Plano de Cargos e Carreiras compreende, além do vencimento na forma indicada no art. 3º desta Lei Complementar, as vantagens pecuniárias abaixo enumeradas:

I – adicional por tempo de serviço, referente ao art. 129 da Constituição do Estado e que será calculado na base de 5% (cinco por cento) por quinquênio de serviço sobre o valor dos vencimentos;

II – sexta-parte;

III – décimo terceiro salário;

IV – salário-família, salário-esposa;

V – outras vantagens pecuniárias previstas nesta ou em outras leis, inclusive gratificações.

Capítulo IV
DO INGRESSO

Art. 8º. O ingresso dos servidores na carreira dar-se-á por concurso público de provas ou de provas e títulos.

Art. 9º. Quando do ingresso, o servidor será enquadrado no padrão inicial previsto para a classe respectiva, ressalvado o disposto no art. 39 desta Lei Complementar.

Art. 10. O servidor nomeado para cargo de provimento efetivo ficará sujeito a estágio probatório, na conformidade das regras gerais estabelecidas em lei, complementadas pelas regras aqui previstas, ressalvado o disposto no art. 40 desta Lei Complementar.

Capítulo V
DO ESTÁGIO PROBATÓRIO

Art. 11. O servidor nomeado para cargo de provimento efetivo ficará sujeito, durante o período de 36 (trinta e seis) meses, a Estágio Probatório, ao longo do qual a assiduidade, pontualidade, aptidão, capacidade e eficiência que demonstrar serão objeto de avaliação, para a efetivação na carreira.

Capítulo VI
DO DESENVOLVIMENTO NA CARREIRA

Art. 12. A evolução profissional dos servidores públicos na Carreira do Tribunal de Justiça do Estado de São Paulo dar-se-á por meio dos institutos da Progressão, Promoção e do Acesso, objetivando:

I – reconhecimento, pelo resultado do trabalho esperado e planejado com a autoridade, para a otimização das atividades previstas na unidade em que esteja designado para o exercício de suas atribuições;

II – constante aproveitamento do servidor pelo efetivo exercício do cargo de que é titular, pela experiência adquirida ao longo do tempo, com resultados efetivos no aprimoramento das suas aptidões e potencialidades.

Seção I – Da Progressão

Art. 13. A Progressão é a passagem do servidor de cargo de provimento efetivo de um grau para o imediatamente superior, dentro da mesma referência e nível.

Art. 14. Poderá participar do processo da Progressão o servidor que:

I – tenha cumprido, no mesmo cargo efetivo e grau, o interstício mínimo de 1 (um) ano de efetivo exercício

[*] Inciso I com redação dada pela Lei Complementar nº 1.217, de 12.11.2013, com efeitos a partir de 1º.12.2013.

II – tenha o desempenho avaliado anualmente, no âmbito do Tribunal de Justiça do Estado de São Paulo, por meio de procedimentos e critérios estabelecidos pelo Comitê de Recursos Humanos.

Art. 15. Será dado conhecimento prévio, aos servidores, dos critérios, normas e padrões a serem aplicados para os fins da Avaliação de Desempenho.

Art. 16. A Progressão somente poderá ocorrer se o servidor tiver obtido resultado final positivo no processo anual de Avaliação de Desempenho.

[*] Art. 16 com redação dada pela Lei Complementar nº 1.217, de 12.11.2013, com efeitos a partir de 1º.12.2013.

Art. 17. Interromper-se-á o interstício a que se refere o inciso I do art. 14 desta Lei Complementar quando o servidor estiver afastado para ter exercício em cargo ou função de natureza diversa daquela que ocupa, exceto quando:

I – designado para função retribuída mediante gratificação "pro labore", no âmbito do Tribunal de Justiça do Estado de São Paulo;

II – nomeado para cargo em comissão;

III – designado como substituto ou para responder por cargo vago de comando;

IV – afastado para frequentar cursos de aperfeiçoamento do cargo de que é titular ou cursos específicos, indicados em regulamento, como requisito para o Acesso;

V – afastado, sem prejuízo dos vencimentos, para participação em cursos, congressos ou demais certames afetos à respectiva área de atuação, pelo prazo máximo de 90 (noventa) dias.

Art. 18. O servidor poderá interpor recurso ao Comitê de Recursos Humanos no prazo máximo de 30 (trinta) dias corridos, a contar da publicação do resultado do processo da Progressão.

Art. 19. O servidor ocupante de cargo de provimento efetivo previsto no Anexo I desta Lei Complementar que, em decorrência de concurso público, passar a ocupar outro cargo de provimento efetivo deverá cumprir novo interstício para os fins da Progressão.

Art. 20. Caberá à Secretaria de Recursos Humanos a execução dos procedimentos anuais para o processamento da Progressão.

Seção II – Da Promoção

Art. 21. A Promoção é a passagem do servidor de cargo de provimento efetivo para o de nível e grau imediatamente superior, dentro da mesma referência.

Art. 22. Poderá participar da Promoção o servidor que tenha cumprido, no último grau do nível em que se encontrar, o interstício mínimo de 1 (um) ano de efetivo exercício.

[*] Art. 22 com redação dada pela Lei Complementar nº 1.217, de 12.11.2013, com efeitos a partir de 1º.12.2013.

Art. 23. A Promoção dar-se-á por meio do reconhecimento da experiência profissional adquirida pelo servidor, com a participação em cursos de aperfeiçoamento específicos, combinada com a aplicação dos procedimentos da Avaliação de Desempenho, conforme disposto no inciso II do art. 14 e no art. 16 desta Lei Complementar.

Art. 24. Os cursos a que se refere o art. 23 serão aqueles especialmente selecionados pelo Tribunal de Justiça do Estado de São Paulo para essa finalidade.

Art. 25. O interstício a que se refere o art. 22 será apurado na mesma conformidade de que tratam os arts. 14 e 17 desta Lei Complementar.

Art. 26. O servidor poderá interpor recurso ao Comitê de Recursos Humanos, no prazo máximo de 30 (trinta) dias corridos, a contar da publicação do resultado do processo da Promoção.

Art. 27. O servidor ocupante de cargo de provimento efetivo previsto no Anexo I desta Lei Complementar que, em decorrência de concurso público, passar a ocupar outro cargo de provimento efetivo deverá cumprir novo interstício nesse novo cargo para os fins da Promoção.

Art. 28. Caberá à Secretaria de Recursos Humanos a execução dos procedimentos anuais para o processamento da Promoção.

Seção III – Do Acesso

Art. 29. O Acesso é a forma de provimento vertical de cargo em comissão de direção, coordenação, supervisão ou chefia do servidor ocupante de cargo efetivo.

Art. 30. Os cargos em comissão de direção, coordenação, supervisão, ou chefia, ficam reservados para provimento exclusivo de servidores públicos titulares de cargos efetivos de mesma natureza e mesma profissão do Quadro do Tribunal de Justiça do Estado de São Paulo, na seguinte proporção:

I – em sua totalidade, os de Chefe de Seção Judiciário e Chefe de Seção Técnica Judiciário;

II – no mínimo 90% (noventa por cento), para os de Supervisor de Serviço;

III – 90% (noventa por cento), para os de Coordenador;

IV – 70% (setenta por cento), para os de Diretor.

Art. 31. Os candidatos a cargos em comissão de direção, coordenação, supervisão, ou chefia, deverão ter exercido anteriormente cargos dessa natureza, ainda que em substituição, ou comprovar experiência adequada, de acordo com critérios estabelecidos pelo Comitê de Recursos Humanos.

Art. 32. Para a qualificação dos servidores ao provimento dos cargos em comissão de direção, coordenação, supervisão ou chefia, além de outras especificadas em regulamento, será exigido do servidor:

I – declaração de interesse em participar do processo;

II – habilitação legal correspondente;

III – resultados finais positivos nos últimos 3 (três) processos anuais de Avaliação de Desempenho;

IV – participação em cursos selecionados pelo Tribunal de Justiça para esse fim.

Art. 33. Caberá à Secretaria de Recursos Humanos o processamento do Acesso.

Capítulo VII
DO COMITÊ DE RECURSOS HUMANOS

Art. 34. Fica criado Comitê de Recursos Humanos, ao qual, entre outras atribuições, caberá:

I – efetuar a normatização do processamento do Sistema de Avaliação de Desempenho e do Estágio Probatório;

II – acompanhar os resultados dos procedimentos da Avaliação de Desempenho e da aplicação das instruções normativas, adequando-as sempre que necessário;

III – decidir sobre recursos referentes à Progressão e à Promoção.

Parágrafo único. O Comitê de Recursos Humanos de que trata este artigo será regulamentado por portaria do Presidente do Tribunal de Justiça, no prazo máximo de 180 (cento e oitenta) dias após a vigência desta Lei Complementar.

Capítulo VIII
DAS GRATIFICAÇÕES

Art. 35. Fica mantida a Gratificação Judiciária (GJ) aos servidores do Tribunal de Justiça do Estado de São Paulo, nos termos do artigo 52 da Lei Complementar nº 715, de 2 de junho de 1993, resguardada a competência do Tribunal de Justiça para regulamentá-la por Resolução.

Parágrafo único. Em decorrência da absorção prevista no inciso IX do art. 2º das Disposições Transitórias desta Lei Complementar, os novos percentuais da Gratificação Judiciária serão os constantes do Anexo IX.

Art. 36. Os servidores do Quadro do Tribunal de Justiça do Estado de São Paulo, quando formalmente designados para o exercício de atividades especiais de Pesquisador ou de Estenotipista, farão jus a uma gratificação, calculada com base no Padrão 1-A da Escala de Vencimentos – Cargos Efetivos, na jornada de trabalho de 40 (quarenta) horas semanais, constante do Anexo III desta Lei Complementar, na seguinte conformidade:

[*] Art. 36, *caput*, com redação dada pela Lei Complementar nº 1.137, de 25.5.2011, com efeitos a partir de 1º.7.2010.

I – Gratificação de Pesquisador – 75% (setenta e cinco por cento.

[*] Inciso I com redação dada pela Lei Complementar nº 1.137, de 25.5.2011, com efeitos a partir de 1º.7.2010.

II – Gratificação de Estenotipista – 158% (cento e cinquenta e oito por cento).

[*] Inciso II com redação dada pela Lei Complementar nº 1.137, de 25.5.2011, com efeitos a partir de 1º.7.2010.

[*] Vide art. 6º da Lei Complementar nº 1.217, de 12.11.2013.

§ 1º. As gratificações instituídas no *caput* devem substituir o percentual da Gratificação Judiciária anteriormente atribuído às funções de Pesquisador e Estenotipista.

[*] § 1º acrescentado pela Lei Complementar nº 1.137, de 25.5.2011, com efeitos a partir de 1º.7.2010.

§ 2º. Eventuais valores de percentuais de Gratificação Judiciária incorporados aos vencimentos dos servidores, a título de atividade de Pesquisador e Estenotipista, deverão ser substituídos, em igual proporção, pelo valor referente ao percentual concedido no *caput*.

[*] § 2º acrescentado pela Lei Complementar nº 1.137, de 25.5.2011, com efeitos a partir de 1º.7.2010.

§ 3º. Sobre as Gratificações de Pesquisador e de Estenotipista, deverão incidir o adicional por tempo de serviço e a sexta parte.

[*] § 3º acrescentado pela Lei Complementar nº 1.137, de 25.5.2011, com efeitos a partir de 1º.7.2010.

Art. 37. Aos servidores titulares do cargo de Oficial de Justiça do Quadro do Tribunal de Justiça do Estado de São Paulo abrangidos por este Plano de Cargos e Carreiras não mais se aplicam as disposições do art. 7º da Lei Complementar nº 290, de 15 de julho de 1982, que trata da ajuda de custo mensal, e os arts. 9º e 10 da Lei Complementar nº 516, de 9 de junho de 1987, que trata do regime especial de trabalho judicial, ficando-lhes concedida, em substituição a essas vantagens, uma gratificação referente ao Regime Especial de Trabalho Externo Judicial – RETEJ, a ser calculada com base em 31,74% (trinta e um inteiros e setenta e quatro centésimos por cento) sobre o valor do padrão do cargo em que estiver enquadrado, na jornada de trabalho de 40 (quarenta) horas semanais.

[*] Art. 37, *caput*, com redação dada pela Lei Complementar nº 1.273, de 17.9.2015, em vigor a partir de 18.9.2018.

§ 1º. O Regime Especial de Trabalho Externo Judicial se caracteriza pela prestação de serviços em horário irregular, sujeito a expediente noturno e sob condições precárias de segurança.

[*] § 1º acrescentado pela Lei Complementar nº 1.273, de 17.9.2015, em vigor a partir de 18.9.2018, revogado o parágrafo único.

§ 2º. Sobre a Gratificação referente ao Regime Especial de Trabalho Externo Judicial incidem o adicional de tempo de serviço e a sexta parte.

[*] § 2º acrescentado pela Lei Complementar nº 1.273, de 17.9.2015, em vigor a partir de 18.9.2018.

§ 3º. A vantagem de que trata o *caput* deste artigo incorporar-se-á aos vencimentos para todos os efeitos legais, aplicando-se, no que couber, aos inativos e pensionistas.

[*] § 3º acrescentado pela Lei Complementar nº 1.273, de 17.9.2015, em vigor a partir de 18.9.2018.

Art. 37-A. É instituído o Adicional de Qualificação – AQ destinado aos servidores do Tribunal de Justiça, em razão dos conhecimentos adicionais adquiridos, comprovados por meio de títulos, diplomas ou certificados de cursos de graduação ou pós-graduação, em sentido amplo ou estrito.

§ 1º. O adicional de que trata este artigo não será concedido quando o curso constituir requisito ou estiver no mesmo nível de escolaridade para ingresso no cargo efetivo ou em comissão.

§ 2º. Para efeito do disposto neste artigo, serão considerados somente os cursos e as instituições de ensino reconhecidos pelo Ministério da Educação, na forma da legislação.

§ 3º. Serão admitidos cursos de pós-graduação "lato sensu" somente com duração mínima de 360 (trezentas e sessenta) horas.

§ 4º. O adicional de que trata este artigo não se incorporará para nenhum efeito e sobre ele não incidirá vantagem de qualquer natureza.

§ 5º. O adicional contemplará os aposentados somente se o título ou o diploma forem anteriores à data da inativação.

[*] Art. 37-A acrescentado pela Lei Complementar nº 1.217, de 12.11.2013, com efeitos a partir de 1º.12.2013.

Art. 37-B. O Adicional de Qualificação – AQ incidirá sobre os vencimentos brutos equivalentes à base de contribuição previdenciária do cargo em que o servidor estiver em exercício, da seguinte forma:

I – 12,5% (doze inteiros e cinco décimos por cento), em se tratando de título de Doutor

II – 10% (dez por cento), em se tratando de título de Mestre

III – 7,5% (sete inteiros e cinco décimos por cento), em se tratando de certificado de Especialização

IV – 5% (cinco por cento), em se tratando de diploma de graduação em curso superior.

§ 1º. Em nenhuma hipótese o servidor perceberá cumulativamente qualquer percentual dentre os previstos nos incisos I a IV do *caput* deste artigo.

§ 2º. O Adicional de Qualificação será devido a partir do protocolo no Tribunal do diploma, certificado ou título, devidamente registrado.

§ 3º. O servidor do Quadro de Pessoal do Tribunal de Justiça cedido a outros órgãos da Administração Pública não perceberá, durante o afastamento, o adicional de que trata este artigo, salvo na hipótese de cessão sem prejuízo de vencimentos e demais vantagens ou afastamento para exercício de mandato classista nos termos da Lei Complementar nº 343, de 6 de janeiro de 1984, mandato eletivo ou para campanha eleitoral.

[*] Art. 37-B acrescentado pela Lei Complementar nº 1.217, de 12.11.2013, com efeitos a partir de 1º.12.2013.

Capítulo IX
DAS DISPOSIÇÕES GERAIS E FINAIS

Art. 38. Ficam extintos os cargos de Auxiliar de Administração Pública Judiciário, Técnico em Eletrônica Judiciário, Executivo Público Judiciário, Auxiliar Judiciário-Chefe, Auxiliar Judiciário Encarregado, Auxiliar Judiciário Encarregado Técnico, cujas denominações são as constantes do Anexo V, do Anexo de Enquadramento de Classe – Cargos Efetivos, e do Anexo VI, do Anexo de Enquadramento de Classe – Cargos em Comissão, na seguinte conformidade:

I – os vagos, na data da publicação desta Lei Complementar;

II – os providos, na respectiva vacância.

Art. 39. O servidor titular de cargo efetivo do Quadro de Pessoal do Tribunal de Justiça do Estado de São Paulo abrangido pelo presente Plano que for aprovado em concurso público para outro cargo de provimento efetivo terá este novo cargo enquadrado na referência fixada para a nova classe, em grau cujo valor de vencimento seja igual ou imediatamente superior ao valor do padrão do cargo anteriormente ocupado.

Parágrafo único. Aos candidatos dos concursos públicos ou provas seletivas em andamento ou encerrados e com prazo de validade em vigor fica assegurado o enquadramento na referência fixada para a nova classe, em grau cujo valor de vencimento seja igual ao enquadramento necessário para atender ao valor dos vencimentos previsto nos Editais de Abertura, com as devidas atualizações, se o caso.

Art. 40. Fica dispensado do estágio probatório de que trata o art. 11 desta Lei Complementar o servidor que, em decorrência de concurso público, passar a ocupar outro cargo de provimento efetivo previsto no Anexo I desta Lei Complementar, desde que já o tenha cumprido no cargo de provimento efetivo anteriormente ocupado.

Art. 41. As descrições sumárias dos cargos são as constantes no Anexo VII desta Lei Complementar, sem prejuízo de outras atribuições que lhes vierem a ser atribuídas pelo Presidente do Tribunal de Justiça.

§ 1º. O provimento em cargos de Diretor, Coordenador e Supervisor de Serviço exigirá diploma de nível superior ou habilitação legal correspondente, de acordo com a área em que venha atuar, ficando ressalvada a situação dos atuais servidores ocupantes desses cargos em comissão.

§ 2º. A Presidência do Tribunal de Justiça em casos excepcionais, poderá dispensar a exigência do parágrafo anterior.

Art. 42. Ficam criados os cargos no Quadro de Pessoal do Tribunal de Justiça do Estado de São Paulo, na Escala de Vencimentos – Cargos Efetivos, na seguinte conformidade:

I – 5 (cinco) de Técnico em Informática Judiciário, referência "5";

II – 5 (cinco) de Técnico em Comunicação e Processamento de Dados Judiciário, referência "5";

III – 10 (dez) de Administrador Judiciário, referência "7";

IV – 5 (cinco) de Analista de Sistemas Judiciário, referência "7"

[*] Vide Lei Complementar nº 1.415, de 23.9.2024, que criou 100 (cem) cargos da Analista de Sistemas Judiciário.

V – 5 (cinco) de Analista em Comunicação e Processamento de Dados Judiciário, referência "7";

VI – 10 (dez) de Arquiteto Judiciário, referência "7";

VII – 10 (dez) de Engenheiro Judiciário, referência "7".

Art. 43. Ficam extintas as classes instituídas na conformidade do art. 6º da Lei Complementar nº 715, de 2 de junho de 1993, a seguir relacionadas:

I – Assessor Técnico de Administração Superior;

II – Assistente de Planejamento e Gestão de Recursos Humanos;

III – Assistente Técnico de Administração Superior;

IV – Assistente Técnico de Administração Pública;

V – Assistente Técnico para a Modernização Administrativa;

VI – Assistente Técnico de Recursos Humanos I;

VII – Assistente Técnico de Recursos Humanos II.

Art. 44. As funções-atividades de natureza permanente existentes no Quadro de Pessoal do Tribunal de Justiça do Estado de São Paulo que estejam preenchidas na data da publicação desta Lei Complementar ficam transformadas em correspondentes cargos de provimento efetivo quando de suas respectivas vacâncias.

Art. 45. Aos servidores abrangidos por este Plano de Cargos e Carreiras aplicar-se-ão somente as disposições do art. 52 da Lei Complementar nº 715, de 2 de junho de 1993, relativas à Gratificação Judiciária, não se aplicando as demais disposições.

Art. 46. Aos servidores abrangidos por este Plano de Cargos e Carreiras não mais serão aplicados, por haverem sido seus valores absorvidos no enquadramento de que trata o art. 2º das Disposições Transitórias desta Lei Complementar, os seguintes benefícios:

I – Gratificação Fixa, de que trata a Lei Complementar nº 741, de 21 de dezembro de 1993;

II – Gratificação Especial de Atividade – GEA, de que trata a Lei Complementar nº 674, de 8 de abril de 1992, alterada pela Lei Complementar nº 1.055, de 8 de julho de 2008;

III – Gratificação de Gestão e Controle do Erário Estadual – GECE, de que trata o art. 22 da Lei Complementar nº 700, de 15 de dezembro de 1992, alterado pela Lei Complementar nº 975, de 6 de outubro de 2005;

IV – Gratificação Extra, de que trata o art. 3º da Lei Complementar nº 788, de 27 de dezembro de 1994;

V – Abono, de que trata a Lei Complementar nº 881, de 17 de outubro de 2000;

VI – Gratificação Extraordinária, de que trata a Lei Complementar nº 913, de 4 de janeiro de 2002;

VII – Lei Complementar nº 713, de 12 de abril de 1993;

VIII – Lei Complementar nº 682, de 16 de setembro de 1992;

IX – Gratificação de Informática, de que trata o art. 20 da Lei nº 7.578, de 3 de dezembro de 1991, e suas alterações posteriores.

Art. 47. Esta Lei Complementar e suas disposições transitórias aplicam-se aos servidores exercentes de função-atividade de natureza permanente do Quadro de Pessoal do Tribunal de Justiça do Estado de São Paulo, regidos pela Lei nº 500, de 13 de novembro de 1974.

Art. 48. Esta Lei Complementar e suas disposições transitórias aplicam-se, no que couber, aos inativos e pensionistas.

Art. 49. As despesas decorrentes da aplicação desta Lei Complementar correrão à conta das dotações próprias consignadas no orçamento programa vigente, suplementadas se necessário.

Art. 50. Esta Lei Complementar e suas disposições transitórias entram em vigor na data de sua publicação, produzindo seus efeitos a partir de 1º de julho de 2010, ficando revogadas expressamente:

I – a Lei Complementar nº 617, de 13 de julho de 1989;

II – a Lei nº 7.007, de 9 de janeiro de 1991;

III – a Lei nº 7.008, de 9 de janeiro de 1991;

IV – a Lei nº 7.009, de 9 de janeiro de 1991.

Art. 51. Fica criado o instituto de Remoção, destinado a propiciar a alteração de posto de trabalho, a pedido, dos servidores dentro do Quadro do Tribunal de Justiça.

Parágrafo único. O instituto de Remoção será aplicado segundo critérios que serão estabelecidos pela Presidência do Tribunal de Justiça.

Capítulo X
DISPOSIÇÕES TRANSITÓRIAS

Art. 1º. As classes constantes do Anexo V, do Anexo de Enquadramento de Classe – Cargos Efetivos, e do Anexo VI, do Anexo de Enquadramento de Classe – Cargos em Comissão, ambos desta Lei Complementar, ficam enquadradas na forma neles prevista.

Parágrafo único. Os cargos constantes dos anexos a que se refere o *caput* deste artigo e que não constem dos Anexos I e II do art. 2º desta Lei Complementar serão considerados, conforme o caso, para os fins dos cálculos de incorporações, aposentadorias e pensões.

Art. 2º. Os atuais servidores integrantes das classes constantes do Anexo V, do Anexo de Enquadramento de Classe – Cargos Efetivos, terão os respectivos cargos enquadrados na forma e referência ali prevista, da Escala de Vencimentos – Cargos Efetivos e Área Saúde, e, em grau, cujo valor seja igual ou imediatamente superior à soma das parcelas percebidas com base na legislação vigente, conforme o caso, a título de:

I – padrão do cargo;

II – Gratificação Fixa, de que trata a Lei Complementar nº 741, de 21 de dezembro de 1993;

III – Gratificação Especial de Atividade – GEA, de que trata a Lei Complementar nº 674, de 8 de abril de 1992, alterada pela Lei Complementar nº 1.055, de 8 de julho de 2008;

IV – Gratificação de Gestão e Controle do Erário Estadual – GECE, de que trata o art. 22 da Lei Complementar nº 700, de 15 de dezembro de 1992, alterada pela Lei Complementar nº 975, de 6 de outubro de 2005;

V – Gratificação Extra, de que trata o art. 3º da Lei Complementar nº 788, de 27 de dezembro de 1994;

VI – Gratificação de Produtividade, de que tratam a Lei Complementar nº 617, de 13 de julho de 1989, e as Leis nºs 7.007, 7.008 e 7.009, todas de 9 de janeiro de 1991;

VII – Abono, de que trata a Lei Complementar nº 881, de 17 de outubro de 2000;

VIII – Gratificação Extraordinária, de que trata a Lei Complementar nº 913, de 4 de janeiro de 2002;

IX – parte dos valores da Gratificação Judiciária, de que trata o art. 52 da Lei Complementar nº 715, de 2 de junho de 1993, nos termos do Anexo VIII desta Lei Complementar;

X – Gratificação de Informática, de que trata o art. 20 da Lei nº 7.578, de 3 de dezembro de 1991, e suas alterações posteriores.

Parágrafo único. Em razão do disposto no inciso IX, os novos percentuais da Gratificação Judiciária serão os constantes do Anexo IX, mantida a competência para regulamentação prevista no art. 52 da Lei Complementar nº 715, de 2 de junho de 1993.

Art. 3º. A eventual diferença de vencimentos decorrente do enquadramento de que trata o art. 2º destas Disposições Transitórias será denominada "Complemento de Enquadramento", aplicando-se a este o mesmo reajuste e critérios da Gratificação Judiciária.

Palácio dos Bandeirantes, 25 de maio de 2010.

Alberto Goldman

DOE de 28.5.2010 e 20.12.2011

6.3. REGIMENTO INTERNO DO TRIBUNAL DE JUSTIÇA DO ESTADO DE SÃO PAULO

O Órgão Especial, em sessão realizada dia 25.9.2013, aprovou a compilação do Regimento Interno do Tribunal de Justiça do Estado de São Paulo

DISPOSIÇÃO INICIAL

Art. 1º. Este Regimento trata do funcionamento do Tribunal de Justiça, regulando a competência de seus órgãos, a instrução e julgamento dos processos e a disciplina de seus serviços.

TÍTULO I
ORGANIZAÇÃO

Capítulo I
DO TRIBUNAL

Seção I – Composição

Art. 2º. Compõem o Tribunal

I – o Tribunal Pleno;

II – o Órgão Especial;

III – o Conselho Superior da Magistratura;

IV – o Presidente;

V – o Vice-Presidente;

VI – o Corregedor Geral da Justiça;

VI-A – a Ouvidoria;

[*] Inciso VI-A acrescentado pelo Assento Regimental nº 589/2024.

VII – as Seções de Direito Criminal, de Direito Privado e de Direito Público;

[*] Inciso VII com redação dada pelo Assento Regimental nº 556/2016.

VIII – as Turmas Especiais das Seções de Direito Criminal, de Direito Privado e de Direito Público;

[*] Inciso VIII com redação dada pelo Assento Regimental nº 556/2016.

IX – os Presidentes das Seções de Direito Criminal, de Direito Privado e de Direito Público;

[*] Inciso IX com redação dada pelo Assento Regimental nº 556/2016.

X – Os Grupos de Câmaras;

XI – a Câmara Especial;

XII – a Câmara Especial de Presidentes;

[*] Inciso XII com redação dada pelo Assento Regimental nº 565/2017.

XIII – as Câmaras ordinárias, especializadas e reservadas;

[*] Inciso XIII com redação dada pelo Assento Regimental nº 565/2017.

XIV – as Comissões, permanentes e temporárias;

[*] Inciso XIV com redação dada pelo Assento Regimental nº 565/2017.

XV – os Desembargadores;

[*] Inciso XV com redação dada pelo Assento Regimental nº 565/2017.

§ 1º. O Órgão Especial poderá criar Subseções no âmbito das Seções apenas para divisão de competência e formação das Turmas Especiais.

§ 2.º Os órgãos previstos nos incisos II, III, VIII, X, XI e XII funcionarão por meio de sessões ordinárias e extraordinárias, e as Comissões, por reuniões.

Art. 3º. O Presidente do Tribunal terá assento especial em todas as sessões a que presidir. No Órgão Especial, nas Turmas Especiais, nos Grupos de Câmaras e nas Câmaras, o desembargador mais antigo, segundo lista geral, ocupará, na bancada, a primeira cadeira à direita do presidente respectivo e seu imediato a primeira à esquerda, em sequência alternada.

§ 1º. Os eleitos para o Órgão Especial ocuparão as cadeiras seguintes às dos membros da classe da antiguidade e, observada a mesma alternância, partir-se-á do mais votado para definição dos assentos, seguindo-se os eleitos em pleitos eleitorais supervenientes.

§ 2º. Os reeleitos manterão as cadeiras que ocupavam no mandato anterior.

Seção II – Do Tribunal Pleno

Art. 4º. O Tribunal Pleno é composto por todos os desembargadores, competindo-lhe:

I – eleger o Presidente, o Vice-Presidente e o Corregedor Geral da Justiça;

II – eleger doze desembargadores que integrarão o Órgão Especial e seus suplentes;

III – eleger o Diretor, o Vice-Diretor e os integrantes do Conselho Consultivo e de Programas da Escola Paulista da Magistratura;

IV – eleger os desembargadores substitutos do Tribunal Regional Eleitoral dentre os inscritos na classe dos magistrados do Estado.

[*] Inciso IV com redação dada pelo Assento Regimental nº 425/2013.

Parágrafo único. Na vacância de cargo eletivo no Órgão Especial, qualquer que seja o motivo, aplicar-se-á o § 1º do art. 0.

Art. 5º. O Tribunal Pleno será convocado, previamente, pelo Presidente do Tribunal, que fará publicar edital no órgão oficial, ou, havendo omissão, pelo Vice-Presidente.

Art. 6º. A Mesa será composta pelo Presidente do Tribunal, pelo Vice-Presidente, pelo Corregedor Geral da Justiça e por um ou dois desembargadores dentre os mais modernos presentes, que ficarão encarregados de secretariar a sessão.

Parágrafo único. A substituição da Presidência ou de seu substituto, nos trabalhos, se dará, sucessivamente, pelo Vice- Presidente, pelo Corregedor Geral e pelo desembargador mais antigo presente.

Art. 7º. As questões de ordem serão solucionadas de imediato pelo Presidente, ouvidos o Vice-Presidente e o Corregedor Geral da Justiça.

Parágrafo único. Qualquer desembargador poderá requerer que se consigne em ata protesto contra ato da Mesa.

Seção III – Do Órgão Especial

Art. 8º. O Órgão Especial, constituído por vinte e cinco desembargadores, é composto pelo Presidente, Vice-Presidente e o Corregedor Geral da Justiça, na condição de membros natos, segundo as classes a que pertençam, e pelos desembargadores das classes de antiguidade e de eleitos, na forma da lei e disposições regulamentares.

§ 1º. Os desembargadores provenientes do Ministério Público e da Advocacia ocuparão, alternadamente, a quinta cadeira a eles destinada.

§ 2º. Os Presidentes de Seção, se não integrarem o Órgão Especial, poderão manifestar-se sobre matéria de interesse da respectiva Seção, antes da votação.

Art. 9º. Salvo impedimento ou justificativa, os desembargadores não poderão recusar convocação para substituir na classe da antiguidade.

Art. 10. Na eleição dos desembargadores ao Órgão Especial, observar-se-á o seguinte

I – é admitida a candidatura, na classe dos eleitos, de qualquer dos desembargadores integrantes da Corte, mediante inscrição prévia, respeitadas as limitações constitucionais e legais

II – salvo impedimento ou justificativa, o suplente de eleito será obrigado a substituí-lo, implicando a recusa a perda da suplência

III – o desembargador eleito passará, obrigatoriamente, a ocupar a vaga de antiguidade a que fizer jus segundo a lista geral.

§ 1º. Havendo vaga no Órgão Especial, o Presidente do Tribunal deverá convocar eleições no prazo de quinze dias, fazendo publicar edital com antecedência de vinte dias.

§ 2º. Serão eleitos os candidatos que obtiverem maioria, ficando como suplentes os que se seguirem na ordem decrescente de votos, respeitada a das eleições precedentes.

§ 3º. Os eleitos passarão a exercer o mandato no dia imediato ao da eleição e ocuparão as cadeiras vagas e reservadas para essa classe, observada a ordem decrescente do número de votos obtidos na respectiva eleição.

§ 4º. Quando houver mais de uma vaga, os eleitos ocuparão as cadeiras dos sucedidos, de acordo com a ordem da maior votação obtida em cada pleito. Se houver empate, a precedência será definida pela antiguidade no cargo de desembargador e, depois, pela idade.

§ 5º. A suplência não será considerada como exercício efetivo de mandato para efeito de elegibilidade.

Art. 11. O Órgão Especial instalar-se-á com a presença de, no mínimo, treze desembargadores.

Art. 12. O Órgão Especial poderá examinar proposta administrativa arquivada pelo Presidente, se, por maioria simples, acolher representação de qualquer de seus integrantes.

Parágrafo único. Também terá cabimento esse procedimento:

I – se o Presidente não incluir em pauta, em quinze dias, as propostas administrativas em condições de apreciação;

II – para a preservação da competência administrativa do Órgão Especial ou reexame de matéria administrativa relevante.

Art. 13. Compete ao Órgão Especial:

I – processar e julgar, originariamente:

a) as autoridades e matérias cometidas ao Tribunal de Justiça pelas Constituições Federal, do Estado de São Paulo e legislação aplicável, ressalvada a competência de órgão fracionário;

b) os mandados de segurança e os *habeas data* contra ato do próprio Órgão Especial, do Conselho Superior da Magistratura e de seus integrantes, das Turmas Especiais, da Câmara Especial e relatores que as integrem, dos Presidentes das Comissões de Concurso de Ingresso na Magistratura e de Outorga de Delegações e do Desembargador Coordenador da Diretoria de Execuções de Precatórios e Cálculos – DEPRE;

[*] Alínea "b" com redação dada pelo Assento Regimental nº 570/2018.

c) os mandados de injunção em face da Constituição do Estado de São Paulo, quando atribuída a omissão ao Governador do Estado, à Mesa e ao Presidente da Assembleia Legislativa, ao Conselho Superior da Magistratura ou a qualquer de seus integrantes, ao Procurador-Geral de Justiça, ao Prefeito da Capital, à Mesa e ao Presidente da Câmara Municipal da Capital

d) os incidentes de inconstitucionalidade;

e) os conflitos de competência entre órgãos do Tribunal pertencentes a Seções diversas;

f) os conflitos de atribuição entre autoridades judiciárias e administrativas, quando interessados o Governador, Secretário de Estado, a Mesa da Assembleia Legislativa ou seu Presidente, o Prefeito da Capital, o Presidente do Tribunal de Contas do Estado ou o Procurador-Geral de Justiça;

g) as arguições de impedimento ou suspeição de desembargador;

[*] Alínea "g" com redação dada pelo Assento Regimental nº 552/2016.

h) os embargos de declaração opostos a seus acórdãos e as ações rescisórias de seus acórdãos e dos acórdãos das Turmas Especiais;

i) os agravos internos e regimentais em processos de sua competência;

[*] Alínea "i" com redação dada pelo Assento Regimental nº 552/2016.

j) as reclamações por não observância de seus julgados e preservação de sua competência

k) as ações civis propostas pelo Procurador-Geral de Justiça para a perda do cargo e para a cassação da aposentadoria ou disponibilidade de membro do Tribunal de Justiça, do Tribunal de Justiça Militar, demais magistrados e membros do Ministério Público vitalícios;

l) os dissídios coletivos previstos nos arts. 239 e seguintes deste Regimento;

m) proposições de enunciados de súmulas, incidentes de assunção de competência e incidentes de resolução de demandas repetitivas referentes à matéria de sua competência ou à matéria de competência não exclusiva de uma das Turmas Especiais de suas Seções.

[*] Alínea "m" acrescentada pelo Assento Regimental nº 552/2016.

II – em matéria administrativa:

a) pedir intervenção da União no Estado ou deste nos municípios, nos termos das Constituições Federal e do Estado de São Paulo;

b) estabelecer regras para as eleições aos cargos de direção e de cúpula e as relativas ao concurso de ingresso na Magistratura;

c) aprovar a indicação de desembargadores para integrar as comissões permanentes, ressalvados os membros natos;

d) eleger os juízes substitutos do Tribunal Regional Eleitoral e apreciar sua recondução, dentre os inscritos na classe dos magistrados do Estado, e indicar os da classe dos advogados, bem como apreciar a recondução dos desembargadores substitutos, eleitos na forma do art. 4º, inciso IV;

[*] Alínea "d" com redação dada pelo Assento Regimental nº 425/2013.

e) deliberar sobre a competência das Seções, a criação e a especialização de Câmaras e organização judiciária, inclusive em relação aos juizados especiais e seus colégios ou turmas recursais;

f) aprovar projetos de lei de iniciativa do Judiciário e propor o aumento ou redução do número de desembargadores e alteração no sistema de remuneração da Magistratura

g) instaurar e decidir os processos disciplinares contra magistrado e o afastamento preventivo da jurisdição;

h) apreciar lista de promoção e pedido de remoção ou permuta, ouvido o Conselho Superior da Magistratura;

i) conceder licença, afastamento e compensação de dias aos desembargadores e juízes substitutos do Tribunal;

j) julgar reclamações contra a lista de antiguidade dos desembargadores;

k) conceder afastamento a magistrados, para frequência a cursos ou seminários de aperfeiçoamento e estudos;

l) elaborar as listas tríplices para preenchimento das vagas reservadas aos advogados, membros do Ministério Público e juízes militares do Estado;

m) propor ao Poder competente a criação ou a extinção de cargo ou função-atividade, bem como a fixação dos respectivos vencimentos;

n) apreciar a proposta de orçamento, mediante parecer prévio da comissão respectiva. Nessa hipótese, o Presidente incluirá a matéria em pauta com antecedência capaz de possibilitar o adiamento ou vista das peças por, pelos menos, uma sessão, antes do encerramento do prazo de remessa ao Poder competente;

o) deliberar sobre o vitaliciamento, o afastamento ou a aposentadoria por invalidez de magistrado;

p) dispensar estágio para a promoção de juiz substituto;

q) decidir sobre a criação de vara e remanejamento de competência entre as já existentes, na forma da lei;

r) adotar providências visando à boa ordem e ao aprimoramento das rotinas de trabalho de seus órgãos e serviços auxiliares;

s) julgar reclamação contra a classificação de candidato no concurso de ingresso na Magistratura;

t) autorizar a denominação dos fóruns e prédios e a colocação de estátuas ou bustos, ouvidos a Comissão de Honraria e Mérito e o Conselho Superior da Magistratura, vedada referência a pessoa viva;

u) aprovar a escala de plantão de segundo grau;

v) apreciar a indicação do Conselho Superior da Magistratura para convocação de juízes assessores dos cargos de direção, de cúpula e do decanato, observadas as vedações deste Regimento;

w) processar e julgar a representação contra desembargador por excesso de prazo prevista na lei processual civil (art. 235 do CPC).

[*] Alínea "w" com redação dada pelo Assento Regimental nº 552/2016.

x) aprovar o plano plurianual de gestão, com o prazo de cinco anos, suas alterações e os relatórios semestrais de execução, ouvida a Comissão de Assuntos Administrativos;

y) deliberar sobre outros assuntos de ordem administrativa.

Art. 14. A critério do Órgão Especial, poderá ser reduzida, suspensa ou interrompida, por prazo determinado ou indeterminado, a distribuição a seus integrantes dos processos das Câmaras e demais órgãos fracionários.

Seção IV – Do Conselho Superior da Magistratura

Art. 15. O Conselho Superior da Magistratura é composto pelo Presidente do Tribunal, que o preside, pelo Vice-Presidente, pelo Corregedor Geral da Justiça, pelo Decano e pelos Presidentes das Seções.

§ 1º. No impedimento, o Presidente será substituído pelo seu substituto regimental (art. 24) ou, se ocasional esse impedimento, pelos demais integrantes do órgão, na ordem do *caput*, observada a antiguidade quanto aos Presidentes das Seções.

§ 2º. Havendo empate na votação, prevalecerá o voto do presidente do Conselho.

Art. 16. Compete ao Conselho Superior da Magistratura:

I – oferecer ao Órgão Especial as listas de promoção dos juízes e opinar sobre pedido de remoção e permuta;

II – apresentar ao Órgão Especial as listas do quinto constitucional do Ministério Público e dos advogados;

III – apreciar as suspeições por motivo de foro íntimo de juiz de primeiro grau;

IV – julgar os processos de dúvidas de serventuários dos Registros Públicos;

V – elaborar parecer para exame do Órgão Especial em matéria prevista neste Regimento;

VI – velar pelo fiel desempenho da judicatura de primeiro grau e pela observância da legislação institucional;

VII – convocar, na atividade correcional, magistrados e servidores;

VIII – julgar recursos referentes à inscrição de candidatos ao concurso de ingresso na Magistratura;

IX – aprovar o quadro geral de antiguidade dos juízes e decidir as respectivas reclamações;

X – aprovar, mediante referendo do Órgão Especial, os juízes assessores dos órgãos de direção, de cúpula e do decanato, observados:

a) o prazo de convocação será de 2 (dois) anos. Mediante adequada fundamentação, a convocação poderá ser prorrogada, bem como poderá o juiz ser novamente convocado, de forma consecutiva ou não, pelo mesmo órgão ou por órgãos distintos;

[*] Alínea "a" com redação dada pelo Assento Regimental nº 576/2019.

b) a vedação de convocação de parente até o terceiro grau, consanguíneo ou afim, de qualquer dos ocupantes dos cargos indicados neste inciso;

c) resolução específica do Órgão Especial;

XI – propor as medidas necessárias ao aprimoramento da função jurisdicional e serviços;

XII – instaurar o procedimento de verificação de invalidez de magistrado;

XIII – julgar os recursos de candidatos aos concursos para provimento de cargos no quadro de servidores da Justiça;

XIV – ouvida a Comissão de Honraria e Mérito, autorizar a colocação de retratos, quadros, placas ou imagens e, vedada referência a pessoa viva, a denominação de salas e outras dependências internas de prédios do Judiciário;

XV – aprovar a suspensão do expediente forense nos feriados municipais das comarcas do interior, nos termos da resolução pertinente

XVI – propor a instalação de juizados especiais e turmas recursais;

XVII – estabelecer normas gerais de serviço e administrativas suplementares não incluídas na competência do Órgão Especial;

XVIII – apreciar indicação do Corregedor Geral da Justiça relativa aos corregedores permanentes da polícia judiciária e de presídios.

Seção V – Dos Órgãos de Direção e de Cúpula

Art. 17. Para a eleição do Presidente, Vice-Presidente e Corregedor Geral da Justiça, cujos cargos são considerados de direção, o Tribunal, em sua composição plenária e mediante prévia convocação, reunir-se-á na segunda quarta-feira de novembro do ano em que findarem os mandatos, sob a presidência do Presidente do Tribunal.

[*] Art. 17 com redação dada pelo Assento Regimental nº 578/2020.

Art. 18. Vinte e cinco dias antes da data prevista para a eleição, será aberto o prazo de dez dias, para renúncia expressa dos candidatos elegíveis.

Parágrafo único. Por ofício ou meio eletrônico, todos os desembargadores serão convocados para votar e informados dos nomes dos candidatos e dos renunciantes.

Art. 19. Haverá segundo escrutínio, se nenhum dos candidatos alcançar a maioria absoluta dos votos dos integrantes efetivos do Tribunal. No segundo escrutínio, concorrerão os dois candidatos mais votados, elegendo-se o que obtiver a maioria dos votantes, computados os votos brancos e nulos.

§ 1º. Se nenhum dos candidatos for eleito na forma do *caput*, haverá outra eleição, dentro de no máximo cinco dias, da qual eles não participarão, caso em que serão convidados os seguintes na ordem de antiguidade.

§ 2º. Essa regra também se aplica se o candidato for único.

§ 3º. Havendo empate, será considerado vencedor o mais antigo, nos termos deste Regimento.

Art. 20. No mesmo dia da eleição para os cargos de direção, as Seções elegerão seus Presidentes, cujos cargos são considerados de cúpula. São elegíveis, mediante inscrição, no prazo do art. 8, todos os desembargadores que as integrem.

§ 1º. Os trabalhos serão dirigidos pelos Presidentes das Seções ou, no seu impedimento, por seu desembargador mais antigo, completando-se a Mesa com até dois desembargadores presentes de menor antiguidade, que passarão a secretariar os trabalhos.

§ 2º. Por ofício ou meio eletrônico, o Presidente do Tribunal convocará os desembargadores para votar e informará os nomes dos inscritos.

§ 3º. Para esta eleição, aplicam-se, no que couber, as regras do art. 19 e, quanto ao segundo escrutínio, exigir-se-á maioria simples.

§ 4º. Havendo empate, será aplicado o § 3º do artigo anterior.

Art. 21. Vagando, no curso do mandato, cargo de direção ou de cúpula, será convocada eleição para o período restante, na forma do § 1º do art. 10.

Parágrafo único. Não haverá eleição se restar menos de seis meses de mandato, ocorrendo, então, substituição conforme a ordem regimental.

Art. 22. A votação será secreta e, preferencialmente, por meio eletrônico.

Art. 23. O Presidente comunicará a posse dos eleitos às cortes superiores, tribunais e representantes de outros Poderes.

Art. 24. Nos afastamentos, ausências e impedimentos, o Presidente é substituído pelo Vice-Presidente e, na falta, pelo Decano.

§ 1º. Nas mesmas situações, o Vice-Presidente e o Corregedor Geral da Justiça serão substituídos pelo Decano e este pelo desembargador seguinte na antiguidade, admitida recusa.

§ 2º. Havendo necessidade de mais de uma substituição, o Decano assumirá a Presidência ou a Vice-Presidência, nessa ordem, convocando-se, à substituição seguinte, o integrante eleito do Órgão Especial, observada a precedência estabelecida no artigo 62, inciso I, parte final.

§ 3º. Nas mesmas situações, o Presidente de Seção será substituído pelo desembargador mais antigo na respectiva Seção ou, no impedimento, pelo seguinte, admitida recusa.

§ 4º. O substituto ficará afastado de suas funções jurisdicionais regulares, quando assumir cargo de direção ou de cúpula, ressalvados os processos a que estiver vinculado, a jurisdição no Órgão Especial e as funções administrativas.

§ 5º. A substituição interromper-se-á pela assunção de substituto mais antigo, então afastado por motivo legal ou regimental.

§ 6º. O desembargador eleito para exercer função no Tribunal Regional Eleitoral, em caráter efetivo ou quando convocado, está impedido de substituir em cargo de direção ou de cúpula.

Art. 25. Os ocupantes dos cargos de direção e de cúpula e o Decano somente exercerão a jurisdição própria do cargo, ressalvados os votos que devam lançar no Órgão Especial e vinculação precedente.

Seção VI – Do Presidente do Tribunal

Art. 26. Compete ao Presidente do Tribunal

I – Em matéria jurisdicional:

a) decidir, nos processos de competência do Órgão Especial e antes da distribuição:

1) o pedido de assistência judiciária;

2) a suspeição de servidor do Tribunal ou perito;

3) as deserções e desistências das ações e recursos;

4) incidentes processuais urgentes;

b) apreciar o pedido de suspensão de segurança ou liminar concedida em primeiro grau em mandado de segurança ou em ação contra o Poder Público (arts. 15 da Lei nº 12.016/2009 e 4º da Lei nº 8.437/1992);

c) decidir da admissibilidade dos recursos extraordinários e especiais em processo do Órgão Especial, além dos incidentes deles decorrentes;

d) oficiar como relator:

1) nos incidentes de suspeição e impedimento de desembargador;

[*] Item 1 com redação dada pelo Assento Regimental nº 552/2016.

2) com voto, nos agravos internos e regimentais de suas decisões;

[*] Item 2 com redação dada pelo Assento Regimental nº 552/2016.

e) prestar informações às cortes superiores em processos do Órgão Especial;

f) assinar acórdão com o relator, quando tiver presidido o julgamento, facultado o uso de meio eletrônico;

g) executar as decisões do Tribunal em processos da competência originária do Órgão Especial, desde que de interesse das Fazendas Públicas e das autarquias.

II – Em matéria administrativa:

a) exercer a administração do Tribunal e do Judiciário do Estado, nomeando e exonerando os secretários;

b) velar pelas prerrogativas do Tribunal, do Judiciário e da Magistratura do Estado, representando-os perante os demais Poderes e autoridades, pessoalmente ou por delegação a desembargador, observada, de preferência, a ordem de sua substituição regimental;

c) presidir as solenidades do Judiciário, na Capital ou no interior, pessoalmente ou por delegação, na forma da alínea anterior;

d) administrar e dirigir os prédios do Poder Judiciário, pessoalmente ou por delegação a desembargador ou juiz de direito, conforme o caso, sem prejuízo da jurisdição, designando os juízes diretores dos foros da Capital e do interior;

e) exercer o poder de polícia, mantendo a ordem e o decoro no Tribunal, bem como a corregedoria permanente de suas Secretarias;

f) propor ao Órgão Especial a abertura de concurso da Magistratura;

g) assinar os atos de nomeação, posse, remoção, permuta, aposentadoria, afastamento, licença, férias e afins dos magistrados tomar compromisso e dar posse a desembargador e submeter ao Órgão Especial pedido de prorrogação de sua posse;

h) conceder afastamento a juízes, organizar as escalas de férias e do plantão judicial em primeiro grau e propor ao Órgão Especial a escala do plantão judicial de segundo grau;

i) organizar, dividida em cinco partes para cada entrância, e fazer publicar a lista de antiguidade de magistrados e apreciar prestação de contas de juízes e os pedidos de pagamentos de diárias;

[*] Alínea "i" com redação dada pelo Assento Regimental nº 571/2018.

j) atestar a frequência dos secretários do Tribunal;

k) organizar a pauta do Órgão Especial, do Conselho Superior da Magistratura e da Comissão de Organização Judiciária;

l) convocar e designar juízes e servidores necessários ao regular funcionamento dos órgãos jurisdicionais e das comissões;

m) presidir as sessões do Plenário, do Órgão Especial, do Conselho Superior da Magistratura e das comissões internas que integre ou a que compareça;

n) votar em todas as questões administrativas e disciplinares submetidas ao Órgão Especial e oficiar como juiz preparador nos processos para verificação da incapacidade de magistrado;

o) oficiar como relator:

1) nas reclamações sobre a antiguidade de desembargadores e juízes;

2) nos expedientes administrativos de interesse dos desembargadores, salvo quando, atuando comissão, o relator também integre o Órgão Especial;

3) nos procedimentos contra desembargadores, por excesso de prazo para decisão, na forma da lei processual civil (art. 235, *caput*, do CPC);

[*] Item 3 com redação dada pelo Assento Regimental nº 552/2016.

4) da proposta orçamentária do Poder Judiciário;

5) nos feitos que envolvam interesse do Poder Judiciário, se assim entender;

p) executar e fazer executar este Regimento, as decisões do Plenário, do Órgão Especial e do Conselho Superior da Magistratura;

q) fazer publicar os dados estatísticos e zelar pelo cumprimento das exigências fiscais no Tribunal, determinando as restituições cabíveis;

r) apresentar ao Órgão Especial, até a última sessão ordinária de cada mês de fevereiro, relatório circunstanciado dos trabalhos e administração do Tribunal no ano anterior, ainda que tenha deixado a Presidência;

s) encaminhar, na época oportuna, a proposta orçamentária, solicitar créditos suplementares, requisitar dotações orçamentárias e autorizar despesas;

t) determinar a instauração de licitações, firmar contratos e praticar atos relativos à administração do Tribunal e do Judiciário;

u) exercer todos os atos inerentes ao provimento, designação, alteração de posto de trabalho, exoneração, férias, afastamento, licença, concessão de vantagens remuneratórias legais, aposentadoria, afastamento do país de servidores do Poder Judiciário, não atribuídos, por este Regimento, a outros órgãos;

v) constituir comissões disciplinares ou administrativas temporárias, ressalvadas as atribuições das comissões permanentes;

w) elaborar o regimento da secretaria e as normas de serviço, regulamentando o uso de instalações, prédios e veículos;

x) requisitar o pagamento de débito nas execuções contra a Fazenda Pública e ordenar o sequestro de rendas, nos casos previstos na Constituição;

y) designar desembargador para a coordenação de Circunscrições Judiciárias, o qual poderá:

1) manifestar-se em solicitações do diretor do fórum ou autoridades locais, inclusive junto à Comissão de Organização Judiciária;

2) na ausência do Presidente, representar o Tribunal de Justiça em eventos ou solenidades locais, salvo designação diversa;

3) levar ao conhecimento da Presidência ou da Corregedoria Geral da Justiça assuntos locais relevantes de interesse do Tribunal de Justiça, fazendo as sugestões que entender convenientes;

4) requisitar transporte, quando necessário, e espaço adequado no fórum local, para os trabalhos em diligência;

z) receber, e, se for o caso, processar as reclamações e instaurar sindicância contra desembargadores, oficiando como instrutor e relator até o arquivamento ou a instauração definitiva de processo administrativo.

Seção VII – Do Vice-Presidente

Art. 27. Compete ao Vice-Presidente do Tribunal

I – Em matéria jurisdicional:

a) relatar, com voto, os agravos interpostos contra suas decisões;

b) assinar acórdão com o relator, quando tiver presidido o julgamento;

c) em caso de urgência, despachar, até a distribuição, mandados de segurança, *habeas corpus* e *habeas data* contra ato do Presidente do Tribunal e do Corregedor Geral da Justiça;

d) presidir o procedimento dos art. 239 e 240 deste Regimento;

e) executar as decisões do Tribunal em processos da competência originária do Órgão Especial, exceção às causas que envolvam a Fazenda Pública e suas autarquias;

II – Em matéria administrativa:

a) presidir a distribuição de processos do Órgão Especial e resolver previamente os incidentes e questões urgentes;

b) substituir o Presidente do Tribunal, nos impedimentos e afastamentos;

c) secretariar os trabalhos do Conselho Superior da Magistratura;

d) integrar e presidir comissão permanente, conforme disposição deste Regimento.

Seção VIII – Do Corregedor Geral da Justiça

Art. 28. Compete ao Corregedor Geral da Justiça:

I – superintender, em primeira instância, a distribuição dos feitos de qualquer natureza, baixando as instruções necessárias;

II – receber e, se for o caso, processar as reclamações e instaurar sindicâncias contra juízes, oficiando como instrutor e relator até o arquivamento ou a instauração definitiva de processo administrativo;

III – instaurar e instruir o processo de acompanhamento do desempenho dos juízes não vitalícios;

IV – supervisionar os relatórios mensais dos juízes de direito e, quando necessário, submetê-los à apreciação do Conselho Superior da Magistratura;

V – propor e adotar as medidas convenientes ao aprimoramento dos serviços judiciais;

VI – fiscalizar, em caráter geral e permanente, a atividade dos órgãos e serviços judiciários de primeira instância e estabelecimentos prisionais;

VII – organizar e programar as correições gerais, designando dia e hora e visitando os cartórios, prisões e demais estabelecimentos sujeitos à atividade correcional;

VIII – proceder às correições ordinárias nas unidades judiciais da Capital e do interior;

IX – realizar correições extraordinárias em comarcas ou varas, sempre que necessário, por deliberação própria, do Órgão Especial ou do Conselho Superior da Magistratura;

X – dispensar, nas correições extraordinárias, a publicação de editais, podendo determinar, no próprio ato da visita correcional, a notificação de autoridade ou funcionário para comparecer à sua presença;

XI – designar, nas comarcas onde houver mais de um juiz de direito, os corregedores permanentes da polícia judiciária e dos presídios, com aprovação do Conselho Superior da Magistratura, fazendo publicar a relação, na segunda quinzena de janeiro de cada ano, com prevalência do quadro vigente, quando não modificado;

XII – decidir sobre a interdição de cadeias públicas e adotar as providências necessárias;

XIII – julgar os recursos interpostos contra decisões dos juízes corregedores permanentes em matéria disciplinar do pessoal das serventias judiciais

XIV – propor à autoridade competente, quando for o caso, a pena de demissão de servidor e aplicar, originariamente, sem prejuízo da competência dos corregedores permanentes, as demais penas, e, enquanto não prescrita a infração, reexaminar, de ofício ou mediante provocação, decisões da corregedoria permanente;

[*] Inciso XIV com redação dada pelo Assento Regimental nº 582/2020.

XV – indicar ao Conselho Superior da Magistratura, para posterior referendo do Órgão Especial, os juízes assessores dos cargos de direção e de cúpula e do Decano, mediante consulta aos seus titulares;

XVI – estabelecer as normas de serviço das serventias judiciais;

XVII – receber e, se for o caso, processar as reclamações e instaurar sindicâncias e processos administrativos contra titulares e servidores das delegações notariais e de registro, aplicando as penalidades cabíveis;

XVIII – propor as medidas convenientes ao aprimoramento dos serviços das delegações notariais e de registro;

XIX – fiscalizar, em caráter geral e permanente, as atividades das delegações notariais e de registro;

XX – organizar o programa de correições gerais e visitar as instalações das mesmas delegações;

XXI – proceder a correições ordinárias e visitar as unidades delegadas na Capital e no interior;

XXII – realizar correições extraordinárias nas delegações notariais e de registro, sempre que necessário;

XXIII – dispensar, nas correições extraordinárias, a publicação de editais, podendo determinar, no próprio ato da visita correcional, a notificação de autoridade, notário ou registrador para comparecer à sua presença;

XXIV – apresentar ao Órgão Especial, no final do primeiro ano e do mandato, relatório circunstanciado das correições, mencionando as providências mais relevantes adotadas e sugerindo as que excederem de sua competência;

XXV – designar, nas comarcas onde houver mais de um juiz de direito, os corregedores permanentes dos serviços das delegações notariais e de registro, com aprovação do Conselho Superior da Magistratura, fazendo publicar a relação, na segunda quinzena de janeiro de cada ano, com prevalência do quadro vigente, quando não modificado;

XXVI – decidir os recursos interpostos contra decisões dos juízes corregedores permanentes em matéria disciplinar do pessoal das delegações notariais e de registro;

XXVII – avocar, motivadamente e no interesse do serviço cartorário ou da Justiça, sindicâncias ou processos administrativos instaurados pelos corregedores permanentes e reexaminar as decisões proferidas, ou, da mesma forma, instaurá-los originariamente, a pedido ou de ofício, podendo designar Juiz Corregedor Processante para todos os atos pertinentes e atribuir serviços auxiliares a unidade diversa daquela a que estiver vinculado o servidor;

[*] Inciso XXVII com redação dada pelo Assento Regimental nº 582/2020.

XXVIII – fiscalizar, independentemente de reclamação, a aplicação da legislação sobre emolumentos, impondo as penas previstas, sempre que apurada cobrança abusiva;

XXIX – designar substituto, nos casos previstos em lei, dos titulares e serventuários das delegações de notas e de registro;

XXX – determinar, nas correições a que proceder, quando necessário, a intervenção nas delegações, designando interventor na forma da lei, com ou sem o afastamento do titular;

XXXI – estabelecer as normas de serviço das delegações notariais e de registro;

XXXII – propor ao Poder Executivo a complementação de renda mínima de serventia, cuja extinção não seja conveniente;

XXXIII – adotar outras providências que visem a aprimorar a atividade delegada;

XXXIV – integrar comissão permanente, conforme disposição deste Regimento.

§ 1º. Independentemente das correições, o Corregedor Geral da Justiça poderá realizar audiências públicas, franqueando a palavra a quem se inscrever.

§ 2º. O Corregedor Geral da Justiça poderá delegar a desembargador função correcional específica e determinações correlatas de sua competência.

Seção IX – Do Decano

Art. 29. Compete ao Decano:

I – exercer as substituições previstas neste Regimento;

II – desempenhar as atribuições que lhe forem delegadas pelos ocupantes dos cargos de direção, segundo aprovação do Conselho Superior da Magistratura e referendo do Órgão Especial, exceto aquelas intrínsecas ao exercício de qualquer desses cargos;

III – integrar comissão permanente, conforme disposição deste Regimento.

Seção X – Da Ouvidoria

[*] Seção X acrescentada pelo Assento Regimental nº 589/2024.

Art. 29-A. O Ouvidor do Tribunal de Justiça do Estado de São Paulo e seu Substituto serão eleitos pelo Órgão Especial, para o período de 2 (dois) anos, cujos mandatos deverão coincidir com o do Presidente do Tribunal de Justiça, permitida uma reeleição, garantida a participação de todos os desembargadores nos pleitos, a serem realizados, para cada biênio, na última sessão antes das eleições para os cargos de direção e cúpula, precedido de edital de 10 (dez) dias para a efetivação das inscrições dos interessados.

§ 1º. O Ouvidor Substituto atuará em caso de ausência, impedimento ou suspeição do titular, aplicando-se nas substituições, no que couber, o disposto no Regimento Interno do Tribunal de Justiça.

§ 2º. Fica vedada a acumulação com cargos diretivos e de juízes assessores.

§ 3º. Excepcionalmente, poderão o Ouvidor e seu Substituto ser indicados pelo Presidente do Tribunal na hipótese de não haver interessados na disputa.

§ 4º. Será eleito Ouvidor o desembargador que obtiver o maior número de votos e Ouvidor Substituto, o segundo mais votado, e, em caso de empate, o critério de desempate será o de antiguidade no cargo de Desembargador. § 5º. É vedado o exercício da função de Ouvidor e Ouvidor Substituto por mais de 4 (quatro) anos consecutivos, de modo que nova eleição do mesmo magistrado só poderá ocorrer após o transcurso do interstício do período correspondente a um mandato.

[*] Art. 29-A acrescentado pelo Assento Regimental nº 589/2024.

Art. 29-B. A missão da Ouvidoria Judicial é aquela definida pelo art. 4º da Resolução nº 432/21 do Conselho Nacional de Justiça.

[*] Art. 29-B acrescentado pelo Assento Regimental nº 589/2024.

Art. 29-C. A Ouvidoria do Poder Judiciário de São Paulo, órgão autônomo, integrante da alta administração do Tribunal, essencial à administração da Justiça, detém independência funcional em relação às outras áreas do Poder Judiciário, atuando em regime de cooperação, com vistas à avaliação da efetividade e ao aprimoramento da gestão.

[*] Art. 29-C acrescentado pelo Assento Regimental nº 589/2024.

Art. 29-D. A competência da Ouvidoria Judicial é aquela disciplinada pelo art. 5º da Resolução nº 432/21 do Conselho Nacional de Justiça.

[*] Art. 29-D acrescentado pelo Assento Regimental nº 589/2024.

Art. 29-E. A Ouvidoria terá acesso a todas as áreas do Tribunal de Justiça e das Comarcas, tendo os magistrados e servidores o dever de apoiá-la e de prestar, em caráter prioritário e emergencial, as informações e os documentos que sejam solicitados no desempenho de suas atribuições legais.

[*] Art. 29-E acrescentado pelo Assento Regimental nº 589/2024.

Capítulo II
DAS SEÇÕES E ÓRGÃOS FRACIONÁRIOS

Seção I – Da Estrutura

Art. 30. O Tribunal é composto por uma Seção de Direito Criminal, uma de Direito Privado e uma de Direito Público, representadas por seus Presidentes e constituídas pelas Turmas Especiais, pelos Grupos de Câmaras, pelas Câmaras ordinárias, especializadas, reservadas e pelos desembargadores, bem como, no âmbito administrativo, por comissões permanentes e temporárias. Haverá também uma Câmara Especial e uma Câmara Especial de Presidentes, com competências previstas neste Regimento, desvinculadas das Seções.

[*] Art. 30, *caput*, com redação dada pelo Assento Regimental nº 565/2017.

Parágrafo único. O Órgão Especial fixará, por resolução, a competência de cada Seção e, se for o caso, definirá ou complementará as atribuições das comissões, observada correspondência temática.

Art. 31. Turmas Especiais são compostas pelos dois desembargadores mais antigos de cada Câmara ordinária da mesma Seção ou Subseção havendo recusa, pelos seguintes na ordem de antiguidade, sucessivamente. É vedada a recusa que comprometer a representação da Câmara.

[*] Art. 31, *caput*, com redação dada pelo Assento Regimental nº 562/2017.

§ 1º. A Turma Especial poderá deliberar pela redução de sua composição a um desembargador por Câmara, observada a antiguidade. Neste caso, ser-lhe-á facultado retorno à composição original, a qualquer tempo.

§ 2º. A antiguidade, para tal efeito, conta-se na Câmara e o desembargador que vier a deixá-la será substituído pelo seguinte nessa ordem.

§ 3º. (Suprimido).

[*] § 3º suprimido pelo Assento Regimental nº 562/2017.

Art. 32. Compete às Turmas Especiais:

I – a uniformização da jurisprudência, por pacificação ou por incidentes de resolução de demandas repetitivas referentes à matéria de competência exclusiva de sua Seção;

[*] Inciso I com redação dada pelo Assento Regimental nº 562/2017.

II – a assunção de competência prevista na lei processual civil (art. 947 do CPC) referente à matéria de competência exclusiva de sua Seção;

[*] Inciso II com redação dada pelo Assento Regimental nº 552/2016.

III – as reclamações relativas a seus acórdãos;

IV – as dúvidas e conflitos entre suas Câmaras e Grupos de Câmaras.

§ 1º. Fica criado Grupo Especial na Seção de Direito Privado, composto por nove desembargadores, os três mais antigos de cada Turma Especial. Competirá a esse Grupo decidir os conflitos de competência entre as Subseções da Seção de Direito Privado

§ 2º. Considera-se a antiguidade na Turma Especial e o desembargador que vier a deixá-la será substituído pelo seguinte nessa ordem.

§ 3º. Os integrantes do Grupo elegerão seu Presidente, por período que acordarem, de seis meses a um ano, observada a alternância dentre as três subseções. A substituição será pelo desembargador mais antigo, se, de comum acordo, não for escolhido outro.

§ 4º. As providências e os julgamentos previstos nos incisos I a III deste artigo competirão, com exclusividade, ao Grupo de Câmaras Reservadas de Direito Ambiental e de Direito Empresarial, bem como especializadas em tributos municipais (14ª, 15ª e 18ª Câmaras de Direito Público) e em acidentes de trabalho (16ª e 17ª Câmaras de Direito Público), quando se tratar de matérias da competência recursal de suas Câmaras.

[*] § 4º com redação dada pelo Assento Regimental nº 568/2018.

Art. 33. A Câmara Especial, presidida pelo Vice-Presidente do Tribunal, é integrada pelos Presidentes das Seções e pelo Decano.

Parágrafo único. Competirá à Câmara Especial processar e julgar:

I – Os incidentes de suspeição e impedimento de juiz de primeiro grau;

[*] Inciso I com redação dada pelo Assento Regimental nº 552/2016.

II – os conflitos de competência entre juízes e de atribuição, ressalvada a competência do Órgão Especial;

III – os agravos de instrumento em exceções de incompetência, quando a matéria incluir-se na sua competência recursal;

IV – os processos originários e os recursos em matéria de Infância e Juventude;

V – os recursos das decisões originárias do Corregedor Geral da Justiça, nos processos disciplinares relativos a titulares e servidores das serventias judiciais, delegados dos serviços notariais e de registro e oficiais de justiça.

Art. 33-A. A Câmara Especial de Presidentes é integrada pelo Presidente do Tribunal, que a presidirá, pelo Vice-Presidente e pelos Presidentes das Seções.

[*] Art. 33-A, *caput*, acrescentado pelo Assento Regimental nº 565/2017.

§ 1º. Compete à Câmara Especial de Presidentes julgar os agravos internos interpostos contra decisões da Presidência do Tribunal, da Vice-Presidência e das Presidências das Seções, que:

I – neguem seguimento a recurso extraordinário ou a recurso especial, na forma do art. 1.030, I, "a" e "b" do Código de Processo Civil;

II – deliberem o sobrestamento de recursos extraordinário ou especial com fundamento no art. 1.030, III, do Código de Processo Civil;

III – Indefiram requerimentos de exclusão de sobrestamento de recursos extraordinário ou especial na forma dos arts. 1.035, §§ 6º e 7º, e 1.036, §§ 2º e 3º, do Código de Processo Civil.

[*] § 1º acrescentado pelo Assento Regimental nº 565/2017.

§ 2º. À Câmara Especial de Presidentes competirá o julgamento dos agravos regimentais interpostos contra:

[*] § 2º, *caput*, acrescentado pelo Assento Regimental nº 565/2017 e com redação dada pelo Assento Regimental nº 572/2019.

I – as decisões monocráticas dos Presidentes das Seções de Direito Público, Privado e Criminal, que, na fase de processamento de recursos especial e/ou extraordinário, possam causar prejuízo ao direito da parte (art. 253, *caput*);

[*] Inciso I acrescentado pelo Assento Regimental nº 572/2019.

II – as decisões monocráticas dos Presidentes das Seções, na execução de acórdãos relativos a feitos ou ações de competência originária das respectivas Turmas Especiais, Grupos e Câmaras (art. 45, V), que igualmente possam causar prejuízo à parte.

[*] Inciso II acrescentado pelo Assento Regimental nº 572/2019.

§ 3º. Competirá, ainda, à Câmara Especial de Presidentes o julgamento das reclamações contra o descumprimento de tutelas de urgência deferidas pelos Presidentes das Seções de Direito Público, Privado e Criminal, em recursos especiais e extraordinários (art. 1029, § 5º, III, do CPC).

[*] § 3º com redação dada pelo Assento Regimental nº 572/2019.

§ 4º. Salvo impedimento, o relator do agravo interno será o Desembargador que proferiu a decisão impugnada.

[*] § 4º acrescentado pelo Assento Regimental nº 572/2019.

Art. 34. As Câmaras terão designação ordinal e cada uma será composta por cinco desembargadores.

§ 1º. O Órgão Especial poderá criar câmaras temporárias, reservadas ao julgamento de determinadas matérias, preenchidas por designação, na forma do § 2º, sem prejuízo das funções exercidas nas câmaras de origem, e integradas à Seção de sua especialidade poderá também criar câmaras permanentes, especializadas ou com especialização das já existentes, mediante proposta aprovada pela Seção correspondente, que serão providas por promoção, remoção ou permuta.

§ 2º. Para as câmaras temporárias, a designação dos titulares e de três suplentes será feita pelo Presidente do Tribunal, depois de eleição pelo Órgão Especial dentre os candidatos previamente inscritos.

§ 3º. Os suplentes substituirão os titulares, nos impedimentos e afastamentos, sucedendo-os, na vacância, observada a ordem da votação obtida.

Art. 35. As Câmaras julgam os recursos das decisões de primeiro grau, os embargos declaratórios e os infringentes no processo criminal opostos a seus acórdãos, as ações rescisórias, as reclamações por descumprimento de seus julgados, os agravos internos e regimentais, *habeas corpus*, mandados de segurança e demais feitos de competência originária.

[*] Art. 35 com redação dada pelo Assento Regimental nº 562/2017.

Art. 36. Os Grupos de Câmaras, também designados em sequência ordinal, são compostos pela reunião de duas Câmaras, segundo a ordem crescente, ou, sendo ímpar o número, o primeiro grupo ou o último será composto das três primeiras ou das três últimas. As Câmaras especializadas e temporárias seguirão a mesma regra e pertencerão à Seção cuja matéria guarde semelhança com a de sua competência.

Art. 37. A competência que exceder à das Câmaras cabe aos Grupos, ressalvada a das Turmas Especiais e a do Órgão Especial, conforme dispuserem a legislação e este Regimento.

§ 1º. O Grupo julgará os mandados de segurança contra atos das Câmaras e de seus relatores, inclusive os do próprio Grupo as ações rescisórias, as revisões criminais, as reclamações por descumprimento de seus julgados e os embargos de declaração, além dos demais feitos que, pela natureza, forem de sua competência.

[*] § 1º com redação dada pelo Assento Regimental nº 560/2017.

§ 2º. As revisões criminais de acórdãos serão distribuídas a Grupo cujas Câmaras não tenham proferido decisão em qualquer fase do processo.

Art. 38. Os integrantes das Turmas Especiais, Grupos e Câmaras elegerão seus Presidentes, por período que acordarem, de seis meses a um ano, observada alternância, no Grupo, quanto à escolha de integrantes de uma e outra Câmara. A substituição se dará pelo desembargador mais antigo, se, de comum acordo, não for escolhido outro.

Seção II – Do Funcionamento

Art. 39. Os feitos de competência do Órgão Especial e das Turmas Especiais são julgados por um relator, um revisor, quando for o caso, e pelos demais integrantes do respectivo órgão.

[*] Art. 39, *caput*, com redação dada pelo Assento Regimental nº 562/2017.

§ 1º. Quando necessário à composição da turma julgadora ou ao desempate, será convocado desembargador que ainda não tenha votado, dentro do órgão julgador na impossibilidade, sortear-se-á desembargador de outro órgão do mesmo Grupo e, se o caso, da Seção.

§ 2º. Havendo empate no Órgão Especial e tendo votado todos os seus integrantes, convocar-se-á o desembargador mais antigo que não o integre, para proferir voto de desempate.

§ 3º. Nos embargos infringentes, a escolha do relator recairá, sempre que possível, em desembargador que não haja participado do acórdão recorrido, atuando no julgamento aqueles que o prolataram.

Art. 40. Os feitos de competência dos Grupos são julgados por:

I – um relator, sorteado dentre os juízes do mesmo Grupo e que não tenha participado do julgamento anterior

II – um revisor ou um segundo juiz, conforme o caso, sendo o seguinte ao relator em ordem decrescente de antiguidade no Grupo e que não tenha participado do julgamento anterior;

[*] Inciso II com redação dada pelo Assento Regimental nº 562/2017.

III – como vogais, todos os juízes que participaram do julgamento anterior;

IV – como vogais, seguida a ordem de antiguidade do revisor ou do segundo juiz, conforme o caso, tantos juízes que não tenham participado do julgamento anterior, quantos se fizerem necessários à complementação dos seguintes quóruns:

[*] Inciso IV, *caput*, com redação dada pelo Assento Regimental nº 562/2017.

a) na ação rescisória de acórdão proferido pela Câmara em apelação, em um total de sete juízes;

b) na ação rescisória de acórdão proferido pela Câmara em outra ação rescisória, no total de sete juízes;

[*] Alínea "b" suprimida e alínea "c" renumerada para alínea "b" pelo Assento Regimental nº 552/2016.

c) nos demais feitos que tenham por objeto ato ou acórdão proferido pela Câmara ou por seus relatores, no total de sete juízes;

[*] Alínea "d" renumerada para alínea "c" pelo Assento Regimental nº 552/2016.

d) nos demais feitos que tenham por objeto ato ou acórdão proferido pelo Grupo ou por seus relatores, no total de nove juízes;

[*] Alínea "h" renumerada para alínea "d" pelo Assento Regimental nº 552/2016.

e) (Suprimida);

[*] Alínea "e" suprimida pelo Assento Regimental nº 552/2016.

f) (Suprimida);

[*] Alínea "f" suprimida pelo Assento Regimental nº 552/2016.

g) (Suprimida);

[*] Alínea "g" suprimida pelo Assento Regimental nº 552/2016.

h (Suprimida);

[*] Alínea "h" suprimida pelo Assento Regimental nº 552/2016.

V – (Suprimido).

[*] Inciso V suprimido pelo Assento Regimental nº 552/2016.

Art. 41. Os feitos de competência das Câmaras são julgados por turma de três desembargadores, ou, em se tratando de embargos infringentes no processo criminal ou de julgamento realizado na forma do artigo 942 do CPC, pelos cinco integrantes da Câmara, neste último caso, preferencialmente na mesma sessão ou em sessão a ser designada.

[*] Art. 41, *caput*, com redação dada pelo Assento Regimental nº 562/2017.

Parágrafo único. Nos embargos infringentes julgados pela Câmara, a escolha do relator recairá num dos dois desembargadores restantes da Câmara, que não hajam participado do acórdão recorrido. Em caso de afastamento de qualquer deles, aplicar-se-á o disposto no art. 105, § 1º, deste Regimento Interno.

[*] Parágrafo único acrescentado pelo Assento Regimental nº 562/2017.

Art. 41-A. Em caso de julgamento em forma virtual, a turma julgadora inicialmente formada prevalecerá até a conclusão, ressalvado o afastamento de integrante, que ainda não tenha votado, do órgão fracionário, bem como o disposto no art. 134, §1º.

[*] Art. 41-A acrescentado pelo Assento Regimental nº 587/2023.

Art. 42. Nos casos dos arts. 39, 40 e 41, quando necessário à composição da turma julgadora ou ao desempate, será convocado o desembargador mais antigo que ainda não tenha votado, dentro do órgão julgador na impossibilidade, convocar-se-á o desembargador com maior antiguidade de outro órgão da mesma Seção, Subseção ou Grupo, conforme o caso.

[*] Art. 42 com redação dada pelo Assento Regimental nº 552/2016.

Art. 43. As sessões do Órgão Especial, das Turmas Especiais, dos Grupos e das Câmaras serão instaladas somente quando presente a maioria absoluta de seus integrantes.

Parágrafo único. O Conselho Superior da Magistratura só se reunirá quando presentes, ao menos, dois dos ocupantes dos cargos de direção e mais dois de seus membros.

Art. 44. Nos casos em que se exigir quórum qualificado e não for alcançado o mínimo, o julgamento será adiado, convocando-se os desembargadores em exercício que não estiveram presentes.

Seção III – Dos Presidentes das Seções

Art. 45. Compete aos Presidentes das Seções:

I – presidir a Seção;

II – dirigir a distribuição dos feitos;

III – decidir os incidentes e questões urgentes antes da distribuição, se esta não for possível de imediato;

IV – processar os recursos especial e extraordinário relativos a feitos da respectiva Seção, decidindo os incidentes;

[*] Inciso IV com redação dada pelo Assento Regimental nº 552/2016.

V – executar os acórdãos em feito ou ação originária de competência das Turmas Especiais, dos Grupos e das Câmaras;

VI – representar ao Presidente nos casos de irregularidade nas unidades judiciárias da Seção;

VII – (Revogado);

[*] Inciso VII revogado pelo Assento Regimental nº 558/2016.

VIII – organizar os setores administrativo e técnico das respectivas Presidências, propondo ao Presidente do Tribunal, se for caso, a criação e a extinção de cargos.

Seção IV – Das Comissões Permanentes

Art. 46. O Tribunal contará com as seguintes comissões permanentes:

I – Comissão de Organização Judiciária;

II – Comissão de Honraria e Mérito;

III – Comissão de Jurisprudência;

IV – Comissão de Regimento Interno;

V – Comissão de Redação;

VI – Comissão de Assuntos Administrativos;

VII – Comissão de Orçamento, Planejamento e Finanças;

VIII – Comissão Salarial;

IX – Comissão Gestora de Arquivo, Memória e Gestão Documental;

X – Comissão Estadual Judiciária de Adoção Internacional.

§ 1º. As comissões atuarão no âmbito de suas atribuições, segundo suas denominações, e emitirão parecer, antes da deliberação pelo Órgão Especial, na matéria administrativa de sua alçada.

§ 2º. O prazo para oferecimento de parecer será de sessenta dias, se outro não for estabelecido ou não houver prorrogação pelo Órgão Especial.

§ 3º. Além das atribuições enunciadas, as comissões permanentes poderão opinar sobre outras matérias afins.

§ 4º. Não se tratando de membro nato, os demais serão indicados pelo Presidente, com aprovação do Órgão Especial, desde que os Desembargadores apresentem produção de votos proferidos compatível com as médias das respectivas seções e subseções, ou do Órgão Especial.

§ 5º. Salvo disposição específica, as comissões serão compostas por três desembargadores.

§ 6º. As comissões disciplinarão seus trabalhos internos e a forma de distribuição dos processos.

Art. 47. Compõem a Comissão de Organização Judiciária os membros do Conselho Superior da Magistratura e outros quatro desembargadores, dois deles do Órgão Especial, além de dois suplentes.

Parágrafo único. Compete à Comissão examinar sugestões, promover estudos e elaborar anteprojetos de lei sobre a organização e a divisão judiciárias, nos termos das Constituições Federal, do Estado e da lei, a fim de submetê-los ao Órgão Especial.

Art. 48. A Comissão de Honraria e Mérito é constituída pelo Presidente do Tribunal e pelos quatro desembargadores mais antigos da Corte.

Parágrafo único. A Comissão opinará sobre propostas de outorga do Colar do Mérito Judiciário, da "Medalha do Mérito Judiciário Manoel da Costa Manso" e do "Diploma Ramos de Azevedo", colocação de nomes, bustos ou estátuas em prédios administrados pelo Poder Judiciário do Estado ou em suas dependências.

Art. 49. A Comissão de Jurisprudência será constituída pelo Decano do Tribunal, que a presidirá, e por seis desembargadores, dois de cada Seção do Tribunal, um dos quais, escolhido pelo Presidente do Tribunal, será o Supervisor da Biblioteca.

§ 1º. Compete à Comissão:

a) a divulgação de acórdãos, súmulas e matéria de interesse do Judiciário;

b) velar pela manutenção e atualização do acervo bibliográfico.

§ 2º. Na divulgação de julgados do Tribunal, a Comissão observará, sempre que possível, a paridade quanto aos relatores dos acórdãos selecionados.

Art. 50. Compete à Comissão de Regimento Interno zelar pela execução deste Regimento, representando, quando for o caso, ao Presidente do Tribunal, com vista ao fiel cumprimento de seus dispositivos propor emendas que objetivem o aprimoramento de suas normas e oferecer parecer, em proposta da mesma natureza, proveniente de outros órgãos do Tribunal ou dos desembargadores.

Art. 51. Compete à Comissão de Redação rever os anteprojetos de lei, as resoluções e os assentos aprovados pelo Órgão Especial, os provimentos do Conselho Superior da Magistratura, da Presidência e da Corregedoria Geral da Justiça.

Parágrafo único. Nas reformas regimentais de vulto, a Comissão de Redação poderá oficiar conjuntamente com a Comissão de Regimento Interno, após a aprovação dos dispositivos pelo Órgão Especial, desde que assim acordem seus presidentes.

Art. 52. A Comissão de Assuntos Administrativos é constituída pelo Vice-Presidente, que a presidirá, por cinco desembargadores e três juízes de primeiro grau em efetivo exercício nas Varas de Entrância Final, estes mediante indicação do Conselho Superior da Magistratura e aprovação do Órgão Especial, competindo-lhe opinar sobre:

a) assuntos administrativos em geral, mediante solicitação do Órgão Especial ou do Presidente do Tribunal;

b) o plano plurianual de gestão, suas alterações e relatórios semestrais de execução.

Art. 53. Compete à Comissão de Orçamento, Planejamento e Finanças:

a) emitir parecer sobre a proposta orçamentária e sobre os relatórios periódicos da execução do orçamento, podendo solicitar informações e auxílio da respectiva Secretaria do Tribunal;

b) oferecer sugestões à direção do Tribunal e ao Órgão Especial.

Art. 54. À Comissão Gestora de Arquivo, Memória e Gestão Documental compete, especialmente:

a) sugerir normas e providências para a guarda dos processos findos de primeira e segunda instâncias;

b) emitir parecer sobre propostas de incineração de autos;

c) velar pela formação do patrimônio histórico, a partir do arquivo geral de feitos;

d) gerir o Programa de Gestão Documental e de resgate e preservação da memória institucional do Tribunal de Justiça.

§ 1º. Os documentos de relevante valor histórico e cultural existentes nos autos de processos findos serão recolhidos à guarda de arquivo especial, observadas as exigências legais.

§ 2º. Os pedidos de consulta a documentos e de certidão de seu teor serão dirigidos, motivadamente, ao Presidente do Tribunal.

Art. 55. A Comissão Salarial é composta de cinco desembargadores, dois escolhidos pelo Presidente do Tribunal e três aprovados pelo Órgão Especial, na forma do art. 46, § 4º.

Parágrafo único. Compete à Comissão emitir parecer em todos os expedientes administrativos que, direta ou indiretamente, envolvam a remuneração dos magistrados e servidores, ativos e inativos, submetido à apreciação do Órgão Especial ou da Presidência do Tribunal.

Art. 56. A Comissão Estadual Judiciária de Adoção Internacional – CEJAI, autoridade central estadual, é composta pelo Corregedor Geral da Justiça, que a preside, e por cinco desembargadores, dois dos quais em atividade, atuando como secretário juiz de direito em exercício em Vara da Infância e Juventude.

§ 1º. Compete à Comissão, além das atribuições legais e regulamentares:

a) fornecer aos estrangeiros e nacionais pretendentes à adoção, residentes e domiciliados fora do país, certificado de habilitação à prática desse ato, perante qualquer Juízo do Estado, por período determinado, prorrogável a critério do mesmo órgão;

b) manter cadastros centralizados de brasileiros e estrangeiros residentes no Brasil e de estrangeiros e nacionais residentes e domiciliados fora do país, interessados na adoção de crianças e adolescentes, bem como o cadastro centralizado de crianças e adolescentes com situação definida, aptos a serem adotados, como serviço de apoio, a partir das informações dos cadastros dos Juízos da Infância e da Juventude do Estado, previstos na lei;

c) manter cadastro centralizado de pessoas inidôneas para adoção;

d) habilitar e fiscalizar a atuação de organismos que operam como intermediários de adoções internacionais, nos termos de seu Regimento Interno.

§ 2º. A Comissão elaborará seu Regimento Interno, prevendo os procedimentos necessários ao desempenho de suas funções.

Seção V – Dos Desembargadores

Subseção I – Nomeação, Posse, Remoção e Permuta

Art. 57. Ao tomar posse, o desembargador prestará, perante o Presidente do Tribunal, o compromisso de cumprir fielmente a Constituição, as leis vigentes e os deveres do cargo.

§ 1º. O compromisso será tomado no gabinete do Presidente, em sala nobre ou em sessão plenária, à escolha do empossando, permitidos discursos do novo desembargador e de representante do Tribunal, pelo prazo máximo de dez minutos para cada um.

§ 2º. Da posse será lavrado termo em livro especial, quando o desembargador apresentará a declaração pública de seus bens.

§ 3º. Na posse em sala nobre, os membros do Conselho Superior da Magistratura, o orador e o empossando usarão as vestes talares completas, inclusive o colar do mérito nas posses solenes, o mesmo será exigido dos desembargadores que tomarem assento à Mesa e na bancada.

Art. 58. Na votação da lista tríplice do quinto constitucional, haverá três escrutínios, em votação secreta, até que se firme a lista, exigindo-se maioria absoluta em todos. Se qualquer dos candidatos não atingir o quórum, a lista não será aceita.

[*] Art. 58, *caput*, com redação dada pelo Assento Regimental nº 590/2024.

Parágrafo único. Em caso de empate, terá preferência o candidato de maior prática forense, entendido, como tal, o exercício da profissão de advogado, contado de sua inscrição na Ordem dos Advogados do Brasil, ou o tempo de serviço no Ministério Público, a partir da posse, conforme o caso. Se persistir o empate, decidir-se-á em favor do de maior idade.

Art. 59. Ao aposentar-se, o desembargador conservará o título e as honras do cargo, ressalvadas as hipóteses legais.

Parágrafo único. No exercício da advocacia ou de outra atividade incompatível com a judicatura, o aposentado abster-se-á de usar título e honras do cargo.

Art. 60. É permitida a remoção ou a permuta de uma para outra Câmara, da mesma ou de outra Seção, mediante aprovação do Órgão Especial.

Parágrafo único. Havendo mais de um pedido para a mesma vaga, terá preferência o desembargador de maior antiguidade no Tribunal, desde que apresente requerimento antes de iniciar-se a sessão que tratará do tema, sendo vedado fazê-lo se houver adiamento ou retirada de pauta da matéria.

Art. 61. Nos casos de remoção e permuta, o desembargador removido assumirá o acervo e as prevenções da nova cadeira, continuando vinculado aos feitos em que houver lançado visto na anterior.

Subseção II – Antiguidade

Art. 62. Regula-se a antiguidade dos desembargadores:

I – no âmbito do Órgão Especial, pela data de acesso do desembargador, em caráter definitivo, na classe de antiguidade e, na classe dos eleitos, pela votação e precedência de eleição, observado o § 2º do art. 3º;

II – nas Turmas Especiais, nos Grupos, nas Câmaras e nas Comissões, pela antiguidade no Tribunal, ressalvado o disposto no parágrafo único do art. 31.

§ 1º. A antiguidade no Tribunal se conta da posse do desembargador havendo empate, prevalecerá a antiguidade na entrância anterior, na carreira e, persistindo, a maior idade.

§ 2º. Invocada a antiguidade, observar-se-á a ordem decrescente, a partir do mais antigo até o mais moderno a modernidade implicará operação inversa.

Subseção III – Das Incompatibilidades

Art. 63. Não poderão participar do mesmo Grupo ou Câmara cônjuges, conviventes e parentes, consanguíneos ou afins, na linha ascendente ou descendente e, na linha colateral, até o terceiro grau, inclusive.

§ 1º. A incompatibilidade se resolve na seguinte ordem

I – antes da posse:

a) contra o último nomeado;

b) se a nomeação for da mesma data, contra o menos idoso;

II – depois da posse:

a) contra o que deu causa à incompatibilidade;

b) se a causa for imputável a ambos, contra o mais moderno.

§ 2º. Nas sessões do Órgão Especial, o primeiro a votar, dos membros mutuamente impedidos, excluirá a participação do outro, inclusive em matéria de ordem administrativa.

Subseção IV – Licenças e Afastamentos

Art. 64. As licenças e os afastamentos de qualquer natureza serão concedidos pelo Órgão Especial, mediante pedido escrito, nos termos da lei.

§ 1º. As licenças para tratamento de saúde serão concedidas por até trinta dias, mediante apresentação de atestado médico. As prorrogações, bem como as licenças por prazo superior a trinta dias, dependerão de perícia médica designada pelo Presidente.

§ 2º. Salvo contraindicação médica, o magistrado, licenciado nos termos do parágrafo anterior, poderá participar do julgamento de processos que, antes da licença, tenham recebido seu visto, hipótese em que os dias de comparecimento lhe serão restituídos a final.

§ 3º. As licenças por motivo de doença em pessoa da família serão deferidas quando indispensável aos cuidados exigidos pelo cônjuge ou pelo parente de até segundo grau enfermo.

[*] § 3º, *caput*, acrescentado pelo Assento Regimental nº 577/2019.

I – Na licença a que se refere este parágrafo, o período de até 1 (um) mês será considerado como de efetivo exercício para todos os efeitos legais, inclusive cômputo de antiguidade e licença-prêmio.

[*] Inciso I acrescentado pelo Assento Regimental nº 577/2019.

II – A licença de que trata este parágrafo será concedida com vencimentos ou remuneração até 1 (um) mês e com os seguintes descontos:

a) de 1/3 (um terço), quando exceder a 1 (um) mês até 3 (três);

b) de 2/3 (dois terços), quando exceder a 3 (três) meses até 6 (seis.

c) sem vencimento ou remuneração do sétimo ao vigésimo mês.

[*] Inciso II acrescentado pelo Assento Regimental nº 577/2019.

III – Para os efeitos dos incisos I e II, serão somadas as licenças concedidas durante o período de 20 (vinte) meses, contado da primeira concessão.

[*] Inciso III acrescentado pelo Assento Regimental nº 577/2019.

§ 4º. Nos afastamentos para frequência a cursos e seminários de aperfeiçoamento e estudos, o Tribunal fará o acompanhamento e a avaliação permanente do magistrado em relação ao aproveitamento do curso, que poderá ser interrompido por decisão do Órgão Especial.

[*] § 3º renumerado como § 4º pelo Assento Regimental nº 577/2019.

Art. 65. Além dos casos previstos em lei, o afastamento dar-se-á por prazo não excedente a noventa dias, para missão de relevância de interesse do Tribunal, por deliberação do Órgão Especial.

Subseção V – Interrupções de Exercício e Compensações

Art. 66. Salvo no caso de férias, todas as interrupções de exercício dos desembargadores serão comunicadas, por ofício, ao Presidente do Tribunal, para registro em seus prontuários.

Art. 67. O desembargador integrante do Órgão Especial afastado das funções judicantes, por motivo de serviço na Justiça Eleitoral, concurso de ingresso na Magistratura, comissão especial ou outro serviço público, poderá comparecer à sessão e votar matéria administrativa, desde que comunique ao Presidente do Tribunal com antecedência de setenta e duas horas.

Subseção VI – Compensação de Feitos e Acervo

Art. 68. Nos casos de remoção ou permuta, o Desembargador assumirá o acervo da nova cadeira, continuando vinculado, nas Turmas Especiais, no Grupo ou na Câmara de origem, aos feitos em que houver lançado visto, com remessa à mesa para julgamento.

Parágrafo único. No Órgão Especial, cessada a investidura do Desembargador (classe antiguidade e eleição), o seu sucessor assumirá os processos vinculados à cadeira, salvo, quanto aos dessa última classe, os com voto já lançado nos autos, sendo-lhe facultado, se entender necessário, mandar repetir ou complementar provas já produzidas.

[*] Parágrafo único com redação dada pelo Assento Regimental nº 552/2016.

Art. 69. Haverá compensação de processos, nos casos de prevenção, impedimento, suspeição, distribuição a novo relator de processo, cujo julgamento foi convertido em diligência, afastamento do relator após julgamento, sem que tenha redigido o acórdão, e na hipótese de o desembargador não participar do julgamento em que tenha aposto visto ou pedido adiamento.

Art. 70. O desembargador afastado, licenciado ou em férias permanecerá vinculado ao acervo que lhe cabe no Órgão Especial, nas Turmas Especiais, no Grupo e na Câmara.

§ 1º. Os casos urgentes serão apreciados pelo revisor ou segundo juiz, conforme o caso, e, na impossibilidade, pelos demais integrantes da Câmara, Grupo, Turma Especial ou Órgão Especial.

[*] § 1º com redação dada pelo Assento Regimental nº 562/2017.

§ 2º. Se o afastamento superar quinze dias, será designado juiz substituto em segundo grau ou juiz de entrância final para assumir a cadeira.

[*] § 2º com redação dada pelo Assento Regimental nº 547/2015.

§ 3º. No Órgão Especial, o Desembargador, nos afastamentos, será substituído, no exercício total dessa jurisdição, na ordem de antiguidade ou da suplência, segundo a classe. Cessado o afastamento, os feitos, salvo os votos já lançados nos autos, retornam ao titular, sem compensação.

[*] § 3º acrescentado pelo Assento Regimental nº 547/2015.

Art. 71. Não haverá distribuição de feitos nos trinta dias que antecederem a aposentadoria de desembargador.

Art. 72. Quando, em decorrência de afastamento definitivo do desembargador relator, remanescerem feitos remetidos à Mesa, serão eles redistribuídos ao revisor ou ao segundo juiz, conforme o caso, ou ao juiz com visto nos autos, compensando-se.

[*] Art. 72, *caput*, com redação dada pelo Assento Regimental nº 562/2017.

Parágrafo único. Os demais feitos serão julgados pelo desembargador que o suceder na vaga.

Capítulo III
DOS JUÍZES

Seção I – Do Ingresso e Vitaliciamento

Art. 73. O ingresso na carreira observará as normas constitucionais, legais e resolução específica do Órgão Especial.

Art. 74. Ao final do estágio, os juízes não vitalícios serão avaliados pelo Conselho Superior da Magistratura.

§ 1º. Nos últimos noventa dias do estágio, o Conselho apresentará ao Órgão Especial, com base no prontuário de cada juiz, parecer sobre sua idoneidade moral, capacidade intelectual e adequação ao cargo.

§ 2º. Se negativo o parecer, será instaurado procedimento administrativo, ouvindo-se o juiz no prazo de quinze dias, quando apresentará as provas que tiver. O Conselho emitirá parecer final para submissão ao Órgão Especial.

Seção II – Da Matrícula e Antiguidade

Art. 75. Comunicada a posse do juiz, a Secretaria abrirá a matrícula e o prontuário, nos quais serão anotados as promoções, remoções, licenças, interrupções de exercício, penas disciplinares e outros atos pertinentes à vida funcional.

Art. 76. Anualmente, na primeira quinzena de janeiro, a Secretaria organizará o quadro geral de antiguidade dos juízes, com a indicação da ordem na entrância e na carreira, incluindo os nomes dos magistrados em disponibilidade ou sem exercício, observadas as seguintes regras:

I – será contado apenas o tempo de serviço efetivo no cargo, salvo:

a) o tempo concedido ao juiz removido, para entrar em exercício em outra comarca, se não for excedido;

b) o tempo de suspensão em processo criminal, se o juiz vier a ser absolvido;

c) o tempo de afastamento em virtude de procedimento para a verificação da vitaliciedade;

II – aos juízes em disponibilidade, sem caráter disciplinar, e aos juízes sem exercício, em virtude de remoção compulsória, será contado o tempo como de serviço efetivo;

III – se diversos juízes contarem o mesmo tempo de entrância, terá precedência aquele com mais tempo na anterior se persistir o empate, o que tiver mais tempo de carreira e, na sequência, o mais idoso;

IV – diante de cada nome será anotado o número de anos, meses e dias de serviço na Magistratura e na entrância atual e anterior, até 31 de dezembro do último ano, mencionando-se, também, a comarca ou vara de exercício naquela data ou a de que o juiz foi declarado em disponibilidade ou compulsoriamente removido;

V – anotar-se-á, igualmente, a entrância de cada comarca ou vara;

VI – no quadro de antiguidade dos juízes substitutos serão relacionados, em primeiro lugar, os vitalícios e, depois, os não vitalícios;

VII – se houver juízes de entrância inicial ou intermediária não vitalícios, seus nomes figurarão em quadro próprio, logo em seguida à relação dos vitalícios.

Parágrafo único. O quadro será publicado no órgão oficial e apresentado ao Conselho Superior da Magistratura para verificação.

Art. 77. Os juízes que se considerarem prejudicados poderão reclamar, em trinta dias, contados da publicação do quadro.

§ 1º. O Conselho Superior da Magistratura poderá rejeitar de plano a reclamação, se manifestamente infundada, ou mandar ouvir os juízes interessados, marcando-lhes prazo razoável e remetendo-lhes cópias da reclamação e documentos.

§ 2º. Findo o prazo, com ou sem resposta, a reclamação será julgada, com relatório do Presidente, depois de prestadas as informações pela Secretaria.

§ 3º. Da decisão do Conselho Superior da Magistratura caberá recurso, em dez dias, para o Órgão Especial.

§ 4º. Decididas as reclamações, o quadro será reorganizado e republicado.

Seção III – Da Promoção, Remoção e Permuta

Art. 78. O juiz substituto exercerá suas funções na circunscrição a que pertencer, salvo fundada motivação.

Art. 79. A remoção do juiz substituto, de uma para outra circunscrição, será feita a pedido, por deliberação do Órgão Especial, ouvido previamente o Conselho Superior da Magistratura.

Art. 80. Ressalvados fundada motivação e o que dispuser o Estatuto da Magistratura (art. 93, II, "c", da Constituição Federal), os juízes substitutos de um mesmo concurso serão indicados à promoção por merecimento, segundo a classificação nele obtida, aplicando-se, se houver candidatos remanescentes de lista anterior, o disposto no art. 86.

[*] Art. 80 com redação dada pelo Assento Regimental nº 571/2018.

Art. 81. Vagando cargo de juiz de direito e não sendo reaproveitados os magistrados sem exercício ou em disponibilidade, o Presidente tornará pública a existência de vaga para remoção e promoção, por meio de edital com o prazo de cinco dias.

[*] Art. 81, *caput*, com redação dada pelo Assento Regimental nº 546/2015.

§ 1º. No requerimento de inscrição, o magistrado declarará seu endereço residencial não ter autos conclusos fora de prazo e não ter dado causa a adiamento injustificado de audiência.

§ 2º. Se tiver processos além do prazo legal, com o requerimento, oferecerá a competente justificativa.

§ 3º. A exigência de residência permanente não se aplica aos juízes substitutos.

§ 4º. Os magistrados poderão concorrer para remoção ou promoção por antiguidade, num único requerimento, diante da eventual ausência de inscritos para promoção por antiguidade.

§ 5º. Na promoção ao cargo de Desembargador, não haverá distinção, para fins de antiguidade ou merecimento, entre os ocupantes de cargos de Juiz de Direito de Entrância Final e Juiz de Direito Substituto em Segundo Grau.

Art. 82. Ao concurso de promoção por merecimento precederá o de remoção, organizando-se, sempre que possível, lista tríplice, contendo os nomes dos candidatos com mais de dois anos de exercício efetivo na entrância.

Parágrafo único. A vaga aberta em decorrência de remoção será obrigatoriamente destinada ao provimento por promoção, pelo critério de merecimento.

Art. 83. Publicado o edital dos inscritos, poderá o juiz reclamar em três dias.

§ 1º. Encerrado o prazo e julgadas as reclamações, o Conselho Superior da Magistratura formará as listas e as submeterá ao Órgão Especial.

§ 2º. O veto do membro vencido no Conselho Superior da Magistratura deve ir ao Órgão Especial, como emenda, com indicação de outro nome.

§ 3º. O estágio do magistrado na entrância será considerado, para efeito de promoção e remoção, na data do encerramento das inscrições.

Art. 84. A iniciativa do procedimento de recusa de magistrado mais antigo à promoção caberá ao Conselho Superior da Magistratura ou a três membros do Órgão Especial, por manifestação fundamentada.

Parágrafo único. Nesse caso, ficará reservada uma das vagas para as quais se inscreveu o magistrado impugnado, a critério do Conselho Superior da Magistratura.

Art. 85. Na promoção por merecimento, serão indicados os três juízes que obtiverem a melhor classificação na avaliação ou, não havendo, preferencialmente os de maior antiguidade.

Art. 86. Para apurar-se a melhor classificação, será considerada, primeiramente, a posição do juiz na última lista de merecimento, observando-se o seguinte:

I – se entre os candidatos indicados pelo Conselho Superior da Magistratura ou por emenda houver remanescentes de lista anterior, o Tribunal, preliminarmente, indicará os que nela devem permanecer. A preferência do remanescente não prevalece contra candidato integrante de quinto superior na lista de antiguidade;

[*] Inciso I com redação dada pelo Assento Regimental nº 571/2018.

II – se o número de remanescentes, nas condições acima, for superior ao de vagas, far-se-á prévio escrutínio em relação a todos eles, considerando-se incluídos na lista os que obtiverem a maioria.

III – completada a lista, os não incluídos não perderão a condição de remanescentes à que se formar para a vaga seguinte, se nela não for incluído candidato integrante de quinto superior na lista de antiguidade.

[*] Inciso III com redação dada pelo Assento Regimental nº 571/2018.

IV – não completada a lista, os não incluídos concorrerão, no escrutínio seguinte, com os outros candidatos do mesmo quinto da lista de antiguidade em igualdade de condições, conforme a regra geral da alternatividade das promoções;

[*] Inciso IV com redação dada pelo Assento Regimental nº 571/2018.

V – para tal apuração, a lista de inscritos apresentada aos desembargadores indicará, ao lado de cada nome, além da observação de ser remanescente de lista, qual o quinto da lista de antiguidade a que pertence.

[*] Inciso V com redação dada pelo Assento Regimental nº 571/2018.

Art. 87. Quando promovido o juiz de comarca ou vara, cuja entrância tiver sido elevada, poderá ele requerer, no prazo de cinco dias, contado da publicação do ato, que sua promoção se efetive na comarca ou vara de que era titular, decidindo o Órgão Especial, conforme convier ao interesse público.

Art. 88. Salvo risco à incolumidade pessoal ou outro motivo de relevante interesse público, só poderão requerer permuta os juízes com mais de um ano de efetivo exercício na entrância e que não estiverem inscritos em concurso de promoção.

§ 1º. Depois de remoção ou permuta, o juiz deverá cumprir novo estágio de um ano de efetivo exercício no cargo para concorrer a outra.

[*] Parágrafo único renumerado como § 1º pelo Assento Regimental nº 551/2016.

§ 2º. Na entrância final, é vedada a permuta se algum dos permutantes estiver em condição de se promover para o segundo grau ou de se remover para o cargo de substituto de segundo grau.

[*] § 2º acrescentado pelo Assento Regimental nº 551/2016.

§ 3º. Os pedidos de permuta serão publicados no Diário da Justiça Eletrônico, com antecedência mínima de dez dias, para ciência de todos os magistrados interessados, ficando facultada a manifestação daqueles que se reputarem prejudicados.

[*] § 3º acrescentado pelo Assento Regimental nº 559/2016.

Seção IV – Do Reaproveitamento

Art. 89. O reaproveitamento de magistrado em disponibilidade dar-se-á conforme a lei e será apreciado pelo Órgão Especial, depois do parecer do Conselho Superior da Magistratura.

§ 1º. O procedimento terá início por provocação do interessado ou do Presidente do Tribunal.

§ 2º. Se iniciado pelo Presidente, o magistrado será ouvido no prazo de quinze dias.

Seção V – Da Aposentadoria e Incapacidade dos Magistrados

Art. 90. No procedimento de verificação da incapacidade de magistrado, o Presidente do Tribunal oficiará como preparador do processo até as razões finais, inclusive, fazendo-se, em seguida, a distribuição no Órgão Especial.

§ 1º. Instaurado por ordem do Presidente do Tribunal, deliberação do Órgão Especial ou provocação da Corregedoria Geral da Justiça, o magistrado será notificado para, no prazo de quinze dias, manifestar-se.

§ 2º. Em seguida, o Presidente nomeará junta de três médicos para proceder ao exame do magistrado, que poderá indicar assistente, e ordenará as diligências necessárias, podendo delegar sua realização a juiz de direito, se o paciente se encontrar fora da Capital ou do Estado.

§ 3º. Concluída a instrução, será aberta vista ao magistrado para as razões finais, no prazo de dez dias, e, em seguida, ao Ministério Público.

§ 4º. Distribuído o feito, o relator terá quinze dias para o relatório, submetendo-o, em seguida, à revisão.

§ 5º. O Presidente participará do julgamento com voto.

§ 6º. Reconhecida a incapacidade, o Presidente formalizará o ato de aposentadoria.

§ 7º. O Órgão Especial poderá, em qualquer fase do procedimento, determinar o afastamento do magistrado, se assim o recomendar o interesse público.

Art. 91. Na aposentadoria compulsória por idade, o magistrado perderá a jurisdição a partir do dia imediato ao do seu alcance, independentemente de declaração.

Art. 92. A aposentadoria voluntária produzirá efeitos a partir da publicação do ato no órgão oficial.

Seção VI – Da Prisão e Investigação Criminal contra Magistrado

Art. 93. O juiz somente poderá ser preso nas hipóteses previstas no Estatuto da Magistratura ou Lei Orgânica (art. 33, II, da Lei Complementar nº 35, de 14.3.1979).

Art. 94. O recolhimento e a condução do magistrado detido serão definidos pelo Presidente do Tribunal.

Art. 95. O Presidente do Tribunal de Justiça ou, na impossibilidade, o Vice-Presidente, será comunicado, imediatamente, da prisão, conduzindo-se o detido, ato contínuo e obrigatoriamente, à sua presença ou de desembargador do Órgão Especial designado, especialmente, para a lavratura do flagrante.

§ 1º. Lavrado o flagrante, o Presidente do Tribunal mandará recolher o magistrado em cela especial do estado-maior da Polícia Militar do Estado e convocará o Órgão Especial, no prazo máximo de quarenta e oito horas, remetendo a cada desembargador cópia do auto de prisão em flagrante.

§ 2º. O Órgão Especial deliberará sobre a subsistência da prisão e o local onde deverá permanecer o detido, expedindo, se for o caso e incontinenti, alvará de soltura.

§ 3º. Quando, no curso de qualquer investigação, houver indício da prática de crime por magistrado, a autoridade policial, civil ou militar, remeterá os autos, de imediato, ao Tribunal de Justiça, para prosseguimento da investigação e realização das diligências necessárias.

§ 4º. O relator poderá requisitar o concurso da autoridade policial, para, sob sua direta fiscalização, auxiliar nas investigações, dependendo a quebra de sigilo bancário, fiscal, telefônico ou de dados eletrônicos de autorização do Órgão Especial.

Art. 96. O magistrado não será levado a repartição policial, cabendo à Presidência do Tribunal de Justiça tornar disponível meio de contato imediato, comunicando às autoridades competentes, especialmente para o fim do artigo precedente.

Parágrafo único. No caso de prisão civil do magistrado, o mandado será encaminhado ao Presidente do Tribunal, que providenciará o cumprimento, dando ciência ao Órgão Especial.

Art. 97. No caso de transgressão às disposições desta Seção, por parte da autoridade policial ou de seus agentes, o Presidente do Tribunal de Justiça tomará as providências devidas para a responsabilização disciplinar e criminal.

Seção VII – Das Disposições Gerais

Art. 98. O Conselho Superior da Magistratura manterá livro especial para a anotação sumária de todos os casos de representação contra juízes, com indicação do número do feito, vara, comarca, nome do magistrado, do autor da representação e a solução.

Art. 99. O Presidente do Tribunal ou o Corregedor Geral da Justiça poderá arquivar, de plano, representação manifestamente infundada ou que envolver, exclusivamente, **matéria jurisdicional.**

Art. 100. O magistrado terá ciência dos registros relativos à sua vida funcional, os quais serão preservados para assegurar a independência e dignidade do cargo.

Art. 101. Mediante a apresentação de prova nova, poderá o magistrado requerer ao Órgão Especial, a qualquer tempo, a revisão de penalidade que lhe tenha sido imposta. Não será admitida mera reiteração do pedido.

§ 1º. Autuado o pedido e apensados os autos do processo disciplinar, manifestar-se-á o Conselho Superior da Magistratura em quinze dias, fazendo-se a distribuição a relator que não tenha antes atuado nessa condição e que não integre o Conselho.

§ 2º. O Órgão Especial poderá decretar nulidade, absolver o magistrado ou substituir a pena por outra mais branda.

Art. 102. Aplicam-se as disposições deste capítulo aos desembargadores, no que couber.

TÍTULO II
COMPETÊNCIA

Capítulo Único
REGRAS DE COMPETÊNCIA JURISDICIONAL

Seção I – Das Normas Gerais

Art. 103. A competência dos diversos órgãos do Tribunal firma-se pelos termos do pedido inicial, ainda que haja reconvenção ou ação contrária ou o réu tenha arguido fatos ou circunstâncias que possam modificá-la.

Art. 104. A competência em razão da matéria, do objeto ou do título jurídico é extensiva a qualquer espécie de processo ou tipo de procedimento.

Seção II – Da Prevenção

Art. 105. A Câmara ou Grupo que primeiro conhecer de uma causa, ainda que não apreciado o mérito, ou de qualquer incidente, terá a competência preventa para os feitos originários conexos e para todos os recursos, na causa principal, cautelar ou acessória, incidente, oriunda de outro, conexa ou continente, derivadas do mesmo ato, fato, contrato ou relação jurídica, e nos processos de execução dos respectivos julgados.

[*] O Processo nº 168.912/2016 – Torna sem efeito o Assento Regimental nº 557/2016, retomando a eficácia da redação originária do art. 105 do Regimento Interno deste Tribunal de Justiça, com efeitos *ex tunc*, v.u. (Publicado no *DJE*, de 29.9.2016, p. 35.)

§ 1º. O afastamento dos juízes que participaram do julgamento anterior não rompe a prevenção, sendo o novo processo distribuído a quem os substituir ou assumir a cadeira vaga.

§ 2º. O Presidente da respectiva Seção poderá apreciar as medidas de urgência, sempre que inviável a distribuição e encaminhamento imediatos do processo ao desembargador sorteado.

§ 3º. O relator do primeiro recurso protocolado no tribunal terá a competência preventa para os recursos subsequentes no mesmo processo ou em processos conexos, enquanto compuser ou auxiliar a Câmara ou o Grupo, segundo a cadeira do tempo da distribuição.

[*] § 3º acrescentado pelo Assento Regimental nº 552/2016.

Art. 106. O julgamento de agravo em execução penal só determina a prevenção para incidentes do processo em que foi interposto.

Art. 107. Na reiteração de mandados de segurança, de *habeas corpus* ou de revisões criminais, a Secretaria juntará aos autos, antes da distribuição, cópia dos acórdãos proferidos nos feitos anteriores.

Seção III – Do Juiz Certo

Art. 108. Será juiz certo:

I – o desembargador com visto nos autos ou que pedir adiamento do julgamento, inclusive nos casos de conversão de julgamento virtual em presencial, independentemente do motivo da cessação de sua participação no órgão julgador;

[*] Inciso I com redação dada pelo Assento Regimental nº 587/2023.

II – o desembargador que tenha tomado parte num julgamento, para o novo a que se proceder, em virtude de conversão em diligência ou oposição de embargos infringentes e, sempre que possível, embargos de declaração, qualquer que seja a razão da cessação de sua participação no órgão julgador;

[*] Inciso II com redação dada pelo Assento Regimental nº 562/2017.

III – o relator do acórdão suscitante, para uniformização da jurisprudência, por proposições de súmulas ou por incidente de resolução de demandas repetitivas, e para assunção de competência;

[*] Inciso III com redação dada pelo Assento Regimental nº 552/2016.

IV – o relator do acórdão para reexame das decisões na forma do art. 1.040, inciso II, do CPC;

[*] Inciso IV com redação dada pelo Assento Regimental nº 552/2016.

V – o juiz substituto do Tribunal nas condições dos incisos anteriores, mesmo depois de sua promoção;

VI – o Presidente que adiar o julgamento para proferir voto de desempate, embora com mandato findo, mesmo que compareça, em sessão ulterior, desembargador ausente e que pudesse ter participado do julgamento.

Art. 109. Deixará de ser juiz certo no processo o desembargador que vier a afastar-se, a qualquer título, por período superior a sessenta dias, depois da aposição de visto nos autos ou do pedido de adiamento ele, seu substituto ou sucessor, no entanto, continuam como juiz certo dos processos que vierem a ser distribuídos por prevenção.

§ 1º. O revisor ou o segundo juiz, conforme o caso, ou o seguinte na ordem de antiguidade, substituirá o relator afastado ou impedido, nos embargos de declaração, uniformização de jurisprudência, assunção ou dúvida de competência.

[*] § 1º com redação dada pelo Assento Regimental nº 562/2017.

§ 2º. Em uniformização da jurisprudência, por proposição de súmula ou por incidente de resolução de demandas repetitivas e nos casos de assunção ou de dúvida de competência, o relator afastado ou impedido, salvo no Órgão Especial, será substituído pelo revisor ou segundo juiz do acórdão suscitante.

[*] § 2º com redação dada pelo Assento Regimental nº 562/2017.

Art. 110. Os julgamentos por câmara temporária ou extinta não firmam prevenção para outros feitos ou incidentes relativos à mesma causa, nem os juízes que deles participaram tornam-se certos para os julgamentos posteriores, salvo as hipóteses de embargos de declaração, embargos infringentes no processo criminal e de conversão do julgamento em diligência.

[*] Art. 110 com redação dada pelo Assento Regimental nº 562/2017.

Seção IV – Do Impedimento e da Suspeição

Art. 111. No incidente de impedimento ou suspeição de juiz, distribuído no órgão fracionário competente, o relator, se verificar falta de fundamento ou dos requisitos legais, proporá o arquivamento.

[*] Art. 111, *caput*, com redação dada pelo Assento Regimental nº 552/2016.

§ 1º. Caso contrário, mandará citar as partes e, se necessário, designará audiência de instrução. Encerrada esta fase, porá o feito em Mesa, independentemente de outras alegações.

§ 2º. Acolhido o incidente, o juiz será comunicado incontinenti, independentemente da lavratura do acórdão e, no caso de erro inescusável, condenado nas custas, remetendo-se os autos ao substituto legal.

[*] § 2º com redação dada pelo Assento Regimental nº 552/2016.

Art. 112. O desembargador declarar-se-á impedido ou afirmará suspeição nos casos previstos em lei.

§ 1º. Simples despacho de impulso processual, em primeira instância, não determina o impedimento do desembargador que o tenha proferido, quando deva oficiar, no Tribunal, no mesmo processo ou em seus incidentes.

§ 2º. Na ação rescisória, não estão impedidos os desembargadores que tenham participado do julgamento rescindendo, salvo para a função de relator.

§ 3º. Na revisão criminal, não poderá funcionar o desembargador que tenha proferido decisão no processo original.

Art. 113. O Presidente mandará arquivar a petição de suspeição, se manifesta sua inconsistência da decisão caberá agravo interno para o Órgão Especial.

[*] Art. 113 com redação dada pelo Assento Regimental nº 552/2016.

Art. 114. Processado o incidente, a petição será juntada aos autos, que serão conclusos ao desembargador aceitando a arguição, remeterá o feito ao substituto legal ou à redistribuição recusando, apresentará as razões de discordância e continuará nele oficiando.

[*] Art. 114, *caput*, com redação dada pelo Assento Regimental nº 552/2016.

§ 1º. Suspenso o curso do processo, serão extraídas cópias das peças ofertadas, para autuação em separado, com anotação na capa do primeiro.

§ 2º. Produzidas provas reputadas necessárias, o Presidente assinará o prazo de quarenta e oito horas para a manifestação sucessiva do requerente e do requerido, remetendo os autos, em seguida, para julgamento pelo Órgão Especial.

[*] § 2º com redação dada pelo Assento Regimental nº 552/2016.

§ 3º. Aceita a petição ou declarado procedente o incidente pelo Tribunal, os atos decisórios praticados pelo requerido serão considerados inválidos, caso não venham a ser ratificados pelo substituto legal.

[*] § 3º com redação dada pelo Assento Regimental nº 552/2016.

§ 4º. O julgamento de procedência implicará condenação do arguido nas custas, na hipótese de erro inescusável.

Art. 115. No que couber, aplicar-se-ão as disposições desta Seção para as arguições, no Tribunal, de suspeição e impedimento do Ministério Público, servidores e auxiliares da justiça.

TÍTULO III
DOS ATOS E PROCEDIMENTOS INTERNOS

Capítulo I
DAS SESSÕES, REUNIÕES, AUDIÊNCIAS, PAUTA E ORDEM DOS TRABALHOS

Seção I – Das Sessões, Reuniões e Audiências

Art. 116. As sessões realizar-se-ão no período compreendido entre nove e dezessete horas dos dias úteis, podendo haver prorrogação sempre que o serviço o exigir.

§ 1º. O Órgão Especial e as Câmaras Ordinárias farão Sessões presenciais semanais, facultada periodicidade maior não superior a um mês.

[*] § 1º com redação dada pelo Assento Regimental nº 569/2018.

§ 2º. No período de 20 de dezembro a 20 de janeiro, inclusive, suspenso o curso dos prazos processuais, não serão realizadas audiências nem sessões de julgamento e o expediente, no Foro Judicial de primeira e segunda instâncias do Estado e na Secretaria do Tribunal de Justiça, será, até o dia 6 de janeiro, pelo sistema de plantões judiciários, na forma da Resolução nº 8, de 29/11/2005, do Conselho Nacional de Justiça.

[*] § 2º com redação dada pelo Assento Regimental nº 552/2016.

§ 3º. Nesse mesmo período ficarão suspensos os prazos processuais e a publicação de acórdãos, sentenças e decisões, bem como a intimação de partes ou advogados, na primeira e segunda instâncias, salvo quanto a medidas consideradas urgentes.

§ 4º. A Presidência do Tribunal de Justiça adotará as providências para, no período de que trata a Resolução nº 8, de 29/11/2005, aumentar o número de Magistrados plantonistas previsto nas escalas normais de primeira instância, de modo a garantir a adequação do atendimento e o caráter ininterrupto da atividade jurisdicional, de acordo com o disposto no art. 93, inciso XII da Constituição Federal, observando-se, de 06 a 20 de janeiro, o expediente regular em todas as unidades judiciais.

[*] § 4º com redação dada pelo Assento Regimental nº 552/2016.

§ 5º. As mesmas providências serão tomadas pelas Presidências das Seções de Direito Público, de Direito Privado e de Direito Criminal, em relação aos plantões de segunda instância.

Art. 117. As audiências no Tribunal serão realizadas em lugar, dia e hora designados pelo desembargador a quem couber a presidência dos trabalhos, intimados, se for o caso, as partes, seus advogados, o representante do Ministério Público e as demais pessoas que devam participar do ato.

Art. 118. Se, até trinta minutos após a hora marcada, o magistrado responsável pela audiência não houver comparecido, poderão os presentes retirar-se, registrado o fato em livro próprio.

Art. 119. Do que ocorrer nas sessões, audiências ou reuniões, o secretário ou servidor designado lavrará ata circunstanciada de forma sucinta o presidente, ao fim dos trabalhos, lançará sua rubrica e, em seguida, os procuradores e o secretário.

Parágrafo único. Havendo motivo relevante, o presidente, o órgão julgador ou a comissão poderá restringir a publicidade ou o acesso do público à sessão, audiência ou reunião, observados a lei e os princípios constitucionais.

Art. 120. As atas serão submetidas à aprovação do órgão colegiado na sessão subsequente.

Art. 121. A ata das sessões de julgamento mencionará:

I – a data e a hora de início e de encerramento;

II – quem presidiu os trabalhos;

III – os nomes, pela ordem de antiguidade, dos desembargadores presentes e do representante do Ministério Público, quando for o caso;

IV – os processos julgados, seu número de ordem, os nomes do relator e dos outros juízes, bem como das partes, se houve manifestação oral pelos advogados ou pelo representante do Ministério Público, além do resultado da votação, os nomes dos desembargadores vencidos e a designação de relator diverso do sorteado.

Art. 122. O interessado, mediante petição dirigida ao presidente da sessão, poderá reclamar contra erro contido em ata, dentro de quarenta e oito horas, contadas da publicação ou, não havendo, de sua aprovação.

Parágrafo único. A reclamação não suspenderá o prazo para recurso se acolhida, restituir-se-ão os dias que faltarem para a complementação.

Seção II – Da Ordem do Dia e Pauta de Julgamento

Art. 123. Os processos remetidos à Mesa de julgamento serão objeto de inscrição, por classes, independentemente de despacho.

§ 1º. A inscrição conterá o número de ordem e o feito, os nomes das partes, de seus procuradores, do relator e a numeração do voto, bem como a data do julgamento.

§ 2º. Para cada sessão, será organizada uma pauta de julgamento, com observância da ordem de apresentação dos feitos, em relação aos da mesma classe os apresentados no mesmo dia serão inscritos segundo a ordem ascendente numérica.

§ 3º. Independe de pauta o julgamento de *habeas corpus*, de desaforamento, de conflito de jurisdição, de competência ou de atribuição e de embargos de declaração, estes em matéria criminal apenas.

[*] § 3º com redação dada pelo Assento Regimental nº 573/2019.

§ 4º. Os embargos de declaração, nas demais matérias, quando submetidos a julgamento na sessão subsequente, também dispensam inclusão em pauta. Se o julgamento dos embargos não for realizado nesta sessão, o recurso deverá ser acrescentado em pauta automaticamente.

[*] § 4º com redação dada pelo Assento Regimental nº 573/2019.

Art. 124. Salvo deliberação em contrário, recaindo a data da sessão em feriado ou dia em que não haja expediente forense, os feitos acrescentados em pauta serão julgados na sessão ordinária seguinte, independentemente de nova publicação.

Art. 125. Poderá ser designada sessão extraordinária, dispensada a publicação de nova pauta, quando se destinar exclusivamente ao julgamento de feitos remanescentes da anterior, devendo constar a circunstância da convocação.

Art. 126. Ressalvados os casos previstos na legislação, na elaboração da ordem do dia, as classes atenderão à natureza dos feitos e observarão a seguinte preferência

I – feitos do Órgão Especial:

a) pedidos de intervenção federal;

b) arguições de inconstitucionalidade;

c) ações interventivas;

d) *habeas corpus;*

e) mandados de segurança;

f) incidentes de suspeição e impedimento;

[*] Alínea "f" com redação dada pelo Assento Regimental nº 552/2016.

g) agravos internos e regimentais

[*] Alínea "g" com redação dada pelo Assento Regimental nº 552/2016.

h) embargos de declaração;

i) dúvidas de competência;

j) ações penais originárias;

k) uniformização de jurisprudência, por proposição de súmula;

[*] Alínea "k" com redação dada pelo Assento Regimental nº 552/2016.

l) incidente de assunção de competência;

[*] Alínea "l" com redação dada pelo Assento Regimental nº 552/2016.

m) incidente de resolução de demandas repetitivas;

[*] Alínea "m" com redação dada pelo Assento Regimental nº 552/2016.

n) processos de outra natureza;

[*] Alínea "n" com redação dada pelo Assento Regimental nº 552/2016.

II – feitos das Turmas Especiais:

a) dúvidas de competência;

b) agravos internos e regimentais;

[*] Alínea "b" com redação dada pelo Assento Regimental nº 552/2016.

c) incidente de assunção de competência (art. 947 do CPC);

[*] Alínea "c" com redação dada pelo Assento Regimental nº 552/2016.

d) uniformização de jurisprudência, por pacificação;

[*] Alínea "d" com redação dada pelo Assento Regimental nº 552/2016.

e) incidente de resolução de demandas repetitivas;

[*] Alínea "e" com redação dada pelo Assento Regimental nº 552/2016.

f) processos de outra natureza;

[*] Alínea "f" acrescentada pelo Assento Regimental nº 552/2016.

III – feitos criminais de outros órgãos:

a) *habeas corpus;*

b) mandados de segurança;

c) recursos de *habeas corpus;*

d) agravos regimentais;

e) embargos de declaração;

f) desaforamentos;

g) correições parciais;

h) exceções de suspeição e impedimento;

i) recursos em sentido estrito – réu preso;

j) apelações – réu preso;

k) embargos – réu preso;

l) revisões;

m) conflitos de jurisdição;

n) cartas testemunháveis;

o) agravos em execução;

p) recursos em sentido estrito;

q) apelações;

r) reabilitações;

s) processos de outra natureza;

IV – feitos cíveis, disciplinares e especiais:

a) mandados de segurança;

b) *habeas corpus*

c) agravos internos e regimentais;

[*] Alínea "c" com redação dada pelo Assento Regimental nº 552/2016.

d) embargos de declaração;

e) correições parciais;

f) incidentes de suspeição e de impedimento;

[*] Alínea "f" com redação dada pelo Assento Regimental nº 552/2016.

g) recursos em processos da Infância e da Juventude;

h) conflitos de competência

i) recursos administrativos em matéria disciplinar

j) reexames necessários;

k) agravos de instrumento;

l) ações rescisórias;

m) processos de outra natureza;

[*] Alínea "m" suprimida e alínea "n" renumerada como "m" pelo Assento Regimental nº 552/2016.

Art. 127. A pauta de julgamento será publicada, pelo menos, cinco dias antes da data da sessão correlata, sua cópia será afixada à porta da sala da sessão, com antecedência mínima de quinze minutos, e entregue a cada desembargador.

[*] Art. 127 com redação dada pelo Assento Regimental nº 552/2016.

Art. 128. Haverá preferência na inscrição e na ordem do dia:

[*] Art. 128, *caput*, com redação dada pelo Assento Regimental nº 552/2016.

I – dos incidentes de resolução de demandas repetitivas, sobre os demais feitos, exceto os que envolvam réu preso e os pedidos de *habeas corpus*;

[*] Inciso I com redação dada pelo Assento Regimental nº 552/2016.

II – dos processos de falência e de recuperação judicial de empresa e seus incidentes em relação aos outros da mesma classe.

[*] Inciso II acrescentado pelo Assento Regimental nº 552/2016.

Art. 129. O relator poderá indicar preferência para o julgamento ao remeter o processo à Mesa, se as circunstâncias o recomendarem.

Art. 130. A matéria administrativa e a disciplinar do Órgão Especial serão objeto de pauta autônoma, publicada por extrato, do qual somente constarão os números dos feitos e os nomes dos advogados.

Art. 131. Em todos os processos do Órgão Especial, das Turmas Especiais ou dos Grupos, a Secretaria remeterá aos desembargadores vogais traslados das peças discriminadas pelo relator ou, na ausência de determinação, do relatório e, conforme a natureza, da petição inicial, representação, denúncia ou queixa, informações da autoridade, parecer da Procuradoria-Geral de Justiça, acórdãos pertinentes, depoimentos, resposta do acusado e suas alegações finais, decisão recorrida, certidão de intimação e despacho de sustentação, sentença ou acórdão rescindendo ou revisando.

Seção III – Da Ordem dos Trabalhos

Art. 132. Declarada aberta a sessão pela presidência dos trabalhos, será observado o art. 120 e franqueada a palavra aos desembargadores, passando-se ao julgamento dos processos em pauta.

Art. 133. Ao anunciar o julgamento, o presidente declinará a natureza do feito, o número de registro, os nomes das partes, a turma julgadora e o número dos votos.

Parágrafo único. Havendo na pauta causas que envolvam a mesma matéria, ainda que diversas as partes, será facultada decisão em bloco, se não houver preferência ou sustentação oral.

Art. 134. Nenhum feito será julgado na ausência do relator, ainda que já tenha proferido voto, salvo se, iniciado o julgamento, vier ele a se afastar, computando-se os votos proferidos.

§ 1º. A ausência do revisor (2º juiz), se o caso, que ainda não tenha votado acarretará o adiamento do julgamento, salvo se seu afastamento for superior a quarenta dias, quando será substituído. Na mesma situação também será substituído, no julgamento virtual, o vogal que ainda não tenha votado.

[*] § 1º com redação dada pelo Assento Regimental nº 587/2023.

§ 2º. A ausência ocasional de vogal não acarretará adiamento, inclusive em julgamento presencial fruto de conversão de julgamento iniciado virtualmente, se for possível substituição por outro juiz.

[*] § 2º com redação dada pelo Assento Regimental nº 587/2023.

Art. 135. Feito o pregão e chamados os advogados inscritos para sustentação oral, o relator fará a exposição da causa, sem manifestar o voto.

§ 1º. Concluído o relatório e a sustentação oral, se houver, o relator, o revisor, este no processo criminal, e os demais membros da turma julgadora proferirão voto, ressalvada a possibilidade de adiamento.

[*] § 1º com redação dada pelo Assento Regimental nº 562/2017.

§ 2º. Reiniciado o julgamento, será dada a palavra ao desembargador que pediu o adiamento, seguindo-se a retomada dos votos anteriormente proferidos, a começar pelo do relator se algum desembargador modificar seu voto, será reaberta a discussão, reiniciando-se a votação.

[*] § 2º suprimido e § 3º renumerado como § 2º pelo Assento Regimental nº 552/2016.

§ 3º. Da discussão podem participar todos os desembargadores do órgão julgador, ainda que não tenham voto.

[*] § 2º suprimido e § 4º renumerado como § 3º pelo Assento Regimental nº 552/2016.

§ 4º. Cada desembargador poderá falar duas vezes sobre toda a matéria do feito em julgamento e mais uma para justificar eventual modificação do voto já proferido nenhum deles falará sem que o presidente lhe conceda a palavra, nem interromperá quem estiver no uso dela, sem o consentimento do orador.

[*] § 2º suprimido e § 5º renumerado como § 4º pelo Assento Regimental nº 552/2016.

§ 5º. O disposto no parágrafo anterior não se aplica ao relator, que poderá usar da palavra sempre que necessário, para apreciação de votos já proferidos.

[*] § 2º suprimido e § 6º renumerado como § 5º pelo Assento Regimental nº 552/2016.

§ 6º. As questões de ordem, preliminares e prejudiciais serão apreciadas antes do mérito.

[*] § 2º suprimido e § 7º renumerado como § 6º pelo Assento Regimental nº 552/2016.

§ 7º. (Renumerado).

[*] § 7º renumerado como § 6º pelo Assento Regimental nº 552/2016.

Art. 136. O desembargador vencido em questão de ordem, preliminar, prejudicial ou antecedente de mérito, não se exime de proferir voto sobre as demais matérias.

Art. 137. Sempre que o objeto da decisão puder ser decomposto em questões distintas, cada uma será votada separadamente.

Art. 138. Quando, na votação de questão indecomponível ou de questões distintas, se formarem correntes divergentes, sem que se alcance a maioria exigida, prevalecerá a média dos votos ou o voto intermediário.

Art. 139. Se os votos de todos os julgadores forem divergentes quanto à conclusão, o presidente, cindindo o julgamento, submeterá a matéria por inteiro a nova votação.

§ 1º. Tratando-se de determinação do valor ou quantidade, o resultado do julgamento será expresso pelo quociente da divisão dos diversos valores ou quantidades homogêneas, pelo número de juízes votantes.

§ 2º. Em matéria criminal, firmando-se mais de duas correntes sobre a pena aplicável, sem que nenhuma delas alcance a maioria, os votos pela imposição da mais grave serão reunidos aos proferidos para a imediatamente inferior, e assim por diante, até constituir-se a maioria. Persistindo o empate, o presidente, se não tiver votado, proferirá seu voto em caso contrário, prevalecerá a decisão mais favorável ao réu.

§ 3º. Em matéria civil, observar-se-ão as seguintes regras:

I – nas ações rescisórias, havendo empate, em preliminar ou mérito, será convocado, para voto, juiz de outro grupo ou órgão julgador, mediante rodízio;

II – na uniformização da jurisprudência, havendo empate, caberá ao Presidente da Seção, ou seu substituto, desempatar;

III – havendo empate no julgamento de agravos, considerar-se-á mantida a decisão agravada.

Art. 140. Se necessário, o presidente colocará em votação a orientação de duas correntes de cada vez, para apurar a inclinação da maioria.

Art. 141. Os desembargadores poderão retificar ou modificar seus votos até a proclamação do resultado.

Art. 142. Proferido o julgamento e anunciado o resultado da votação, será este consignado em súmula, com todos os aspectos relevantes.

Art. 143. O desembargador que não tenha ouvido o relatório ou participado dos debates poderá votar, desde que se declare habilitado.

Art. 144. Além das prioridades legais, terão preferência os julgamentos:

I – dos quais participem magistrados convocados;

II – adiados em sessão anterior ou relativos a processos que tenham ficado como sobra;

III – em que devam intervir o Ministério Público, Procurador do Estado e os advogados inscritos à sustentação oral;

IV – com pedido de preferência, apresentado até o início da sessão de julgamento, presente advogado ou estagiário.

[*] Inciso IV com redação dada pelo Assento Regimental nº 552/2016.

Parágrafo único. A critério da turma julgadora, poderá ser concedida prioridade a outros julgamentos.

Art. 145. As causas conexas deverão ser julgadas em conjunto ou, se a hipótese comportar, simultaneamente, trasladando-se o acórdão, nesse caso, para os vários autos e juntando-se o original em um deles.

Seção IV – Da Sustentação Oral

Art. 146. O pedido de sustentação oral poderá ser formulado:

[*] Art. 146, *caput*, com redação dada pelo Assento Regimental nº 581/2019.

I – por inscrição prévia, via e-mail institucional, a critério de cada órgão julgador, ou no próprio dia da sessão de julgamento;

[*] Inciso I acrescentado pelo Assento Regimental nº 581/2019.

II – acaso adotado o sistema de inscrição prévia, deverá o requerimento ser formulado via e-mail dirigido ao cartório respectivo, com a indicação das informações básicas relativas ao processo (número, órgão julgador, número da pauta, parte representada, e nome do advogado que irá sustentar), assegurada preferência pela ordem de inscrição, sem prejuízo das preferências legais e regimentais. A admissão da inscrição por essa ferramenta deverá necessariamente constar da publicação da pauta, juntamente com a informação do e-mail do cartório, havendo os pedidos de ser formulados com antecedência mínima de 24 horas com relação à hora prevista para o início da sessão de julgamento:

[*] Inciso II com redação dada pelo Assento Regimental nº 588/2023.

a) a recepção do pedido deverá ser confirmada por expedição de mensagem padrão em resposta, mediante texto a ser estabelecido por ato da Presidência do Tribunal de Justiça. Dele deverão, necessariamente, constar o número de ordem da inscrição, para os fins assinalados no *caput*, e alerta quanto às consequências do não comparecimento do interessado em tempo oportuno à realização da sustentação oral;

[*] Alínea "a" acrescentada pelo Assento Regimental nº 581/2019.

b) ficará sem efeito a inscrição em caso de ausência do advogado para sua ratificação até o momento de início da sessão;

[*] Alínea "b" acrescentada pelo Assento Regimental nº 581/2019.

III – ainda que ultrapassado o prazo previsto no inciso anterior, até o início da sessão, no local de sua realização, mediante comunicação ao oficial de Câmara, observada a ordem de formulação, sem prejuízo das preferências legais, regimentais e das decorrentes de inscrições prévias.

[*] Inciso III acrescentado pelo Assento Regimental nº 581/2019.

§ 1º. É facultado o adiamento para sustentação oral, por decisão do Relator, por uma sessão, mediante justificativa comprovada, a ser deduzida até o início da sessão de julgamento, sob pena de indeferimento. Nos casos em que realizada a inscrição prévia por meio virtual, o impedimento haverá de ser necessariamente superveniente a ela.

[*] § 1º acrescentado pelo Assento Regimental nº 581/2019.

§ 2º. Eventuais julgamentos adiados a critério do Presidente do órgão julgador, em razão do excessivo número de pedidos de sustentação oral, seguirão para a próxima sessão, preservada a preferência segundo a ordem cronológica remanescente.

[*] § 2º acrescentado pelo Assento Regimental nº 581/2019.

§ 3º. A sustentação oral não admitirá interrupções ou apartes; o Presidente da sessão poderá advertir o orador, em caso de incontinência de conduta ou de linguagem, e cassar-lhe a palavra, na hipótese de reiteração.

[*] § 1º renumerado como § 3º pelo Assento Regimental nº 581/2019.

§ 4º. Ressalvada disposição legal em sentido contrário, não haverá sustentação oral nos julgamentos de embargos declaratórios, incidente de suspeição, conflito de competência, arquivamento de inquérito ou representação criminal, e agravo, exceto no de instrumento referente às tutelas provisórias de urgência ou da evidência, e no interno referente à extinção de feito originário prevista no art. 937, VI, do CPC.

[*] § 2º renumerado como § 4º pelo Assento Regimental nº 581/2019.

§ 4º-A. Na hipótese de agravo em execução penal a sustentação não excederá cinco minutos.

[*] § 4º-A acrescentado pelo Assento Regimental nº 585/2023.

§ 5º. A sustentação oral por meio de videoconferência ou outro meio similar (art. 937, § 4º, do CPC) será feita conforme o recurso tecnológico regulamentado pelo Tribunal de Justiça, desde que o advogado a requeira até o dia anterior ao da sessão.

[*] § 3º renumerado como § 5º pelo Assento Regimental nº 581/2019.

Art. 147. Se houver mais de uma sustentação oral no mesmo processo, falará em primeiro lugar, nos feitos originários, o autor ou impetrante e, nos recursos, o recorrente e, por último, o Ministério Público, quando não for o autor, impetrante ou recorrente.

§ 1º. Havendo recurso adesivo, falará primeiro o recorrente principal e, se as partes forem reciprocamente recorrentes e recorridas, falará antes o autor ou o impetrante.

§ 2º. O interveniente falará por último e, nas ações penais, o assistente do Ministério Público, depois deste.

§ 3º. No processo civil, se houver litisconsortes ou terceiros intervenientes não representados pelo mesmo procurador, o prazo será contado em dobro e dividido igualmente entre os do mesmo grupo, salvo quando convencionarem em contrário.

Art. 148. Encerrada a sustentação oral, é defeso ao advogado intervir no julgamento, salvo nas hipóteses legais.

Art. 149. Sendo a parte representada por mais de um advogado, o tempo se dividirá entre eles, salvo se ajustarem de forma diversa.

Art. 150. É permitida a renovação da sustentação oral sempre que o feito retorne à Mesa, após o cumprimento de diligência ou, quando oficie novo juiz, em julgamento adiado, ou que tenha prosseguimento em outra sessão, no caso do art. 942 do CPC.

[*] Art. 150 com redação dada pelo Assento Regimental nº 552/2016.

Art. 151. Para a sustentação oral, os advogados e membros do Ministério Público apresentar-se-ão com vestes talares.

Seção V – Da Ordem da Votação

Art. 152. Após os votos do relator e do revisor, se houver, serão tomados os votos dos demais julgadores em ordem de antiguidade.

[*] Art. 152, *caput*, com redação dada pelo Assento Regimental nº 562/2017.

Parágrafo único. Na uniformização de jurisprudência e em casos em que tenha havido julgamento anterior, os desembargadores que dele participaram serão chamados a votar logo após o relator.

[*] Parágrafo único com redação dada pelo Assento Regimental nº 552/2016.

Art. 153. O Presidente do Tribunal não terá voto nas sessões a que presidir, salvo:

I – em matéria constitucional;

II – para os casos de desempate, em qualquer matéria;

III – quando for relator nato de feito de qualquer natureza.

Art. 154. Não havendo disposição em contrário, as deliberações serão tomadas por maioria simples.

Seção VI – Do Acórdão

Art. 155. Vencido o relator no mérito ou na questão principal, ainda que em parte, caberá ao desembargador designado redigir o acórdão.

§ 1º. Será designado relator, preferencialmente, o desembargador que primeiro expôs a tese vencedora.

§ 2º. Publicado o acórdão, cessa a vinculação do relator designado para redigi-lo, salvo em relação aos embargos de declaração, infringentes no processo criminal e para reexame das decisões na forma do art. 1.040, inciso II, do CPC.

[*] § 2º com redação dada pelo Assento Regimental nº 591/2025.

Art. 156. Nos processos sujeitos ao regime geral do Código de Processo Civil, o desembargador que discordar dos votos vencedores fará declaração de voto, ainda que restrita aos fundamentos, constando da tira de julgamento uma ou outra circunstância.

[*] Art. 156, *caput*, com redação dada pelo Assento Regimental nº 562/2017.

§ 1º. Nos processos sujeitos ao regime geral do Código de Processo Penal, a declaração do voto vencido será obrigatória se o caso julgado comportar embargos infringentes

[*] § 1º acrescentado pelo Assento Regimental nº 562/2017.

§ 2º. Os desembargadores vencedores poderão, igualmente, declarar voto, desde que essa intenção fique registrada na tira de julgamento.

[*] Parágrafo único adotado como § 2º pelo Assento Regimental nº 562/2017.

Art. 157. Em caráter excepcional e ainda que unânime o julgamento, a turma julgadora poderá deliberar seja o acórdão redigido e subscrito por outro juiz que não o relator sorteado.

Art. 158. Do acórdão constarão:

I – a data da sessão de julgamento e a indicação do órgão julgador;

II – os nomes do presidente, relator e integrantes da turma julgadora;

III – a súmula do que ficar decidido, inclusive em questão de ordem, preliminar e agravo retido;

IV – o número do feito e os nomes das partes;

V – os nomes dos vencidos, quer em questão de ordem ou preliminar, quer no mérito;

VI – relatório sucinto da causa, se o relator não se reportar a anterior;

VII – os fundamentos de fato e de direito, ressalvado o disposto no art. 252 deste Regimento;

VIII – o dispositivo.

Art. 159. Os acórdãos serão assinados pelo relator e, facultativamente, pelo presidente da sessão.

Art. 160. Se o desembargador incumbido de redigir o acórdão vier a falecer, aposentar-se ou afastar-se por prazo superior a sessenta dias, sem que o tenha assinado, caberá fazê-lo o desembargador que, com voto vencedor, o seguiu imediatamente na ordem de votação.

Art. 161. Antes da assinatura do acórdão, a Secretaria conferirá a minuta e a tira havendo divergência, o presidente, ouvido o relator, a submeterá à turma julgadora, na primeira sessão que se seguir.

§ 1º. As inexatidões e os erros de escrita ou de cálculo, contidos no acórdão, podem ser corrigidos por despacho do relator, de ofício ou a requerimento do interessado.

§ 2º. Se ocorrer divergência entre acórdão já publicado e a tira ou a ata, caberá a qualquer dos julgadores, mediante exposição verbal na sessão, ou à Secretaria, pedir retificação.

§ 3º. Ressalvada retificação decorrente de embargos declaratórios, as previstas nos dispositivos anteriores constarão da ata e serão publicadas no órgão oficial.

Art. 162. Depois de assinado, será o acórdão registrado em livro próprio ou por meio eletrônico.

Art. 163. As conclusões do acórdão serão publicadas no órgão oficial, para efeito de intimação, nos cinco dias seguintes ao registro.

Art. 164. A Secretaria comunicará ao serviço de identificação criminal as decisões de natureza penal, registrando os ofícios em livro especial ou por outro meio hábil.

Seção VII – Da Publicidade dos Atos

Art. 165. A notícia dos trabalhos do Tribunal, no órgão oficial, será publicada no dia imediato ao evento, sempre que possível, referindo-se a:

a) resultados dos julgamentos, mediante transcrição da parte dispositiva da decisão, e, em resumo, das deliberações;

b) passagens de autos;

c) despachos e decisões dos ocupantes dos cargos de direção e de cúpula e dos relatores;

d) distribuições;

e) ordens do dia para as sessões;

f) relação dos feitos entrados na Secretaria, com nota do respectivo preparo e indicação dos procuradores das partes;

g) movimento geral dos feitos, incluindo vista dos autos;

h) outros atos essenciais.

Parágrafo único. A publicação, por extenso, de discursos ou outras manifestações depende de autorização do Presidente do Tribunal.

Art. 166. A Secretaria manterá no sítio eletrônico do Tribunal para a consulta aberta a qualquer interessado, informações relativas a:

[*] Art. 166, *caput*, com redação dada pelo Assento Regimental nº 580/2019.

I – (revogado);

[*] Inciso I revogado pelo Assento Regimental nº 555/2016.

II – composição dos órgãos colegiados e relação dos ocupantes dos cargos de direção e de cúpula;

III – dias da semana em que se realizam as sessões ordinárias dos órgãos judicantes e respectivas salas de julgamento;

IV – dias de distribuição de feitos e locais da realização.

Capítulo II
DOS FEITOS, RESPECTIVA APRESENTAÇÃO NO TRIBUNAL E DISTRIBUIÇÃO

Seção I – Dos Feitos em Geral

Art. 167. Cada feito processado no Tribunal terá um relator, escolhido mediante sorteio, salvo previsão diversa deste Regimento.

Art. 168. O relator é o juiz preparador do feito e decidirá as questões urgentes, liminares, incidentes e aquelas que independem do colegiado, nos termos da legislação, oficiando, ainda, como instrutor, sendo facultada a delegação de diligências a juiz de primeiro grau.

§ 1º O relator velará pelo cumprimento das diligências necessárias ao julgamento, principalmente quanto à intimação das partes e seus advogados, do Ministério Público e das testemunhas, indicando as peças do processo a serem remetidas aos integrantes da turma julgadora, com a devida antecedência.

§ 2º. Diante da relevância da questão, o relator, em qualquer feito, poderá submeter diretamente ao colegiado a apreciação da liminar ou tutela provisória de urgência.

[*] § 2º com redação dada pelo Assento Regimental nº 552/2016.

§ 3º. Além das hipóteses legais, o relator poderá negar seguimento a outros pleitos manifestamente improcedentes, iniciais ou não, ou determinar, sendo incompetente o órgão julgador, a remessa dos autos ao qual couber a decisão.

Art. 169. Recebidos, os autos serão imediatamente conclusos ao relator, que depois de elaborar o voto, os remeterá, com relatório, ao revisor, se houver, caso contrário, à Mesa.

[*] Art. 169, *caput*, com redação dada pelo Assento Regimental nº 562/2017.

Parágrafo único. Incumbe ao revisor, quando houver, representar ao relator, sugerindo a retificação do relatório, a juntada de petição, a realização de diligência, e lançar visto nos autos remetendo-os à Mesa.

[*] Parágrafo único acrescentado pelo Assento Regimental nº 562/2017.

Art. 170. O relator poderá remeter o feito à Mesa, independentemente de inclusão em pauta:

I – quando a matéria não for da competência do órgão julgador;

II – se houver prevenção de outro órgão do Tribunal;

III – quando prejudicado o recurso ou a ação originária.

Art. 171. As questões de ordem serão submetidas à turma julgadora.

Art. 172. O prazo para exame dos autos e elaboração de voto pelo relator e pelo revisor, quando houver, é de trinta dias, salvo se outro for estabelecido.

[*] Art. 172 com redação dada pelo Assento Regimental nº 562/2017.

Art. 173. O desembargador que formular pedido de vista, em processos judiciais e administrativos, devolverá os autos em até dez dias, podendo solicitar ao presidente do órgão fracionário ou ao Presidente do Tribunal, se o fato ocorrer no Órgão Especial, prorrogação do prazo por no máximo mais dez dias. Devolvidos os autos, será o feito incluído automaticamente na pauta da sessão subsequente.

[*] Art. 173, *caput*, com redação dada pelo Assento Regimento nº 558/2016.

§ 1º. Não devolvidos os autos ao término do prazo original ou prorrogado, deverá o presidente do órgão fracionário ou o Presidente do Tribunal, se o fato ocorrer no Órgão Especial, requisitá-los para a sequência do julgamento, na sessão ordinária subsequente, com publicação da pauta correspondente.

[*] Parágrafo único com redação dada e renumerado como § 1º pelo Assento Regimental nº 558/2016.

§ 2º. Na hipótese do parágrafo anterior, deverá o desembargador que pediu a vista proferir normalmente seu voto, salvo se ainda não se sentir habilitado a tanto, hipótese em que deverá ser substituído com observância do disposto no art. 42 deste Regimento Interno.

[*] § 2º acrescentado pelo Assento Regimental nº 558/2016.

Art. 174. Sob pena de responsabilidade do servidor encarregado, os autos somente sairão da Secretaria por força de disposição legal, regulamentar ou ordem judicial, com registro de carga.

Seção II – Da Apresentação, Registro e Autuação

Art. 175. A remessa e a apresentação de feitos no Tribunal dar-se-ão no prazo de:

a) quarenta e oito horas, se urgentes;

b) cinco dias, nos demais casos.

§ 1º. Esses prazos serão contados da publicação da última decisão ou, se houver, do despacho de remessa proferido na instância anterior.

§ 2º. Havendo remessa pelo correio, a apresentação ter-se-á por realizada na data da postagem.

§ 3º. Lavrar-se-á, em cada feito, o respectivo termo de apresentação, de regularidade das folhas e do preparo ou dispensa deste.

Art. 176. No registro do feito, anotar-se-ão, conforme o caso, a natureza do recurso ou do processo originário, seu número, a comarca de origem, os nomes das partes, intervenientes e dos advogados com procuração nos autos.

§ 1º. Em se tratando de recurso, também será anotado o nome do magistrado prolator da decisão recorrida.

§ 2º. Os interessados serão intimados da entrada do feito no Tribunal.

Art. 177. Na autuação serão anotados:

a) dados de individualização do processo;

b) nomes dos advogados dos interessados e folhas das respectivas procurações;

c) relator e o órgão julgador;

d) agravo retido e número da folha de interposição.

§ 1º. A autuação de processo a que a lei conferir prioridade terá cor especial ou indicação destacada.

§ 2º. Nos processos criminais, serão anotados, ainda, as datas da infração, do recebimento da denúncia ou da queixa, o dispositivo de lei em que incurso o réu, se preso ou solto, e sua idade, se menor de vinte e um ou maior de setenta anos.

Art. 178. A numeração dos feitos dar-se-á de acordo com a partilha de competência entre os órgãos julgadores do Tribunal, a natureza do processo e classes de distribuição.

Parágrafo único. A numeração por classes terá início quando refeita a tabela própria para distribuição, mantendo-se até então o sistema atual.

Art. 179. Observada qualquer irregularidade, a Secretaria fará a conclusão do feito ao Presidente da Seção ou ao Vice- Presidente do Tribunal, conforme o caso.

Art. 180. Os feitos remetidos ao Tribunal, as petições de causas de sua competência originária e os demais requerimentos serão registrados no protocolo no dia da respectiva entrada, observada a legislação aplicável.

Seção III – Da Distribuição e outras Providências

Art. 181. Os feitos serão distribuídos aos desembargadores em audiência pública designada em dias certos da semana, segundo as cadeiras que ocupam nos órgãos julgadores, mediante sorteio, de forma ininterrupta e paritária, respeitadas prevenções e impedimentos, conforme a respectiva classe.

§ 1º. No caso de vacância ou afastamento, a distribuição à cadeira prosseguirá, ficando sob a responsabilidade do substituto ou sucessor.

§ 2º. Evitar-se-á distribuição a órgão julgador fracionário em que haja desembargador impedido.

§ 3º. Os juízes substitutos, quando não integrarem a Câmara, participarão da distribuição auxiliando os desembargadores, na cadeira de cada um, em igualdade de condições.

Art. 181-A. No Órgão Especial, a distribuição ocorrerá na cadeira de seus integrantes, com exceção do Presidente, Vice-Presidente e Corregedor Geral da Justiça.

[*] Art. 181-A acrescentado pelo Assento Regimental nº 547/2015.

Art. 182. As reclamações contra irregularidades na distribuição serão decididas, conforme o caso, pelo Vice-Presidente do Tribunal ou pelos Presidentes de Seções, mediante representação do relator sorteado, de ofício ou a requerimento do interessado.

Parágrafo único. A redistribuição acarretará o cancelamento da distribuição anterior e correspondente compensação.

Art. 183. Feita a distribuição, os autos serão imediatamente conclusos ao relator.

[*] Art. 183 com redação dada pelo Assento Regimental nº 552/2016.

Art. 184. Salvo disposição legal ou regulamentar, os feitos serão distribuídos nas seguintes classes:

I – no Órgão Especial:

a) mandados de segurança, *habeas corpus* e mandados de injunção;

b) dúvidas de competência e reclamações;

c) ações diretas de inconstitucionalidade;

d) ações penais de competência originária, exceções da verdade e inquéritos;

e) incidentes de resolução de demandas repetitivas e assunção de competência;

[*] Alínea "e" com redação dada pelo Assento Regimental nº 552/2016.

f) outros feitos;

[*] Alínea "f" acrescentada pelo Assento Regimental nº 552/2016.

II – no Conselho Superior da Magistratura:

a) representações por excesso de prazo imputado a juiz, de acordo com a lei processual civil (art. 235 do CPC);

[*] Alínea "a" com redação dada pelo Assento Regimental nº 552/2016.

b) dúvidas de registro de serventuários dos Registros Públicos;

c) outros feitos, inclusive de natureza administrativa;

III – nas Turmas Especiais:

a) dúvidas de competência, reclamações, uniformização de jurisprudência, por súmulas ou por incidentes de resolução de demandas repetitivas, e assunção de competência (art. 947 do CPC);

[*] Alínea "a" com redação dada pelo Assento Regimental nº 552/2016.

b) outros feitos;

IV – nas Seções de Direito Privado e Público, segundo a competência de cada uma:

a) mandados de segurança e *habeas corpus;*

b) medidas cautelares originárias;

c) agravos de instrumento;

d) ações rescisórias;

e) apelações e reexames necessários;

[*] Alínea "e" com redação dada pelo Assento Regimental nº 552/2016.

f) outros feitos;

V – na Seção de Direito Criminal:

[*] Inciso V com redação dada pelo Assento Regimental nº 556/2016.

a) *habeas corpus*, mandados de segurança e desaforamentos;

b) recursos de *habeas corpus;*

c) revisões criminais;

d) recursos em sentido estrito, de ofício e agravos;

e) correições parciais e cartas testemunháveis;

f) embargos infringentes e apelações com revisão;

g) apelações sem revisão;

h) outros feitos.

Parágrafo único. O processo de restauração de autos será distribuído na classe do feito extraviado ou destruído.

Art. 185. Distribuído o feito, a Secretaria anotará, quando necessário, os outros processos envolvendo as mesmas partes ou, em se tratando de mandado de segurança, *habeas corpus* e revisão criminal, os números dos feitos da mesma natureza, em curso ou já julgados, referentes ao mesmo paciente, impetrante ou peticionário.

Art. 186. Registrado e distribuído o feito ou recurso, abrir-se-á, se for o caso, vista à Procuradoria-Geral de Justiça, independentemente de despacho.

Parágrafo único. Salvo previsão legal, o Ministério Público oferecerá manifestação em dez dias ou, havendo urgência, em cinco.

Seção IV – Da Passagem de Autos e Controle

Art. 187. A remessa de autos aos desembargadores será acompanhada de relação, com especificação do número de volumes de cada processo, da comarca de origem, do número do feito e do motivo da conclusão.

§ 1º. Cópia dessa relação ficará na Secretaria e valerá como recibo, quando não reclamada retificação, em dez dias.

§ 2º. A Secretaria dará recibo dos autos devolvidos, facultado o uso de meio eletrônico.

§ 3º. Ao remeter os autos para lavratura de acórdão, declaração de voto, juntada de petição ou documentos ou para solução de incidente de qualquer natureza, a Secretaria, em memorando afixado à capa ou autuação, anotará a circunstância.

Art. 188. A estatística mensal prevista na legislação será publicada até o dia quinze de cada mês ou no primeiro dia útil que se seguir.

Art. 189. Publicada a estatística mensal, o Presidente da Seção comunicará ao Presidente do Tribunal, no prazo de três dias, a ocorrência de atrasos atribuíveis aos desembargadores.

§ 1º. O Presidente do Tribunal fixará prazo para justificativa e, em seguida, encaminhará o expediente ao Órgão Especial, ouvido o Conselho Superior da Magistratura.

§ 2º. Suspende-se o prazo do parágrafo anterior, em caso de:

a) férias individuais;

b) licença-prêmio;

c) licença para tratamento de saúde;

d) nojo, gala ou faltas compensadas.

TÍTULO IV
DOS INCIDENTES, SÚMULAS E AÇÕES

Capítulo I
DOS INCIDENTES

Seção I – Da Uniformização da Jurisprudência

Art. 190. A uniformização de jurisprudência será por súmulas, por enunciado de jurisprudência pacificada, por enunciado de tese jurídica fixada em incidente de resolução de demandas repetitivas e em incidente de assunção de competência.

[*] Art. 190, *caput*, com redação dada pelo Assento Regimental nº 562/2017.

§ 1º. As súmulas serão aprovadas e editadas com exclusividade pelo Órgão Especial. Os enunciados serão aprovados pelas Turmas Especiais, pelos Grupos de Câmaras, na hipótese do art. 32, § 4º, e pelo Órgão Especial, quando se tratar de matéria constitucional, ou de matéria de sua competência, dos Juizados Especiais e da Câmara Especial, bem como de competência não exclusiva de uma das Turmas Especiais de suas Seções ou se houver divergência.

[*] § 1º com redação dada pelo Assento Regimental nº 572/2019.

§ 2º. Caso se trate de matéria de competência comum à Segunda e à Terceira Subseções de Direito Privado (art. 5º, §1º, da Resolução nº 623/2013), os enunciados serão aprovados pela reunião das respectivas Turmas Especiais. Caso se trate de matéria de competência residual e comum às três Subseções de Direito Privado, os enunciados serão aprovados pela reunião das três Turmas Especiais (art. 5º, §1º, da Resolução nº 623/2013).

[*] § 2º com redação dada pelo Assento Regimental nº 572/2019.

§ 3º. O relator, nestes casos, sempre que possível, será o do acórdão que lhe deu origem, quando ele também for integrante do órgão julgador competente para a uniformização da jurisprudência ou, então, por livre distribuição, no Órgão Especial, entre seus membros, e, nas Turmas Especiais, entre seus membros que integram as Câmaras cuja competência seja correlata à matéria a ser discutida.

[*] § 3º com redação dada pelo Assento Regimental nº 572/2019.

§ 4º. As súmulas e os enunciados indicarão a tese de direito aprovada, a situação a que se aplicam, e, conforme cada tipo de uniformização, as circunstâncias fáticas dos precedentes que motivaram sua edição, os fundamentos determinantes e os dispositivos normativos relacionados.

[*] § 4º com redação dada pelo Assento Regimental nº 572/2019.

§ 5º. As súmulas e os enunciados aprovados serão numerados segundo sua espécie, cuidando o Presidente do Tribunal de organizá-los e providenciar sua divulgação, bem como de comunicar ao Conselho Nacional de Justiça a instauração e o julgamento de incidentes de resolução de demandas repetitivas e de assunção de competência.

[*] § 5º com redação dada pelo Assento Regimental nº 572/2019.

§ 6º. A revisão ou a alteração de súmula e de enunciado será pelo mesmo órgão e pelas mesmas formas procedimentais e decisórias de sua aprovação, observadas as prescrições e ressalvas legais.

[*] § 6º com redação dada pelo Assento Regimental nº 572/2019.

§ 7º. Em caso de divergência entre súmulas ou enunciados da Turma de Uniformização dos Juizados Especiais e súmulas, enunciados ou jurisprudência dominante das Seções do Tribunal de Justiça, o Órgão Especial deliberará, dirimindo-a após ser provocado pelo Presidente do Tribunal de Justiça, pelo Vice-Presidente e pelos Presidentes de Seção.

[*] § 7º acrescentado pelo Assento Regimental nº 572/2019.

Art. 191. A aprovação de súmula, de enunciado de jurisprudência pacificada, de enunciado de tese jurídica fixada em incidente de resolução de demandas repetitivas e de assunção de competência será por maioria simples dos membros do respectivo órgão de julgamento.

[*] Art. 191, *caput*, com redação dada pelo Assento Regimental nº 562/2017.

§ 1º. O presidente da sessão terá voto de qualidade para o desempate.

[*] § 1º com redação dada pelo Assento Regimental nº 562/2017.

§ 2º. As Turmas Especiais das Seções de Direito Público e de Direito Privado, compostas na forma do art. 31 e §§ deste Regimento, observarão quórum de maioria simples para a admissibilidade e julgamento nos incidentes de resolução de demanda repetitiva e de assunção de competência.

[*] § 2º com redação dada pelo Assento Regimental nº 562/2017, suprimindo os incisos I, II e III.

§ 3º. Nos incidentes de resolução de demanda repetitiva e de assunção de competência processados e julgados nas Turmas Especiais, será relator desembargador que integre Câmara cuja competência seja correlata à matéria em discussão. Caso se trate de matéria de competência comum à Segunda e à Terceira Subseções de Direito Privado, bem como de competência residual das três Subseções, o relator será sorteado entre desembargadores que integrem as respectivas Câmaras.

[*] § 3º com redação dada pelo Assento Regimental nº 572/2019.

§ 4º. Aplica-se ao incidente de assunção de competência, no que couber, as regras procedimentais e de julgamento do incidente de resolução de demandas repetitivas, as quais são da competência exclusiva do Órgão Especial e das Seções do Tribunal de Justiça.

[*] § 4º com redação dada pelo Assento Regimental nº 562/2017.

§ 5º. (Suprimido).

[*] § 5º suprimido pelo Assento Regimental nº 562/2017.

Art. 192. O procedimento de cada tipo de uniformização de jurisprudência seguirá as prescrições legais e regimentais específicas, podendo cada órgão julgador, nos limites de sua competência, suprir as eventuais lacunas.

[*] Art. 192, *caput*, com redação dada pelo Assento Regimental nº 552/2016.

§ 1º. As proposições de súmulas poderão ser apresentadas ao Órgão Especial por seus desembargadores, pelas Turmas Especiais ou pela Comissão de Jurisprudência, indicando os precedentes e suas circunstâncias fáticas que podem motivar sua edição.

[*] § 1º acrescentado pelo Assento Regimental nº 552/2016.

§ 2º. As proposições de enunciados de jurisprudência pacificada poderão ser apresentadas ao Órgão Especial ou à Turma Especial, conforme a competência de cada um, por desembargador do respectivo órgão, ou pela Comissão de Jurisprudência, indicando as teses jurídicas divergentes, seus respectivos precedentes, o entendimento majoritário e a redação do enunciado proposto, com seus fundamentos determinantes e os dispositivos normativos relacionados.

[*] § 2º acrescentado pelo Assento Regimental nº 552/2016.

§ 3º. Os incidentes de resolução de demandas repetitivas, instaurados, processados e julgados conforme as normas do CPC (arts. 976 e 987), no Órgão Especial ou nas Turmas Especiais, conforme as normas regimentais, também observarão as seguintes regras procedimentais:

[*] § 3º acrescentado pelo Assento Regimental nº 552/2016.

I – Protocolizado o pedido de instauração do incidente dirigido ao Presidente do Tribunal, será, imediatamente, distribuído ao órgão competente e encaminhado ao relator, que o encaminhará à Mesa para o juízo de admissibilidade pela Turma Julgadora;

[*] Inciso I acrescentado pelo Assento Regimental nº 552/2016 e a referência ao art. 191 dada pelo Assento Regimental nº 552/2017 foi suprimida pelo Assento Regimental nº 562/2017.

II – Admitido, o incidente é considerado instaurado, para fins de registro em banco eletrônico de dados do Tribunal, divulgação, comunicação ao Conselho Nacional de Justiça e demais fins legais (art. 982 do CPC);

[*] Inciso II acrescentado pelo Assento Regimental nº 552/2016.

III – O relator presidirá a instrução, decidirá as eventuais questões correlatas, e, concluídas as diligências, encaminhará o feito à Mesa para a exposição da causa, sustentações orais e julgamento do incidente e da causa pela Turma Julgadora;

[*] Inciso III acrescentado pelo Assento Regimental nº 552/2016 e a referência ao art. 191 dada pelo Assento Regimental nº 552/2017 foi suprimida pelo Assento Regimental nº 562/2017.

IV – (Suprimido);

[*] IV suprimido pelo Assento Regimental nº 562/2017.

V – (Suprimido).

[*] Inciso V suprimido pelo Assento Regimental nº 562/2017.

§ 4º. As Turmas Julgadoras previstas nos incisos I e III do § 3º deste artigo, bem como para o juízo de admissibilidade, julgamento do incidente e da causa em assunção de competência, e, ainda, para julgamento das proposições de enunciados de jurisprudência pacificada (§ 2º deste artigo), no âmbito da Turma Especial da Seção de Direito Público, serão compostas apenas pelos desembargadores que integrem as Câmaras cuja competência seja correlata à matéria em discussão.

[*] § 4º acrescentado pelo Assento Regimental nº 568/2018.

Seção II – Do Incidente de Inconstitucionalidade de Lei

Art. 193. O incidente de inconstitucionalidade de lei ou ato do Poder Público será suscitado pelo órgão julgador fracionário do Tribunal, de ofício ou a requerimento do interessado, para apreciação do Órgão Especial, nos termos da Constituição Federal e da lei processual civil.

Parágrafo único. (Suprimido).

[*] Parágrafo único suprimido pelo Assento Regimental nº 552/2016.

Art. 194. Proclamada a constitucionalidade do texto legal ou ato normativo, ou não alcançada a maioria prevista na Constituição Federal (art. 97), a arguição será julgada improcedente.

§ 1º. Publicada a conclusão do acórdão, os autos serão devolvidos ao órgão judicante que suscitou o incidente, para prosseguir no julgamento, de acordo com o pronunciamento do Órgão Especial.

§ 2º. Somente se houver motivo relevante, poderá ser renovado o incidente.

Seção III – Da Reclamação

Art. 195. A reclamação contra autoridade judiciária, para preservar a competência do Tribunal, garantir a autoridade de suas decisões ou a observância de suas súmulas, ou de seus enunciados de precedentes proferidos em julgamento de casos repetitivos, ou em incidentes de assunção de competência, será processada na forma da legislação vigente.

[*] Art. 195 com redação dada pelo Assento Regimental nº 552/2016.

Art. 196. Será relator, preferencialmente, o mesmo do pronunciamento judicial apontado como violado.

Art. 197. O relator poderá negar seguimento a reclamação manifestamente improcedente ou prejudicada, cabendo agravo interno para o órgão julgador competente.

[*] Art. 197 com redação dada pelo Assento Regimental nº 552/2016.

Art. 198. Poderá o relator, se o caso o exigir, suspender liminarmente o ato objeto da reclamação ou determinar outras medidas urgentes.

Art. 199. Se o caso apresentar interesse disciplinar, a turma julgadora determinará a remessa de peças ao Corregedor Geral da Justiça, para as providências cabíveis.

Seção IV – Do Conflito de Competência

Art. 200. O conflito de competência será dirimido pelo Órgão Especial ou, se circunscrita a uma das Seções ou Subseções, pelas Turmas Especiais, podendo ser suscitado pelos Presidentes de Seção, pelos órgãos fracionários do Tribunal, pelo Ministério Público e pela parte ou por terceiro prejudicado.

Art. 201. Suscitado o conflito de competência, o processo ficará suspenso pelo prazo máximo de noventa dias, cabendo ao relator decidir sobre as medidas urgentes, ou designar, dentre os integrantes dos órgãos em conflito, quem o fará.

Art. 202. O relator poderá requisitar informações, ouvir as partes, mediante intimação pela imprensa, e o Ministério Público, quando for o caso (art. 178 do CPC).

[*] Art. 202 com redação dada pelo Assento Regimental nº 552/2016.

Art. 203. As decisões supervenientes à suscitação, se prolatadas pelo órgão contra quem o conflito de competência foi dirimido, poderão ser ratificadas pelo competente.

Art. 204. O relator poderá, liminarmente, decidir o conflito de competência, quando sua decisão se fundar em:

[*] Art. 204, *caput*, com redação dada pelo Assento Regimental nº 552/2016.

I – súmula do Supremo Tribunal Federal, do Superior Tribunal de Justiça ou do próprio Tribunal;

[*] Inciso I acrescentado pelo Assento Regimental nº 552/2016.

II – tese firmada em julgamento de casos repetitivos ou em incidente de assunção de competência.

[*] Inciso II acrescentado pelo Assento Regimental nº 552/2016.

Parágrafo único. Cabe agravo interno da decisão que, liminarmente, decidir o conflito de competência.

[*] Parágrafo único acrescentado pelo Assento Regimental nº 552/2016.

Seção V – Do Desaforamento

Art. 205. Distribuída a representação ou o requerimento a uma das Câmaras Criminais, o relator requisitará informações, com o prazo de dez dias, ao juiz da comarca, se dele não tiver sido a iniciativa do desaforamento.

Art. 206. Em se tratando de representação do juiz ou do Ministério Público, terá o réu dez dias para suas razões.

Art. 207. Não tendo sido promovida pelo Procurador-Geral de Justiça, ser-lhe-á dada vista para parecer, no prazo de dez dias.

Art. 208. Concluído o procedimento, o feito será remetido à Mesa, independentemente de pauta.

Seção VI – Da Fiança

Art. 209. O pedido de fiança, nas ações penais originárias, nos recursos criminais e nos *habeas corpus* será apreciado pelo relator do feito.

Art. 210. Haverá na Secretaria um livro especial para termos de fiança.

Seção VII – Da Correição Parcial

Art. 211. Cabe correição parcial, no processo penal, para a emenda de erro ou abuso que importe inversão tumultuária dos atos e fórmulas processuais, quando não previsto recurso específico.

Art. 212. O procedimento da correição parcial será o do agravo de instrumento, como disciplinado na lei processual civil, ouvido o Procurador-Geral de Justiça.

Art. 213. O relator poderá suspender liminarmente a decisão que deu motivo ao pedido correcional, se relevante o fundamento e quando do ato impugnado puder resultar a ineficácia da medida.

Art. 214. Julgada a correição, será o juízo de origem imediatamente comunicado.

Art. 215. Se o caso comportar pena disciplinar, a turma julgadora determinará a remessa de peças dos autos ao Corregedor Geral da Justiça, para as providências cabíveis.

Seção VIII – Da Exceção da Verdade

Art. 216. Oposta a exceção da verdade em primeira instância, nas queixas-crime por delito de calúnia, em que figure como excepta pessoa sujeita à jurisdição do Tribunal de Justiça, o juiz decidirá sobre sua admissibilidade.

Art. 217. Processadas a ação penal e a exceção da verdade, os autos serão remetidos ao Tribunal, exclusivamente para o julgamento da última.

Art. 218. Colhido, no prazo de cinco dias, o parecer da Procuradoria-Geral de Justiça, será sorteado relator no Órgão Especial e, feito o relatório nos autos, o processo será incluído em pauta, intimadas as partes e o Ministério Público.

Art. 219. Se o excepto não atender ao pregão, por intermédio de procurador, o presidente da sessão dar-lhe-á defensor.

Art. 220. Após a exposição da causa pelo relator, será dada a palavra, sucessivamente, ao excipiente, ao excepto e ao representante do Ministério Público, pelo prazo improrrogável de quinze minutos para cada um.

Art. 221. Encerrados os debates, o Tribunal proferirá decisão. Rejeitada a exceção, os autos serão restituídos ao juízo de origem para julgamento da queixa-crime acolhida, será arquivada a queixa-crime, comunicando-se ao juiz.

Seção IX – Dos Conflitos de Jurisdição, Competência e Atribuição

Art. 222. Os conflitos de jurisdição e de competência, entre autoridades judiciárias da Justiça Comum do Estado, e os conflitos de atribuição, entre autoridades administrativas de diferentes Poderes do Estado ou dos Municípios, serão dirimidos pela Câmara Especial, ressalvada a competência do Órgão Especial.

Art. 223. O conflito de atribuição poderá ser suscitado pelo interessado ou por qualquer das autoridades em divergência, endereçando a petição ou representação ao Presidente do Tribunal ou da Câmara Especial, conforme o caso.

Art. 224. Em se tratando de conflito de jurisdição decorrente de ação penal, o réu só poderá suscitá-lo no ato do interrogatório ou no prazo da defesa prévia.

Art. 225. Será facultada manifestação dos interessados e das autoridades em conflito, no prazo de dez dias, ouvindo-se, em seguida, o Ministério Público.

Art. 226. O relator designará, dentre os juízes ou as autoridades em conflito, quem responderá pelas medidas urgentes, podendo requisitar os autos, desde que esteja suspenso o processo.

Art. 227. Assinado o acórdão, os autos requisitados serão encaminhados ao juiz declarado competente.

Parágrafo único. No caso de conflito positivo, a turma julgadora poderá determinar o imediato cumprimento da decisão, independentemente da lavratura do acórdão.

Art. 228. Da decisão do conflito de atribuição não cabe recurso.

Capítulo II
DAS AÇÕES

Seção I – Da Ação Direta de Inconstitucionalidade

Art. 229. A ação direta de inconstitucionalidade será processada conforme a Constituição do Estado de São Paulo e a legislação (Lei nº 9.868, de 10.11.1999), no que couber.

Art. 230. Caberá ao relator a apreciação da medida cautelar, ressalvada a hipótese do art. 168, § 2º, deste Regimento.

Art. 231. Para o julgamento, exigir-se-á a presença de dois terços dos integrantes do Órgão Especial.

Parágrafo único. A decisão que declarar a inconstitucionalidade será tomada por maioria absoluta de seus membros, convocando-se os ausentes se a maioria não for atingida.

Seção II – Dos Procedimentos Cautelares

Art. 232. As medidas assecuratórias previstas no Código de Processo Penal e as tutelas de urgência, cautelar ou antecipada, disciplinadas no Código de Processo Civil, serão processadas pelo relator da ação originária ou do recurso pendente de julgamento no Tribunal, observado o disposto no art. 45, IV.

[*] Art. 232 com redação dada pelo Assento Regimental nº 552/2016.

Seção III – Do Mandado de Segurança, do Mandado de Injunção e do *Habeas Data*

Art. 233. Compete às Câmaras julgar, originariamente, mandados de segurança contra atos de juízes de primeira instância, membros do Ministério Público e outras autoridades, ressalvada a competência do Órgão Especial.

Art. 234. A competência para o julgamento do mandado de injunção e do *habeas data* é a prevista para o mandado de segurança, processando-se, ambos, segundo a legislação (art. 24, parágrafo único, da Lei nº 8.038, de 28.5.1990; art. 74, V, da Constituição do Estado de São Paulo e Lei nº 9.507, de 12.11.1997).

Seção IV – Da Ação Rescisória

Art. 235. Ajuizada a ação rescisória, a Secretaria, entre outras providências:

I – comunicará o fato ao distribuidor de primeira instância, em se cuidando de rescisória de decisão;

[*] Inciso I com redação dada pelo Assento Regimental nº 552/2016.

II – anotará a ocorrência nos assentamentos, com remissão ao processo em que foi proferida a decisão impugnada, na hipótese de rescisória de acórdão;

III – distribuirá o feito ao mesmo Grupo de Câmaras em que proferido o acórdão rescindendo, anotando o ato para futura compensação.

Art. 236. No Órgão Especial, não servirá como relator desembargador que tenha integrado, nessa qualidade, a turma julgadora do acórdão rescindendo.

[*] Art. 236 com redação dada pelo Assento Regimental nº 552/2016.

Art. 237. Se o autor tiver cumulado pedido de rescisão com novo julgamento do processo (art. 968, I, do CPC), este, se a hipótese comportar, será procedido pelo mesmo órgão julgador que rescindiu a decisão questionada se não tiver competência legal para reapreciar a matéria, ao desconstituir o julgado, remeterá os autos ao órgão competente.

[*] Art. 237, *caput*, com redação dada pelo Assento Regimental nº 552/2016.

Parágrafo único. Desconstituído o acórdão por nulidade anterior à sentença ou acórdão, a turma julgadora remeterá os autos ao órgão competente.

Art. 238. Acolhida a ação rescisória contra decisão de Primeiro Grau por maioria de votos, aplica-se a técnica de julgamento prevista no art. 942 do CPC, elevando-se a composição do órgão julgador, nas Câmaras, para cinco juízes.

[*] Art. 238 com redação dada pelo Assento Regimental nº 574/2019.

Seção V – Do Dissídio Coletivo por Greve

Art. 239. O pedido de instauração de dissídio coletivo por greve, envolvendo servidores de vínculos não regidos pela Consolidação das Leis do Trabalho, será devidamente fundamentado e atenderá ao disposto em seu artigo 858, observado o procedimento previsto nesta Seção. Se for o caso, será instruído, ainda, com certidão ou cópia autenticada do último aumento salarial concedido à categoria profissional.

§ 1º. Recebida e protocolada a petição, o Vice-Presidente, estando em termos a representação, designará audiência de conciliação, a realizar-se dentro do prazo de dez dias, intimando-se as partes, com observância do artigo 841 da CLT.

§ 2º. Verificando o Vice-Presidente que a representação não preenche os requisitos da lei ou que apresenta irregularidades capazes de dificultar sua apreciação, determinará a emenda, no prazo de dez dias, sob pena de indeferimento.

§ 3º. Na impossibilidade de encerramento da negociação coletiva em curso, antes do termo final previsto no § 3º do art. 616 da CLT, a entidade interessada poderá formular protesto judicial, em petição encaminhada ao Vice-Presidente do Tribunal, a fim de preservar a data-base da categoria.

§ 4º. Deferida a medida prevista no parágrafo anterior, a representação coletiva será ajuizada no prazo máximo de trinta dias, contado da intimação, sob pena de perda da eficácia do protesto.

§ 5º. Os mesmos requisitos do *caput* deverão ser observados no pedido de revisão de norma coletiva em vigor há mais de um ano.

Art. 240. Na audiência, presentes as partes ou seus representantes e o membro do Ministério Público, o Vice-Presidente fará convite à conciliação. Havendo acordo e ouvido o Ministério Público, o homologará.

Parágrafo único. O acordo judicial homologado no processo de dissídio coletivo terá força de decisão irrecorrível.

Art. 241. Não havendo conciliação, far-se-á imediato sorteio do relator no Órgão Especial, que ouvirá o suscitado em cinco dias e poderá determinar diligências.

§ 1º. Em seguida, ouvido o Ministério Público, em cinco dias, o relator, em dez dias, remeterá os autos à Mesa.

[*] § 1º com redação dada pelo Assento Regimental nº 552/2016.

§ 2º. O julgamento terá preferência sobre os demais, com inclusão imediata em pauta.

Art. 242. Na apreciação do dissídio, os desembargadores proferirão seus votos, cláusula a cláusula.

Art. 243. No caso de paralisação do serviço, o relator poderá expedir ato dispondo sobre o atendimento das necessidades imprescindíveis.

Art. 244. Até o trânsito em julgado do acórdão, as partes poderão transigir, cujo termo ou petição será apresentado em Mesa pelo relator, na sessão seguinte.

Art. 245. Concluído o julgamento e proclamada a decisão normativa, o relator terá o prazo de dez dias para a lavratura do acórdão, que deverá ser publicado imediatamente.

Parágrafo único. A decisão normativa conterá indicação da data de sua entrada em vigor, aplicando-se, no que couber, o disposto no parágrafo único do artigo 867 da CLT.

Art. 246. Enquanto persistir a greve e não normalizados os serviços, os prazos serão reduzidos à metade e a audiência conciliatória será realizada logo que intimadas as partes.

Seção VI – Do *Habeas Corpus*

Art. 247. Compete às Câmaras Civis e Criminais, conforme a natureza da matéria, processar e julgar os *habeas corpus* impetrados contra atos de juízes de primeira instância, membros do Ministério Público e outras autoridades, ressalvada a competência do Órgão Especial.

Art. 248. O relator poderá determinar a emenda da petição, remeter o feito ao juízo competente ou propor à Câmara o seu indeferimento; apreciará o pedido liminar e requisitará informações da autoridade impetrada, se for o caso. Ouvido o Ministério Público, se não for o impetrante, os autos serão remetidos a julgamento, independentemente de pauta.

Art. 249. Concedida a ordem, a autoridade impetrada será comunicada com urgência e receberá o inteiro teor do acórdão, logo que publicado.

Capítulo III
DOS RECURSOS

Seção I – Dos Recursos em Geral

Art. 250. No agravo de instrumento, em caso de impedimento ocasional do relator, o pedido de atribuição de efeito suspensivo ou de antecipação de tutela da pretensão recursal será apreciado por um dos demais integrantes do órgão julgador, segundo a ordem de antiguidade.

[*] Art. 250, *caput*, com redação pelo Assento Regimental nº 552/2016.

Parágrafo único. (Suprimido).

[*] Parágrafo único suprimido pelo Assento Regimental nº 552/2016.

Art. 251. O agravo em execução penal será processado na forma do recurso em sentido estrito e julgado por uma das Câmaras Criminais, vedado ao juiz negar-lhe seguimento.

Publicado o julgamento, a decisão será comunicada ao juiz, no prazo de cinco dias, independentemente da intimação do acórdão.

Art. 252. Nos recursos em geral, o relator poderá limitar-se a ratificar os fundamentos da decisão recorrida, quando, suficientemente motivada, houver de mantê-la, apreciando, se houver, os demais argumentos recursais capazes de, em tese, infirmar a conclusão adotada no julgamento.

[*] Art. 252 com redação dada pelo Assento Regimental nº 562/2017.

Seção II – Do Agravo Regimental

Art. 253. Salvo disposição em contrário, cabe agravo, sem efeito suspensivo, no prazo de quinze dias, das decisões monocráticas que possam causar prejuízo ao direito da parte.

[*] Art. 253, *caput*, com redação dada pelo Assento Regimental nº 552/2016.

§ 1º. Esse recurso também terá cabimento em matéria administrativa prevista em lei e em questões disciplinares envolvendo magistrado.

§ 2º. A petição conterá, sob pena de indeferimento liminar, as razões do pedido de reforma da decisão agravada.

[*] § 2º suprimido e § 3º renumerado como § 2º pelo Assento Regimental nº 552/2016.

§ 3º. (Renumerado).

[*] § 3º renumerado como § 2º pelo Assento Regimental nº 552/2016.

Art. 254. Na falta de peça ou comprometida a admissibilidade do agravo, por algum vício, o relator concederá o prazo de cinco dias ao agravante para complementar a documentação ou sanar o vício.

[*] Art. 254, *caput*, com redação dada pelo Assento Regimental nº 552/2016.

§ 1º. Em recurso interposto por fac-símile ou similar, as peças devem ser juntadas no momento de protocolo da petição original.

[*] § 1º acrescentado pelo Assento Regimental nº 552/2016.

§ 2º. Em se tratando de processo eletrônico, dispensam-se as peças obrigatórias e a declaração referida no art. 1.017, II, do CPC, facultando-se ao agravante anexar os documentos que entender necessários.

[*] § 2º com redação dada pelo Assento Regimental nº 552/2016.

Art. 255. O prolator da decisão impugnada poderá reconsiderá-la se a mantiver, colocará o feito em Mesa, independentemente de inclusão em pauta, proferindo voto.

Seção III – Dos Recursos para os Tribunais Superiores

Art. 256. Cabe ao Presidente do Tribunal, se o acórdão for do Órgão Especial, ou ao Presidente da respectiva Seção, o processamento e o exame da admissibilidade dos recursos para o Supremo Tribunal Federal e Tribunais Superiores e dos incidentes processuais que surgirem nessa fase.

Parágrafo único. Não cabe agravo regimental da decisão do Presidente do Tribunal, do Vice-Presidente ou dos Presidentes de Seções que, em conformidade com o art. 1.029, § 5º, inciso III, do Código de Processo Civil, concede ou nega efeito suspensivo a recurso especial ou extraordinário.

[*] Parágrafo único acrescentado pelo Assento Regimental nº 565/2017.

Seção IV – Dos Recursos Afetados por Comunicação dos Tribunais Superiores

Art. 257. Recebido o ofício dos Tribunais Superiores comunicando a admissão da existência de Repercussão Geral ou de Recurso Repetitivo, o Presidente do Tribunal ou da Seção, conforme o caso, determinará a suspensão dos recursos extraordinário e especial correspondentes, certificando-se nos autos, que serão encaminhados ao setor próprio, até o pronunciamento definitivo.

§ 1º. As matérias dos recursos paradigmas constarão de lista específica, devidamente identificadas por tese numerada, ementa e números dos processos.

§ 2º. Do despacho de suspensão constarão:

I – o número do processo paradigma, sua ementa, a numeração da tese controvertida e a corte superior;

II – a adequação da controvérsia ao recurso paradigma, a ementa e numeração.

§ 3º. Os feitos suspensos deverão ser inseridos em sistema de informática, que conterá:

I – despacho de suspensão;

II – número do processo;

III – ementa;

IV – numeração da tese;

V – corte superior.

§ 4º. A Secretaria do Órgão Especial ou a Coordenadoria dos Recursos Especiais e Extraordinários das Presidências de cada Seção, conforme o caso, é responsável pelo acompanhamento semanal dos recursos paradigmas.

Art. 258. Julgado o recurso paradigma e juntada cópia do acórdão nos autos, o Presidente do Tribunal ou da Seção competente, após o juízo de admissibilidade dos recursos extraordinário ou especial, cumprirá o disposto nos arts. 1.040 e 1.041 do CPC.

[*] Art. 258 com redação dada pelo Assento Regimental nº 552/2016.

Capítulo IV
DAS INTERVENÇÕES FEDERAL E ESTADUAL E DOS PRECATÓRIOS

Seção I – Da Intervenção Federal

Art. 259. No caso do art. 34, inciso IV, da Constituição Federal, quando se tratar de coação contra o Poder Judiciário, o pedido de intervenção federal no Estado será feito ao Supremo Tribunal Federal, pelo Presidente do Tribunal de Justiça, após resolução do Órgão Especial.

Parágrafo único. Igual procedimento será adotado, quando se tratar de prover a execução de ordem ou decisão judicial emanada da Justiça do Estado.

Art. 260. Ao tomar conhecimento de ato que legitime o pedido de intervenção, o Presidente do Tribunal, de ofício, em qualquer caso, ou a pedido de interessado, na hipótese do parágrafo único do artigo anterior, instaurará o procedimento, mediante portaria circunstanciada, e mandará instruir o processo com documentos comprobatórios dos fatos.

§ 1º. Cópias de todas as peças serão remetidas aos desembargadores que devam participar do ato da resolução.

§ 2º. A matéria será apreciada em sessão pública, em que o Presidente fará exposição oral e, após os debates, colherá os votos.

Art. 261. Aprovada a portaria, o Presidente enviará o processo ao Supremo Tribunal Federal, no prazo de cinco dias.

Parágrafo único. Recusada a representação, o processo será arquivado.

Art. 262. O Presidente poderá indeferir, desde logo, pedido de intervenção manifestamente infundado dessa decisão caberá agravo regimental, no prazo de cinco dias, para o Órgão Especial.

Seção II – Da Intervenção em Município

Art. 263. Ao receber a representação para intervenção do Estado em município, com fundamento no art. 35, inciso IV, da Constituição Federal, e no art. 149 da Constituição do Estado de São Paulo, o relator requisitará, com o prazo de quinze dias, informações da autoridade indicada como responsável ou determinará o arquivamento do pedido de plano, se infundado.

Art. 264. Ouvido o Ministério Público, cópias do relatório e das peças necessárias serão remetidas aos desembargadores, incluindo-se o processo em pauta.

Parágrafo único. Poderão usar da palavra, pelo prazo de quinze minutos, o requerente da intervenção, o procurador do município e o representante do Ministério Público.

Art. 265. Se o Tribunal concluir pelo deferimento da intervenção, o Presidente comunicará a decisão ao Governador do Estado, para os fins do art. 49 da Constituição do Estado.

Seção III – Dos Precatórios

Art. 266. O ofício requisitório enviado ao Presidente do Tribunal pelo juízo da execução, em duas vias, deve conter os seguintes dados:

I – número do processo de execução;

II – data do ajuizamento do processo de conhecimento;

III – natureza da obrigação (assunto) a que se refere o pagamento;

IV – natureza do crédito (comum ou alimentar);

V – valor global da requisição;

VI – nome das partes (exequente e executada) e de seus respectivos procuradores, com número de inscrição na OAB, para fins de intimação;

VII – data do trânsito em julgado da sentença ou acórdão, no processo de conhecimento;

VIII – data do trânsito em julgado da sentença ou acórdão, nos embargos à execução, se houver, ou data do decurso do prazo para sua interposição;

IX – data-base considerada para efeito de atualização monetária dos valores requisitados;

X – data de intimação da entidade de Direito Público devedora, para fins do disposto no art. 100, §§ 9º e 10, da Constituição Federal;

XI – data em que se tornou definitiva a decisão que determinou a compensação dos débitos apresentados pela Fazenda Pública, nos termos do art. 100, §§ 9º e 10, da Constituição Federal;

XII – relação de todos os credores-exequentes, inclusive quando se tratar de advogado, perito etc., com as seguintes informações, de forma individualizada:

a) o nome e número de CPF ou CNPJ;

b) se incapaz, espólio, massa falida, etc.;

c) quando se tratar de precatório de natureza alimentícia, a indicação da data de nascimento do beneficiário e/ou se portador de doença grave, na forma da lei;

d) quando se tratar de ação com objeto de prestação de natureza salarial, a indicação do órgão da administração direta ou indireta a que estiver vinculado o credor, bem como a condição de ativo, inativo ou pensionista;

e) natureza do crédito requisitado (principal, correção monetária, juros, custas e despesas processuais, honorários contratuais, honorários de sucumbência, honorários periciais, etc.);

f) se requisição de pagamento total, parcial, complementar ou suplementar, com o respectivo valor;

g) quando se tratar de ação com objeto de prestação de natureza salarial, o valor das contribuições previdenciárias e hospitalares, quando couber a incidência.

Art. 267. Os requisitórios serão recebidos no protocolo do Tribunal e processados do seguinte modo:

I – cada requisitório será autuado e recebido pelo DEPRE, que conferirá sua regularidade formal, determinando a eventual regularização;

II – regular o requisitório, será expedido o precatório, relacionado em ordem cronológica, para efeitos de precedência;

III – encerrado, a primeiro de julho, o período anual, o DEPRE calculará os valores a pagar, atualizados, para que se comunique a cada entidade o débito geral apurado;

IV – recebidos os valores para pagamento, serão eles determinados na ordem de apresentação, consideradas as preferências constitucionais, com as atualizações devidas;

V – encaminhado o pagamento ao juízo da execução, o precatório será tido como pago, aguardando-se eventual comunicação de insuficiência, pelo mesmo juízo, pelo prazo de cento e oitenta dias.

§ 1º. Decorrido esse prazo sem qualquer comunicação, o precatório será considerado pago de forma definitiva e dada sua baixa.

§ 2º. Comunicada, no prazo acima fixado, impugnação ao depósito efetuado, aguardar-se-á a decisão do juízo da execução a respeito da integralidade do pagamento.

§ 3º. Havendo diferença, será requisitado o depósito desse valor, em noventa dias. Regularizado o pagamento, será transmitido ao juízo da execução, prosseguindo-se na forma acima. Se não efetuada a complementação do depósito insuficiente, o precatório permanecerá em aberto até pagamento completo.

Art. 268. Além do previsto na legislação, compete ao Presidente do Tribunal de Justiça:

I – expedir instruções necessárias à regular tramitação dos precatórios;

II – determinar as diligências para a regularização dos processos;

III – ordenar, de ofício ou a requerimento das partes, a correção de inexatidões materiais do cálculo;

IV – mandar atualizar, a partir de dois de julho, os valores dos precatórios apresentados até o dia anterior;

V – resolver as questões relativas ao cumprimento dos precatórios, inclusive a determinação para que se refaça o cálculo da atualização monetária, se houver alteração de indexador monetário;

VI – manter em aberto os precatórios, conservando a precedência até o integral cumprimento;

VII – requisitar das entidades devedoras a complementação de depósitos insuficientes, no prazo de noventa dias, determinando vista aos interessados, no caso de desobediência;

VIII – mandar publicar, no órgão oficial, até o décimo quinto dia do mês de janeiro, para ciência dos interessados, a relação dos precatórios não satisfeitos no exercício financeiro findo;

IX – solicitar a apresentação dos autos originais, quando necessário.

Art. 269. Das decisões do Presidente do Tribunal, nos pedidos de sequestro, não caberá agravo interno.

[*] Art. 269 com redação dada pelo Assento Regimental nº 552/2016.

Art. 270. Ressalvado o sequestro de rendas, o Presidente do Tribunal poderá delegar sua competência referente ao trâmite e verificação de precatórios a desembargador, de preferência, integrante do Órgão Especial.

TÍTULO V
DOS ATOS DE ADMINISTRAÇÃO, REFORMA DO REGIMENTO, SECRETARIA E DISPOSIÇÕES FINAIS E TRANSITÓRIAS

Capítulo I
DOS ATOS DE ADMINISTRAÇÃO E DA REFORMA DO REGIMENTO

Seção I – Dos Atos de Administração

Art. 271. Além dos atos judiciais, o Tribunal expedirá atos administrativos expressos:

I – os do Órgão Especial, por resoluções e assentos;

II – os do Conselho Superior da Magistratura, por provimentos e pareceres;

III – os do Presidente do Tribunal, Vice-Presidente, Corregedor Geral da Justiça e Presidentes de Seções, por decisões, despachos, provimentos, instruções, portarias e comunicados;

IV – os das comissões, por pareceres;

V – os dos juízes corregedores, por despachos e pareceres.

§ 1º. Resolução é o ato do Órgão Especial referente a propostas de lei de sua iniciativa, bem como a providências normativas relevantes relacionadas ao Poder Judiciário e ao Tribunal.

§ 2º. Assento é o ato do Órgão Especial para a inteligência, compreensão e alteração de normas regimentais.

§ 3º. Provimento é instrução ou determinação de caráter regulamentar, expedido para a boa ordem, regularidade e uniformização dos serviços da Justiça e fiel observância da lei.

§ 4º. Parecer é ato de caráter consultivo para a orientação de decisão administrativa.

§ 5º. Despacho é pronunciamento de natureza decisória ou de impulso em expedientes, requerimentos ou processos.

§ 6º. Instrução é ato de ordenamento administrativo interno, visando a disciplinar o modo de execução de serviços da Secretaria do Tribunal e de órgãos auxiliares.

§ 7º. Portaria é o ato administrativo interno, que se destina a:

I – convocação e designação de magistrado;

II – nomeação ou admissão coletiva de servidor da Secretaria e de outros órgãos auxiliares, bem como a respectiva movimentação;

III – estruturação complementar e reestruturação dos serviços;

IV – instauração de procedimento disciplinar ou de outra natureza.

§ 8º. Comunicado é aviso oficial a respeito de matéria relevante, de natureza processual ou administrativa.

§ 9º. Todos esses atos serão numerados cronologicamente, segundo sua classe e a ordem em que foram expedidos no ano.

Seção II – Da Reforma do Regimento

Art. 272. As alterações deste Regimento Interno poderão ser propostas pelo Conselho Superior da Magistratura, pelos órgãos judicantes, pela Comissão de Regimento Interno e por qualquer dos desembargadores, sempre por escrito e com exposição de motivos.

Art. 273. Se não for de sua iniciativa, a Comissão de Regimento Interno manifestar-se-á sobre a proposta, em prazo não superior a trinta dias.

Parágrafo único. O relator será o mesmo da Comissão de Regimento Interno e não terá voto, se não integrar o colegiado.

Art. 274. Inscrita a matéria na ordem do dia da sessão administrativa, serão remetidas cópias da proposta e do parecer aos desembargadores do Órgão Especial.

Parágrafo único. É facultada a apresentação de emendas até a instalação da sessão, caso em que a discussão poderá ser adiada para manifestação da Comissão de Regimento Interno.

Art. 275. Os assentos de alteração regimental obedecerão à designação ordinal e, se determinarem o acréscimo de artigo, letras serão introduzidas para distingui-los.

Art. 276. Quando a mudança de legislação implicar alteração regimental, a Comissão de Regimento Interno iniciará, de ofício ou por provocação, o procedimento respectivo.

Art. 277. A alteração regimental dependerá do voto de dois terços dos integrantes do Órgão Especial.

Art. 278. Havendo urgência, o Órgão Especial, observado o quórum do artigo anterior, poderá dispensar o procedimento previsto nesta Seção.

Art. 279. O Regimento Interno ficará à disposição no sítio eletrônico do Tribunal de Justiça e será publicado a cada dois anos no órgão oficial.

Capítulo II
DA SECRETARIA E DISPOSIÇÕES FINAIS E TRANSITÓRIAS

Art. 280. A estrutura e a nomenclatura das Secretarias do Tribunal serão definidas por ato do Presidente.

§ 1º. Haverá, no Tribunal, Coordenadorias (a) da Infância e Juventude e (b) Criminal e de Execuções Criminais, cada uma delas composta por dois desembargadores, designados pelo Presidente, sendo um o Coordenador e o outro Vice-Coordenador, e juízes de entrância final, da mesma forma designados, com reconhecido conhecimento na área de atuação de cada uma, definindo-se suas estruturas por resolução.

[*] § 1º com redação dada pelo Assento Regimental nº 540/2014.

§ 2º. Às Coordenadorias, aplicam-se, no que couber, as disposições referentes às Comissões.

§ 3º. Haverá uma Ouvidoria Geral do Tribunal, composta por seu titular e o substituto.

§ 4º. Para as novas atribuições de feição administrativa ou de adaptação técnica das existentes, por decorrência da Lei nº 13.015/2015 (CPC), referentes à criação e gestão de cadastros e de controle de credenciamento (arts. 156, §2º, 167, 169, §2º, 880 e 1.050, do CPC) ou ao sistema de automação, disponibilização de equipamentos, divulgação e gestão do processo eletrônico (arts. 193 a 199 do CPC), o Presidente, contando com o apoio de Comissões, Coordenadorias e Núcleos, se preciso, além do apoio técnico das Secretarias do Tribunal de Justiça, conforme cada caso, promoverá as medidas necessárias à implantação, adaptação e gestão eficiente.

[*] § 4º com redação dada pelo Assento Regimental nº 552/2016.

Art. 281. Os magistrados removidos ao cargo de Juiz Substituto em 2º Grau, a partir da vigência deste Regimento, não terão mais cadeira definida nas Câmaras e passarão a substituir ou auxiliar os desembargadores nos órgãos julgadores, por designação dos Presidentes das Seções, depois de colocados à disposição pelo Presidente do Tribunal.

§ 1º. O acervo de juiz substituto em 2º Grau promovido a desembargador ou desligado da Magistratura será destinado a substituto designado, que não receberá distribuição o Presidente da Seção assinar-lhe-á prazo certo e razoável para a conclusão da tarefa.

§ 2º. Além dos juízes substitutos em 2º Grau, o Tribunal manterá, em sistema de rodízio, quadro permanente de juízes de entrância final para o fim de substituição e convocação imediata.

Art. 282. É vedada a designação de juiz que não seja titular da entrância final para auxiliar ou substituir no Tribunal.

Art. 283. Poderá o Órgão Especial, à falta de desembargadores disponíveis, remanejar a competência ou extinguir as câmaras mais modernas compostas por menos de quatro desembargadores, à data em que passar a viger este Regimento.

Parágrafo único. Os desembargadores da Câmara extinta terão preferência na remoção para qualquer outra Câmara.

Art. 284. Ficam mantidas, com seu caráter temporário, as atuais Câmaras Especial de Falência e Recuperação e Especial de Meio Ambiente, doravante denominadas, respectivamente, "Câmara Reservada à Falência e Recuperação" e "Câmara Reservada ao Meio Ambiente", as quais continuarão a ser preenchidas na forma do disposto nos §§ 1º e 2º do art. 34.

Art. 285. Para o fim de criação das Turmas Especiais, ficam consolidadas as Subseções I, II e III da Seção de Direito Privado, com as competências atuais, ressalvada eventual alteração futura por resolução do Órgão Especial.

Art. 286. Quando necessário, o Órgão Especial procederá à adequação da numeração dos processos de 1º e 2º Graus às normas superiores.

Art. 287. Os casos omissos serão resolvidos pelo Órgão Especial, ouvida a Comissão de Regimento Interno.

Art. 288. Os assentos, resoluções, provimentos e portarias em vigor e que não colidam com este Regimento são por ele recepcionados.

Art. 289. Até que sobrevenha nova regulamentação, continuam em vigor os atos que disciplinam a competência das Seções.

Art. 290. Este Regimento entrará em vigor trinta dias após a data de sua publicação, revogadas as disposições em contrário.

[*] Este texto não substitui o publicado no *DJE* dos dias 21 e 24.10.2013. Regimento Interno do Tribunal de Justiça – Disponibilizado no *DJE*, de 2.10.2009, e republicado em razão de correções de caráter material no *DJE*, 16.5.2011. Compilação aprovada em sessão realizada dia 25.9.2013. Texto atualizado com a redação do novo CPC (Lei nº 13.105/2015) – Atualizado em 3.4.2025.

6.4. NORMAS DA CORREGEDORIA GERAL DA JUSTIÇA

[*] Excertos conforme Edital do Concurso para Escrevente Técnico Judiciário do TJSP.

PROVIMENTO Nº 50, DE 14 DE SETEMBRO DE 1989

Normas de Serviço da Corregedoria Geral da Justiça

O Desembargador Milton Evaristo dos Santos, Corregedor Geral da Justiça do Estado de São Paulo, no uso de suas atribuições legais e,

Considerando imprescindível a atualização das Normas de Serviço da Corregedoria Geral (NSCGJ), dada a multiplicidade de provimentos e outros atos normativos supervenientes a esse diploma, em sua primeira edição;

Considerando, ainda, a necessidade de revisão da matéria, decorrente da oficialização de todos os Ofícios de Justiça do Estado de São Paulo;

Considerando, finalmente, propícia a oportunidade para não só facilitar a consulta, mas também para melhor compreensão do alcance da sistemática adotada,

Resolve:

Art. 1º. Ficam as NORMAS DE SERVIÇO DA CORREGEDORIA GERAL DA JUSTIÇA, que regulam o exercício da função correcional e a execução dos serviços auxiliares da justiça, dispostas em 20 (vinte) Capítulos, numerados do I ao XX, destinando-se os 12 (doze) primeiros aos serviços judiciais e os subsequentes aos extrajudiciais.

Art. 2º. Entram em vigor, tanto que publicadas na Imprensa Oficial do Estado, as normas relativas aos serviços judiciais (Capítulos I ao XII).

Art. 3º. Enquanto não ultimada a atualização dos demais capítulos que tratam dos serviços extrajudiciais, permanecem em vigor os dispositivos das "NORMAS DE SERVIÇO" de que cuida o Provimento CG 5/81.

São Paulo, 4 de setembro de 1989.

Milton Evaristo dos Santos – Corregedor Geral da Justiça

PROVIMENTO Nº 30, 16 DE OUTUBRO DE 2013

Dá nova redação ao Tomo I das Normas de Serviço da Corregedoria Geral da Justiça.

O Desembargador José Renato Nalini, Corregedor Geral da Justiça do Estado de São Paulo, no uso de suas atribuições legais,

Considerando a necessidade de restruturação, atualização e consolidação normativa dos Capítulos I ao XII (Tomo I) das Normas de Serviço da Corregedoria Geral da Justiça, diante das significativas alterações do ordenamento jurídico e dos avanços tecnológicos no âmbito do Tribunal de Justiça do Estado de São Paulo;

Considerando a importância das Normas de Serviço da Corregedoria Geral da Justiça, tradição do Poder Judiciário Paulista, para a atuação de Magistrados, Servidores, Advogados e demais operadores do Direito;

Considerando o decidido no Processo nº 2012/00012962, DICOGE 2.1;

Resolve:

Art. 1º. Dar nova redação aos Capítulos I a X das Normas de Serviço da Corregedoria Geral da Justiça.

Art. 2º. Revogar os Capítulos XI e XII das Normas de Serviço da Corregedoria Geral da Justiça.

Art. 3º. Este provimento entrará em vigor trinta dias após a sua publicação, revogadas as disposições em sentido contrário.

São Paulo, 16 de outubro de 2013.

José Renato Nalini – Corregedor Geral da Justiça

NORMAS DA CORREGEDORIA GERAL DA JUSTIÇA

[*] Excertos conforme Edital do Concurso para Escrevente Técnico Judiciário do TJSP.

TOMO I

....

Capítulo II
DA FUNÇÃO CORRECIONAL

Seção I – Das Atribuições

Art. 5º. A função correcional consiste na orientação, reorganização e fiscalização dos órgãos e serviços judiciários de primeira instância, bem como na fiscalização dos estabelecimentos prisionais e dos demais estabelecimentos em relação aos quais, por imposição legal, esses deveres forem atribuídos ao Poder Judiciário e é exercida, no Estado de São Paulo, pelo Corregedor Geral da Justiça e, nos limites de suas atribuições, pelos Juízes de Primeiro Grau.

§ 1º. No desempenho da função correcional, poderão ser editadas ordens de serviço e demais atos administrativos de orientação e disciplina, corrigidos os erros e sancionadas as infrações, após regular procedimento administrativo disciplinar, sem prejuízo de apurações civis e criminais.

§ 2º. As ordens de serviço e demais atos administrativos editados pelo Juiz Corregedor Permanente serão encaminhados à Corregedoria Geral da Justiça para revisão hierárquica.

§ 3º. Consultas sobre aplicação ou interpretação destas Normas de Serviço serão apreciadas pelo Juiz Corregedor Permanente que, a requerimento do interessado ou de ofício se houver dúvida fundada devidamente justificada, submeterá suas decisões à Corregedoria Geral da Justiça.

Subseção I – Da Corregedoria Permanente e Das Correições Ordinárias, Extraordinárias e Visitas Correcionais

Art. 6º. A função correcional será exercida em caráter permanente e mediante correições ordinárias ou extraordinárias e visitas correcionais.

§ 1º. A correição ordinária consiste na fiscalização prevista e efetivada segundo estas normas e leis de organização judiciária.

§ 2º. A correição extraordinária consiste em fiscalização excepcional, realizada a qualquer momento e sem prévio anúncio e poderá ser geral ou parcial, conforme as necessidades e conveniência do serviço correcional.

§ 3º. A visita correcional consiste na fiscalização direcionada à verificação da regularidade de funcionamento da unidade, do saneamento de irregularidades constatadas em correições ou ao exame de algum aspecto da regularidade ou da continuidade dos serviços e atos praticados.

§ 4º. As atas das correições e visitas serão encaminhadas à Corregedoria Geral da Justiça nos prazos que seguem:

I – correição ordinária – até 60 (sessenta) dias após realizada;

II – correição extraordinária ou visita correcional – até 15 (quinze) dias após realizada.

§ 5º. A Corregedoria Geral da Justiça implementará, gradativamente, a correição virtual, com vistas ao controle permanente das atividades subordinadas à sua disciplina.

Art. 7º. A Corregedoria Permanente será exercida pelo juiz a que a normatividade correcional cometer tal atribuição.

§ 1º. O Corregedor Geral da Justiça, com aprovação do Conselho Superior da Magistratura, poderá, por motivo de interesse público ou conveniência da administração, alterar a designação do Corregedor Permanente.

§ 2º. Se não houver alteração no início do ano judiciário, prevalecerão as designações do ano anterior.

Art. 8º. O Juiz Corregedor Permanente efetuará, uma vez por ano, de preferência no mês de dezembro, correição ordinária em todas as serventias, repartições e demais estabelecimentos sujeitos à sua fiscalização correcional, lavrando-se o correspondente termo no livro próprio.

§ 1º. A correição ordinária será anunciada por edital, afixado no átrio do fórum e publicado no Diário da Justiça Eletrônico, com pelo menos quinze dias de antecedência, bem como comunicada à Ordem dos Advogados do Brasil da respectiva subseção.

§ 2º. O Juiz Corregedor Permanente seguirá o termo padrão de correição disponibilizado pela Corregedoria Geral da Justiça.

§ 3º. É dispensada a correição ordinária anual estabelecida no *caput* para os distritos policiais. Prevalecem, contudo, as inspeções mensais nos estabelecimentos penais, nos termos da Resolução CNJ 47/2007.

Art. 9º. Em até 30 (trinta) dias depois de assumir a corregedoria permanente em caráter definitivo, o juiz fará visita correcional às unidades sob sua corregedoria, com o intuito de constatar a regularidade dos serviços, observado o modelo disponibilizado.

§ 1º. A visita correcional independe de edital ou qualquer outra providência e dela se lançará sucinto termo no livro de visitas e correições, no qual também constarão as determinações que o Juiz Corregedor Permanente eventualmente fizer no momento.

§ 2º. Se o juiz assumir a corregedoria permanente em caráter definitivo a partir do mês de novembro, a correição geral ordinária prescindirá da visita correcional.

Art. 10. O escrivão auxiliará o Juiz Corregedor Permanente nas diligências correcionais, facultada a nomeação de escrivão 'ad hoc' entre os demais servidores da unidade.

Art. 11. Durante os serviços correcionais, todos os funcionários da unidade permanecerão à disposição do Corregedor Geral da Justiça, dos Juízes Assessores da Corregedoria Geral ou do Juiz Corregedor Permanente, sem prejuízo de requisição de auxílio externo ou de requisição de força policial.

Art. 12. Os livros e classificadores obrigatórios previstos nestas Normas de Serviço serão submetidos ao Juiz Corregedor Permanente para visto por ocasião das correições ordinárias ou extraordinárias e sempre que forem por este requisitados.

Parágrafo único. No caso de registros controlados exclusivamente pela via eletrônica, os relatórios de pendências gerados pelo sistema informatizado serão vistados pelo juiz.

Art. 13. Os estabelecimentos prisionais e outros destinados ao recolhimento de pessoas, sujeitos à atividade correcional do juízo, serão visitados uma vez por mês (art. 66, inciso VII, da LEP).

§ 1º. Realizará a visita o Juiz Corregedor Permanente ou o juiz a quem, por decisão do Corregedor Geral da Justiça, essa atribuição for delegada.

§ 2º. A inspeção mensal será registrada em termo sucinto no Livro de Visitas e Correições, podendo conter unicamente o registro da presença, sem prejuízo do cadastro eletrônico da inspeção perante o Conselho Nacional de Justiça e, após sua lavratura, cópia será encaminhada à autoridade administrativa da unidade prisional, para arquivamento em livro de folhas soltas.

§ 3º. Ressalvado o afastamento deferido por prazo igual ou superior a trinta dias, ou motivo relevante devidamente comunicado à Corregedoria Geral da Justiça, o Juiz Corregedor Permanente realizará, pessoalmente, as visitas mensais, vedada a atribuição dessa atividade ao juiz que estiver respondendo pela vara por período inferior.

Art. 14. A sistemática prevista no art. 13 não desobriga a visita mensal às Cadeias Públicas, sob responsabilidade tanto dos Juízes de Varas Privativas de Execuções Criminais como daqueles que acumulem outros serviços anexos.

Subseção II
Das Apurações Preliminares, Sindicâncias e Processos Administrativos

Art. 15. As apurações preliminares, as sindicâncias e os processos administrativos relativos ao pessoal das serventias judiciais tramitarão no formato digital e serão instaurados e processados pelos Juízes Corregedores Permanentes a que, na atualidade do procedimento, estiverem subordinados os servidores de que trata o artigo 1º, incisos I e II, do Provimento CSM nº 2.460/2017, alterado pelo Provimento CSM nº 2.496/2019, devendo ser observado o tipo de procedimento disciplinar:

I – Apuração preliminar: quando a infração não estiver suficientemente caracterizada ou definida a autoria. Ao final, poderá ser arquivada ou ensejar a instauração de Sindicância ou Processo Administrativo;

II – Sindicância: quando a falta disciplinar, por sua natureza, possa determinar as penas de repreensão, suspensão ou multa;

III – Processo Administrativo: quando a falta disciplinar, por sua natureza, possa determinar as penas de demissão ou dispensa, demissão ou dispensa a bem do serviço público e cassação de aposentadoria.

§ 1º. Os procedimentos disciplinares previstos nos incisos I, II e III serão instaurados por Portaria, dispensado o registro em livro, com a descrição dos fatos e a identificação do servidor (nome completo, matrícula, cargo e posto de trabalho), exceto nas apurações preliminares em que não houver autoria definida.

§ 2º. Instaurado o procedimento, o Juiz Corregedor Permanente determinará o encaminhamento do ofício de comunicação ao distribuidor, por e-mail institucional e no formato pdf, com as seguintes informações: dados de qualificação do servidor (nome completo, número de inscrição no CPF, endereço residencial ou domiciliar – inclusive CEP) e classe processual de acordo com o procedimento instaurado.

§ 3º. Recebido o ofício, o Distribuidor providenciará o cadastro no sistema informatizado com distribuição por direcionamento, cabendo à Unidade Judicial inserir no processo digital a Portaria devidamente instruída. Em razão da natureza da ação, a anotação de segredo de justiça será gerada automaticamente pelo sistema informatizado na distribuição dos procedimentos disciplinares.

§ 4º. Nos procedimentos disciplinares decorrentes de reclamação apresentada fisicamente, após a instauração e a distribuição do procedimento a Unidade de tramitação digitalizará e juntará as peças devidamente categorizadas no sistema informatizado, concedendo-se o prazo de 45 dias para sua retirada pelo reclamante, sob pena de inutilização, vedado o peticionamento eletrônico inicial.

§ 5º. O Corregedor Geral da Justiça poderá avocar procedimento disciplinar em qualquer fase, ou instaurá-lo originariamente, a pedido ou de ofício, designar Juiz Corregedor Processante para todos os atos pertinentes e atribuir serviços auxiliares a unidade diversa daquela a que estiver vinculado o servidor.

§ 6º. Os prazos relativos a procedimentos disciplinares serão contados em dias corridos e ficarão suspensos no período de 20 de dezembro a 20 de janeiro.

Art. 16. Os Juízes Corregedores Permanentes comunicarão à Corregedoria Geral da Justiça a instauração, a decisão final e as medidas cautelares impostas ou revogadas em qualquer procedimento administrativo de natureza disciplinar, por meio de mensagem eletrônica, com informação do número do processo (e a senha de acesso aos autos digitais derivada de sigilo simples, no caso de instauração) para processamento pela Diretoria da Corregedoria – DICOGE do expediente de acompanhamento das apurações preliminares, sindicâncias e processos administrativos.

Parágrafo único. Qualquer decisão em apuração preliminar, sindicância ou processo administrativo que afete a folha funcional do servidor, como afastamentos e punições aplicadas ou cumpridas, será informada à Secretaria competente da área de recursos humanos (Prov. CSM nº 2.460/2017, art. 6º, parágrafo único, com sua redação dada pelo Prov. CSM nº 2.619/2021).

Art. 16-A. Havendo alteração do posto de trabalho dos servidores a que se refere o artigo 15, com procedimento disciplinar digital em curso, este será redistribuído ao Juiz Corregedor respectivo, observadas as seguintes regras:

I – Se o novo posto de trabalho corresponder a uma das unidades de que trata o artigo 1º, incisos I, II e VI do Provimento CSM nº 2.460/2017, alterado pelo Provimento CSM nº 2.496/2019, os procedimentos disciplinares deverão ser encaminhados ao distribuidor em fila própria para envio à unidade de destino utilizando a funcionalidade de redistribuição, preservando-se o número do processo, os andamentos já inseridos pela unidade de origem e a tramitação digital.

II – Se o novo posto de trabalho corresponder a uma das Unidades de que trata o artigo 1º, incisos III, IV e V do Provimento CSM nº 2.460/2017, alterado pelo Provimento CSM nº 2.496/2019, a Unidade de tramitação deverá materializar, imprimir e encaminhar os procedimentos disciplinares, mediante carga ao distribuidor, que providenciará o envio à Unidade de destino utilizando-se da funcionalidade de movimentação unitária para as anotações necessárias.

Art. 17. Eventuais recursos serão interpostos eletronicamente e, após mantida a decisão, ou reformada parcialmente (art. 312, § 3º, da Lei Estadual nº 10.261/68), remetidos à Corregedoria Geral da Justiça, excepcionalmente por funcionalidade de redistribuição.

Art. 18. Sem prejuízo da atribuição ao Juiz Corregedor Permanente, o Corregedor Geral da Justiça poderá aplicar, originariamente, as sanções cabíveis e, enquanto não prescrita a infração, reexaminar, de ofício ou mediante provocação, decisões absolutórias ou de arquivamento.

....

Capítulo III
DOS OFÍCIOS DE JUSTIÇA EM GERAL
Seção I – Disposições Iniciais

Art. 26. As disposições deste capítulo têm caráter geral e aplicam-se a todos os ofícios de justiça, no que não contrariarem as disposições específicas contidas em capítulo próprio.

Art. 27. Os servidores da justiça darão atendimento prioritário às pessoas portadoras de deficiência, aos idosos, às gestantes, às lactantes e às pessoas acompanhadas por crianças de colo, mediante garantia de lugar privilegiado em filas, distribuição de senhas com numeração adequada ao atendimento preferencial, alocação de espaço para atendimento exclusivo no balcão, ou implantação de qualquer outro sistema que, observadas as peculiaridades existentes, assegure a prioridade.

Art. 27-A. A prioridade de que trata o artigo 27 se aplica às advogadas públicas e privadas, promotoras e procuradoras do Ministério Público gestantes ou lactantes, e a qualquer pessoa com criança de colo, inclusive para preferência nas audiências de primeiro grau de jurisdição e nas sessões de julgamento dos Colégios Recursais, desde que haja requerimento prévio, observada a ordem dos requerimentos e respeitados os demais beneficiários da Lei nº 10.048/2000 que disciplina o atendimento prioritário.

Seção II – Das Atribuições

Art. 28. Atribuir-se-ão aos ofícios de justiça os serviços inerentes à competência das respectivas varas e da Corregedoria Permanente.

Art. 29. Competem aos ofícios de justiça os serviços do foro judicial, atribuindo-se-lhes a numeração ordinal e a denominação da respectiva vara, onde houver mais de uma.

§ 1º. Nas comarcas com mais de uma vara, haverá um ofício ou seção de distribuição judicial, ao qual incumbem os serviços de distribuição e partidoria, e, nos termos da lei, do arquivo geral.

§ 2º. Nas comarcas em que existir uma única vara e um único ofício de justiça, a este competem as atribuições dos serviços de distribuição e partidoria.

....

Seção V – Do Sistema Informatizado Oficial
Subseção I – Disposições Gerais

Art. 46. Os procedimentos de registro e documentação dos processos judiciais e administrativos realizar-se-ão diretamente no sistema informatizado oficial ou em livros e classificadores, conforme disciplina destas Normas de Serviço, e destinam-se:

I – à preservação da memória de dados extraídos dos feitos e da respectiva movimentação processual;

II – ao controle dos processos, de modo a garantir a segurança, assegurar a pronta localização física, verificar o andamento e permitir a elaboração de estatísticas e outros instrumentos de aprimoramento da prestação jurisdicional.

Art. 47. Os servidores dos ofícios de justiça deverão se adaptar continuamente às evoluções do sistema informatizado oficial, utilizando plenamente as funcionalidades disponibilizadas para a realização dos atos pertinentes ao serviço (emissão de certidões, ofícios, mandados, cargas de autos etc.).

Parágrafo único. Para efeito de divisão do trabalho entre os escreventes técnicos judiciários, oficiais de justiça e juízes, e outras providências necessárias à ordem do serviço, o sistema informatizado atribuirá a cada processo distribuído um número de controle interno da unidade judicial, sem prejuízo do número do processo (número do protocolo que seguirá série única).

Art. 48. Iniciada a operação do SAJ/PG, de utilização obrigatória pelas varas e ofícios de justiça, serão excluídos todos os programas eventualmente em uso.

Subseção II – Da Segurança do Sistema

Art. 49. Os níveis de acesso às informações e o respectivo credenciamento (senha) dos funcionários, para operação do SAJ/PG, serão estabelecidos em expediente interno pela Corregedoria Geral da Justiça, com a participação da Secretaria de Tecnologia da Informação – STI.

§ 1º. É vedado ao funcionário credenciado ceder a respectiva senha ou permitir que outrem, funcionário ou não, use-a para acessar indevidamente o sistema informatizado.

§ 2º. Os escrivães judiciais comunicarão prontamente à STI as alterações no quadro funcional da unidade, para o processamento da revogação ou novo credenciamento.

Art. 50. As alterações, exclusões e retificações feitas de modo geral nos dados registrados pelo sistema serão definidas por níveis de criticidade, cujo acesso a Corregedoria Geral da Justiça estabelecerá. Os dados retificados, alterados ou excluídos serão conservados pelo sistema e todas as operações realizadas vinculadas ao usuário que as realiza.

Art. 51. Os escrivães judiciais do serviço de distribuição e dos ofícios de justiça realizarão auditoria semanal no sistema, de acordo com os níveis de criticidade definidos, comunicando à Corregedoria Geral da Justiça qualquer irregularidade.

Subseção III – Do Cadastramento, Movimentação e Controle Eletrônico de Processos e Incidentes Processuais

Art. 52. Os distribuidores e os ofícios de justiça deverão, no sistema informatizado oficial, observadas suas respectivas atribuições:

I – cadastrar todos os feitos distribuídos ao respectivo juízo;

II – anotar a movimentação e a prática dos atos processuais (citações, intimações, juntadas de mandados e respectiva data, termos, despachos, cargas, sentenças, remessas à instância superior para recurso, entrega ou remessa de autos que não importem em devolução etc.);

III – consignar os serviços administrativos pertinentes (desarquivamentos, inutilização ou destruição de autos etc.).

Art. 53. A inserção de dados no sistema informatizado oficial será a mais completa e abrangente possível, de modo que todas as ocorrências do processo físico constem do ambiente virtual, formando banco de dados que servirá de memória permanente.

§ 1º. O cadastro conterá as principais informações a respeito do processo, de modo a individualizá-lo com exatidão (qualificação das partes e de eventuais representantes, advogados e os respectivos números de inscrição na OAB, valor da causa, objeto da ação.

§ 2º. As anotações de movimentação processual devem ser fidedignas, claras e atualizadas, de forma a refletir o atual estado do processo e a garantir a utilidade do sistema.

§ 3º. O arquivamento dos autos será precedido da conferência e eventual atualização do cadastro, para que nele figurem os dados necessários à extração de certidão.

Art. 54. Constarão do sistema informatizado:

I – nos processos cíveis, de família e sucessões, da fazenda pública, da infância e juventude, de acidentes do trabalho e do juizado especial cível: o número do processo; o nome e a qualificação do autor e do réu; a natureza do feito; a data da distribuição; o número, livro e folhas do registro da sentença, quando adotado; o inteiro teor de pronunciamentos judiciais (despachos, decisões interlocutórias, sentenças e acórdãos); anotações sobre recursos; a data do trânsito em julgado; o arquivamento (data e caixa) e outras observações que se entenderem relevantes;

II – nos processos criminais, do júri e do juizado especial criminal: o número do processo; o nome e qualificação do réu; a data do fato; a data do recebimento ou rejeição da denúncia; o artigo de lei em que o réu foi incurso; a data da suspensão do processo (art. 366 do Código de Processo Penal e juizado especial criminal); a data da prisão; o número, livro e folhas do registro da sentença, quando adotado; o inteiro teor de pronunciamentos judiciais (despachos, decisões interlocutórias, sentenças e acórdãos); anotações sobre recursos; a data da decisão confirmatória da pronúncia; a data do trânsito em julgado; a data da expedição da guia de recolhimento, de tratamento ou de internação; o arquivamento (data e caixa) e outras observações que se entenderem relevantes;

III – nos processos de execução criminal: o nome e qualificação do sentenciado, com a filiação e sempre que possível o número do RG; as guias de recolhimento registradas, a discriminação das penas impostas em ordem sequencial; os incidentes de execução da pena; anotações sobre recursos; o inteiro teor dos julgamentos; as progressões de regime; o cadastro de comparecimento de albergados; os benefícios concedidos; as remições de pena e outras observações que se entenderem relevantes;

IV – nas cartas precatórias, especialmente: indicação completa do juízo deprecante, com número do processo de origem conforme padrão estabelecido pela Resolução nº 65 do CNJ, da natureza da ação e da diligência deprecada.

§ 1º. Todos os litisconsortes, intervenientes e terceiros interessados, bem como seus respectivos representantes, serão cadastrados.

§ 2º. Não será admitida exclusão de parte no processo, procedendo-se à sua baixa, quando necessário.

Art. 55. A qualificação das partes será lançada no sistema informatizado oficial da forma mais completa possível, com os seguintes dados disponíveis nas postulações iniciais ou intermediárias:

I – em relação às partes nos procedimentos cíveis e aos autores de ação penal privada:

a) se pessoa natural, o nome completo, o número de inscrição no CPF, nacionalidade, o estado civil, a profissão, bem como o endereço residencial ou domiciliar completo, inclusive CEP;

b) se pessoa jurídica ou assemelhada, sua firma ou denominação, o número de inscrição no CNPJ e o endereço da sede, inclusive CEP;

II – em relação aos acusados em ações penais públicas ou privadas:

a) se pessoa natural, o nome completo, a filiação, a data de nascimento, nacionalidade, naturalidade, sexo, cor, estado civil, profissão, o endereço completo da residência e trabalho, ou dos locais em que o réu possa ser encontrado, acompanhados do respectivo CEP, bem como, se houver, o número de inscrição no CPF, o número do RG, o número do RGC (disponível na folha de antecedentes do réu), além de outros nomes e alcunhas utilizadas pelo acusado;

b) se pessoa jurídica ou assemelhada, sua firma ou denominação, o número de inscrição no CNPJ, e o endereço da sede, inclusive CEP.

§ 1º. Quaisquer outros dados de qualificação que auxiliem na precisa identificação das partes (RG, título de eleitor, nome da mãe também serão lançados no sistema informatizado oficial.

§ 2º. Incumbirá aos distribuidores e aos ofícios de justiça o cadastramento dos dados constantes das petições iniciais.

§ 3º. As vítimas identificadas na denúncia ou queixa, e também as testemunhas de processo criminal – sejam estas de acusação, defesa ou comuns –, terão suas qualificações lançadas no sistema informatizado oficial, exceto quando, ao darem conta de coação ou grave ameaça, após deferimento do juiz, pedirem para não haver identificação de seus dados de qualificação e endereço.

Art. 56. Os dados obrigatórios previstos no art. 55 serão apresentados pelos requerentes, na petição inicial, e pelos requeridos, na primeira oportunidade de postulação em juízo (contestação, juntada de procuração, pedido de vista, defesa preliminar, pedido de revogação de prisão preventiva etc.).

§ 1º. Não se impõe a obrigação prevista neste artigo:

I – para as ações nas quais essas exigências comprometam o acesso à Justiça, conforme prudente arbítrio do juiz a quem for distribuído o feito;

II – quando a parte não estiver inscrita no CPF ou CNPJ, caso em que deverá firmar declaração expressa nesse sentido, respondendo pela veracidade da afirmação.

§ 2º. Em qualquer hipótese prevista no § 1º, caberá às partes o fornecimento de outros dados conducentes à sua perfeita individualização (por exemplo, RG, título de eleitor, filiação etc.), para que o ofício de justiça efetue o devido cadastramento.

Art. 57. Nos ofícios de justiça, o registro e controle da movimentação dos feitos realizar-se-ão exclusivamente pelo sistema informatizado oficial, vedadas a elaboração de fichário por nome de autor e a utilização de fichas individuais materializadas em papel ou constantes de outros sistemas informatizados.

§ 1º. Os ofícios de justiça conservarão as fichas que compõem o fichário por nome de autor, até então materializadas em papel, podendo inutilizá-las desde que todos os dados que delas constem sejam anotados no sistema, de forma a possibilitar a extração de certidões.

§ 2º. As fichas individuais serão encerradas e mantidas em local próprio no ofício de justiça, até a extinção dos processos a que se referem, e serão grampeadas na contracapa dos autos, por ocasião de seu arquivamento, podendo, no entanto, ser inutilizadas desde que anotados no sistema informatizado oficial todos os dados que delas constem de forma a possibilitar a extração de certidões.

§ 3º. O procedimento de inutilização das fichas em nome do autor e das fichas individuais será realizado no âmbito e sob a responsabilidade do Juiz Corregedor Permanente, o qual verificará a pertinência da medida, a presença de registro eletrônico de todas as fichas, conservação dos documentos de valor histórico, a segurança de todo o processo em vista das informações contidas nos documentos e demais providências administrativas correlatas.

Art. 58. As cartas precatórias serão cadastradas no sistema informatizado seguindo as mesmas regras dos processos comuns, consignando-se, ainda, a indicação completa do juízo deprecante, e não apenas da comarca de origem, os nomes das partes, a natureza da ação e a diligência deprecada.

Parágrafo único. As movimentações pertinentes, como a devolução à origem ou o retorno para novas diligências, e respectivas datas, também serão anotadas no sistema.

Art. 59. A extinção do processo, em caso de improcedência total da demanda, por força do acolhimento de impugnação do devedor (art. 1.015, parágrafo único, do CPC) ou em razão da estabilização da tutela (art. 304 do CPC), e a extinção do processo de execução, por força de procedência de embargos de devedor, serão cadastradas no sistema diretamente pelo ofício de justiça assim que as respectivas sentenças transitarem em julgado (ou quando retornarem de superior instância com trânsito em julgado). No mais, a extinção será cadastrada apenas quando encerrado definitivamente o processo, nada restando a ser deliberado ou cumprido pelo ofício de justiça (sentença ou acordo), considerando-se isoladamente, para tanto, a ação principal, a ação declaratória incidental, a oposição, os embargos de devedor (à execução, à execução fiscal, à adjudicação, à alienação ou à arrematação) e os embargos de terceiro.

Art. 60. A entrega definitiva dos autos de notificação, interpelação, protesto ou produção antecipada de provas, quando os processos ainda tramitarem sob a forma física, será cadastrada pelo ofício de justiça, no sistema informatizado, em campos distintos, observada a permanência em cartório durante 1 (um) mês para extração de cópias e certidões pelos interessados no caso de produção antecipada de prova.

Art. 61. Compete aos ofícios de justiça:

I – cadastrar diretamente no sistema informatizado oficial qualquer dos dados constantes dos arts. 54 e 55, quando forem conhecidas, necessitarem de retificação ou sofrerem alteração após a distribuição;

II – na hipótese de expedição de certidão de homonímia, a inserção, no sistema informatizado oficial, dos eventuais dados de qualificação ainda não lançados no sistema, também certificando a adoção dessa providência no documento;

III – cadastrar, no sistema informatizado oficial, a decretação do segredo de justiça, a concessão da justiça gratuita, o deferimento da tramitação prioritária do processo (idosos, pessoa com deficiência, portadores de doenças graves), ou o reconhecimento de qualquer benefício processual a alguma das partes;

IV – proceder às alterações devidas no sistema, na hipótese de determinação judicial de retificação do procedimento da ação para ordinário ou sumário.

§ 1º. Na hipótese constante do inciso II deste artigo, tratando-se de feito não cadastrado, a providência será precedida de específico cadastramento.

§ 2º. O segredo de justiça poderá, ainda, ser gerado automaticamente pelo sistema informatizado, a depender da natureza da ação.

Art. 62. Quando a mesma parte estiver vinculada a processos que tramitam em outros ofícios de justiça, as eventuais retificações de seus dados não serão aplicadas aos feitos de outro juízo.

Seção VI – Dos Livros e Classificadores Obrigatórios

Subseção I – Dos Livros Obrigatórios

Art. 63. Os ofícios de justiça em geral possuirão os seguintes livros:

I – Visitas e Correições;

II – Protocolo de Autos e Papéis em Geral;

III – (Revogado);

IV – Registro de Feitos Administrativos (sindicâncias, procedimentos disciplinares, representações, etc.);

V – Registro das decisões terminativas proferidas em feitos administrativos;

VI – pertinentes à Corregedoria Permanente, previstos no art. 23, quando for o caso e no que couber.

Art. 64. Os Ofícios de Justiça manterão também:

I – Livro de Cargas de Mandados, salvo se as respectivas varas forem atendidas pelas Seções Administrativa de Distribuição de Mandados;

II – controle, pela utilização de livros de folhas soltas ou outro meio idôneo, da remessa e recebimento de feitos aos Tribunais, até que seja implementado no sistema informatizado oficial o controle eletrônico;

III – controle do horário de entrada e saída por intermédio do livro ponto ou do relógio mecânico, caso existam servidores não cadastrados no sistema de ponto biométrico;

IV – Livro de Registro Geral de Feitos, com índice, se não estiverem integrados ao sistema informatizado oficial;

V – Livro de Registro de Sentença, salvo se cadastrada no sistema informatizado oficial, com assinatura digital ou com outro sistema de segurança aprovado pela Corregedoria Geral da Justiça e que também impeça a sua adulteração.

Art. 65. Nos ofícios de justiça integrados ao sistema informatizado oficial, os registros de remessa e recebimento de feitos e petições formalizar-se-ão exclusivamente pelas vias eletrônicas.

Art. 66. Os livros em geral, inclusive de folhas soltas, serão abertos, numerados, autenticados e encerrados pelo escrivão judicial, sempre na mesma oportunidade, podendo ser utilizado, para este fim, processo mecânico de autenticação previamente aprovado pelo Juiz Corregedor Permanente, vedada a substituição de folhas.

Parágrafo único. As folhas soltas, uma vez completado o uso, serão imediatamente encaminhadas para encadernação.

Art. 67. O Livro Eletrônico de Visitas e Correições será formado a partir do cadastro e distribuição do expediente administrativo digital. Nele serão armazenadas as atas de visitas e correições, conforme padrão estabelecido pela Corregedoria Geral da Justiça. As atas serão assinadas pelo Juiz Corregedor Permanente, pelo Escrivão Judicial e demais servidores da Unidade.

§ 1º. Efetuado o cadastro e a distribuição do expediente administrativo digital, o Livro de Visitas e Correições físico deverá ser encerrado, mediante o lançamento de certidão pelo Escrivão Judicial e mantido na Unidade para consulta.

§ 2º. Faculta-se a digitalização do conteúdo dos livros físicos de visitas e correições e a sua inserção no expediente administrativo, lançando-se certidão pormenorizada.

§ 3º. Após a digitalização e inserção do conteúdo dos livros físicos de visitas e correições no expediente administrativo digital, o suporte físico permanecerá na Unidade Judicial ou Administrativa pelo prazo de 2 (dois) anos, podendo ser inutilizado, desde que observadas as diretrizes relacionadas ao descarte seguro dos materiais.

§ 4º. Sempre que houver alteração do Magistrado designado para Corregedoria Permanente da Unidade Administrativa, o expediente administrativo digital deverá ser redistribuído por direcionamento à Vara presidida pelo atual Juiz Corregedor Permanente.

Art. 68. O Livro Protocolo de Autos e Papéis em Geral, com tantos desdobramentos quantos recomendem a natureza e o movimento do ofício de justiça, destina-se ao registro da entrega ou remessa, que não impliquem devolução e, excepcionalmente, para o uso estabelecido no artigo 69, § 3º.

Art. 69. A carga e descarga de autos entre os usuários internos do sistema informatizado oficial serão feitas eletronicamente e controladas exclusivamente por intermédio do sistema, onde serão registrados, obrigatoriamente, no campo próprio, o envio, o recebimento e a devolução, com indicação de data e de usuário responsável por cada ato.

§ 1º. Para os usuários externos (Ministério Público, Defensoria Pública, Procuradorias, etc.) as cargas serão efetuadas no sistema informatizado e terão recebimento automático, devendo ser impresso relatório da carga em duas vias para que haja o lançamento efetivo do recebimento pelo destinatário, com posterior arquivamento no classificador previsto no artigo 75, inciso VII ou juntada aos autos, na forma do art. 162.

§ 2º. Poderá o juiz indicar servidor autorizado a receber no sistema informatizado as cargas de autos remetidos à conclusão.

§ 3º. Em caso de indisponibilidade do sistema informatizado as cargas serão registradas no Livro Protocolo de Autos e Papéis em Geral (artigo 63, inciso II). Restabelecido o sistema, será feito o registro da carga no sistema para controle, anotando-se no livro.

Art. 70. O Livro de Carga de Mandados poderá ser desdobrado em número equivalente ao dos oficiais de justiça em exercício, destinando-se um para cada qual.

Parágrafo único. Serão também registradas no Livro de Carga de Mandados as petições que, por despacho judicial, sirvam como tal.

Art. 71. Todas as cargas receberão as correspondentes baixas, assim que restituídos os autos ou mandados, na presença do interessado, sempre que possível ou por este exigido.

Parágrafo único. Quando não utilizada a carga eletrônica, será lançada certidão nos autos, mencionado a data da carga e da restituição, de acordo com os assentamentos do livro protocolo.

Art. 72. O Livro Registro de Sentenças formar-se-á pelas vias emitidas para tal fim, numeradas em série anual renovável (1/80, 2/80, 3/80, ... , 1/82, 2/82 etc.) e autenticadas pelo escrivão judicial, o qual certificará sua correspondência com o teor da sentença constante dos autos.

§ 1º. O registro previsto neste artigo far-se-á em até 5 (cinco) dias após a baixa dos autos em cartório pelo juiz.

§ 2º. A decisão relativa a embargos de declaração e a que liquidar sentença condenatória cível, proferida no âmbito do Poder Judiciário do Estado de São Paulo, serão averbadas ao registro da sentença embargada ou liquidada, com utilização do sistema informatizado.

§ 3º. A decisão que liquidar outros títulos executivos judiciais (por exemplo, a sentença penal condenatória) será registrada no livro de registro de sentença, porquanto impossível, neste caso, a averbação.

§ 4º. Todas as sentenças terão seu teor integralmente registrado no sistema informatizado oficial e no livro tratado neste artigo.

§ 5º. O registro da sentença, com indicação do número de ordem, do livro e da folha em que realizado o assento, será certificado nos autos, na última folha da sentença registranda.

§ 6º. As sentenças cadastradas no sistema informatizado oficial com assinatura digital ficam dispensadas da funcionalidade do registro, bem como da elaboração de livro próprio e da certidão prevista no § 5º deste artigo.

§ 7º. Aplicam-se as disposições deste artigo, no que couber, às decisões terminativas proferidas em feitos administrativos.

§ 8º. Registra-se como sentença a decisão que extingue o processo em que houve estabilização da lide, na forma do artigo 304 do Código de Processo Civil.

Art. 73. Manter-se-á rigoroso controle sobre os livros em geral, incumbindo- se o Juiz Corregedor Permanente de coibir eventuais abusos ou excessos.

Art. 74. Os livros em andamento ou findos serão bem conservados, em local adequado e seguro dentro do ofício de justiça, devidamente ordenados e, quando for o caso, encadernados, classificados ou catalogados.

§ 1º. O desaparecimento e a danificação de qualquer livro serão comunicados imediatamente ao Juiz Corregedor Permanente. A sua restauração será feita desde logo, sob a supervisão do juiz e à vista dos elementos existentes.

§ 2º. Após revisados e decorridos 2 (dois) anos do último registro efetuado, os livros de cargas de autos e mandados, desde que reputados sem utilidade para conservação em arquivo pelo escrivão judicial, poderão ser inutilizados, mediante prévia autorização do Juiz Corregedor Permanente. A autorização consignará os elementos indispensáveis à identificação do livro, e será arquivada em classificador próprio, com certidão da data e da forma de inutilização.

Subseção II – Dos Classificadores Obrigatórios

Art. 75. Os ofícios de justiça possuirão os seguintes classificadores:

I – para atos normativos e decisões da Corregedoria Permanente, com índice por assunto;

II – para cópias de ofícios expedidos;

III – para ofícios recebidos;

IV – para GRD – guias de recolhimento de diligências do oficial de justiça;

V – (revogado);

VI – (revogado);

VII – para relatórios de cargas eletrônicas;

VIII – para petições e documentos desentranhados e para petições que não sejam passíveis de juntada aos autos;

IX – para autorizações e certidões de inutilização de livros e classificadores obrigatórios.

Art. 76. Os atos normativos, decisões e comunicados do Conselho Superior da Magistratura e da Corregedoria Geral da Justiça de interesse do ofício de justiça serão arquivados e indexados, com índice por assunto, mediante utilização do sistema informatizado, facultada a manutenção de classificadores próprios.

Art. 77. O classificador referido no inciso II do art. 75 destina-se ao arquivamento, em ordem cronológica, das cópias de ofícios que não se refiram a feito do próprio ofício de justiça.

§ 1º. Esse classificador será aberto com folha(s) para o registro de todos os ofícios, com numeração sequencial e renovável anualmente, na(s) qual(is) consignar-se-ão, ao lado do número de registro, o número do processo ou a circunstância de não se referir a nenhum feito e o destino.

§ 2º. No presente classificador poderão ser arquivados os respectivos recibos de correspondência, se for o caso.

Art. 78. Os ofícios e mensagens eletrônicas expedidos e recebidos, mencionados nos incisos II, III e VI do art. 75, serão conservadas pelo prazo de 1 (um) ano, a partir da data de expedição ou do recebimento pelo ofício de justiça.

Paragrafo único. Decorrido o prazo estabelecido, e desde que reputados sem utilidade para conservação pelo escrivão judicial, serão inutilizados, mediante a autorização do Juiz Corregedor Permanente, nos termos do § 2º do art. 74.

Art. 79. As guias de recolhimento de diligências do oficial de justiça serão conservadas pelo prazo mínimo de dois anos contados do arquivamento, aplicando-se, quanto à inutilização, o disposto no do § 2º do art. 74.

Seção VII – Da Escrituração

Art. 80. Na lavratura de atos, termos, requisições, ordens, autorizações, informações, certidões ou traslados, que constarão de livros, autos de processo, ou papéis avulsos, excluídas as autuações e capas, serão observados os seguintes requisitos:

I – o papel utilizado terá fundo inteiramente branco ou ser reciclado, salvo disposição expressa em contrário;

II – a escrituração será sempre feita em vernáculo, preferencialmente por meio eletrônico, com tinta preta ou azul, indelével;

III – os numerais serão expressos em algarismos e por extenso;

IV – os espaços em branco e não aproveitados, nos livros e autos de processo, serão inutilizados;

V – as assinaturas deverão ser colhidas imediatamente após a lavratura do ato ou termo, e identificadas com o nome por extenso do signatário.

Art. 81. Na escrituração serão evitadas as seguintes práticas:

I – entrelinhas, erros de digitação, omissões, emendas, rasuras ou borrões;

II – anotações de "sem efeito";

III – anotações a lápis nos livros e autos de processo, mesmo que a título provisório.

§ 1º. Na ocorrência das irregularidades previstas no inciso I, far-se-ão as devidas ressalvas, antes da subscrição do ato, de forma legível e autenticada.

§ 2º. As anotações previstas no inciso II, quando estritamente necessárias, sempre serão datadas e autenticadas com a assinatura de quem as haja lançado nos autos.

Art. 82. Na escrituração é vedada:

I – a utilização de borracha ou raspagem por outro meio mecânico, bem como a uso de corretivo, detergente ou outro meio químico de correção;

II – a assinatura de atos ou termos em branco, total ou parcialmente;

III – a utilização de abreviaturas, abreviações, acrônimos, siglas ou símbolos, excetuando-se as formas consagradas pelo Vocabulário Ortográfico da Língua Portuguesa da Academia Brasileira de Letras, as adotadas por órgãos oficiais e as convencionadas por determinada área do conhecimento humano;

IV – a utilização de chancela, ou de qualquer recurso que propicie a reprodução mecânica da assinatura do juiz.

Art. 83. A escrituração de termos, atos e papéis em geral observará os critérios da clareza, objetividade e síntese, sem descuidar da perfeita individualização de pessoas, fatos ou coisas, quando necessária.

§ 1º. A qualificação das pessoas trará os elementos necessários à sua identificação:

I – tratando-se de pessoa física, constarão o nome completo e o número de inscrição no CPF ou o número do RG ou, faltante este último, a filiação, sem prejuízo de outros dados que auxiliem na sua identificação;

II – tratando-se de pessoa jurídica, constarão a firma ou denominação, o número de inscrição no CNPJ e o endereço da sede, sem prejuízo de outros dados que auxiliem na sua identificação.

§ 2º. Nos ofícios e cartas precatórias expedidas, constarão a comarca, a vara e o endereço completo do Fórum remetente, inclusive com o número do código de endereçamento postal (CEP), telefone e o correio eletrônico (e-mail) institucional.

Art. 84. Os instrumentos de ordens, requisições, precatórias, ofícios e autorizações judiciais, bem como dos demais atos e termos processuais (sentenças, decisões e despachos), conterão, de forma legível, o nome completo, o cargo ou função da autoridade judiciária e dos servidores que os lavrem, confiram e subscrevam, a fim de se permitir a rápida identificação.

§ 1º. O escrivão certificará a autenticidade da firma do juiz que subscreveu o documento, indicando-lhe o nome, o cargo e o exercício no juízo, nas seguintes hipóteses:

I – na expedição de alvarás de soltura, mandados ou contramandados de prisão, requisições de preso e demais atos para os quais a lei exige certificação de autenticidade;

II – quando houver dúvida sobre a autenticidade da firma.

§ 2º. Nos ofícios de justiça contemplados com sistema informatizado oficial, que permita a utilização da ferramenta consistente na assinatura por certificação digital, dispensa-se a certificação de autenticidade da assinatura do juiz.

Art. 85. Os mandados, as cartas postais, os ofícios gerais de comunicação, expedidos em cumprimento de ato judicial, em não havendo determinação do juiz em sentido contrário, serão assinados pelos escrivães, declarando que o fazem por ordem do juiz.

§ 1º. A subscrição do juiz é obrigatória quando:

I – a lei ou estas Normas de Serviço expressamente o exigirem (por exemplo, busca e apreensão cautelar, prisão, contramandado de prisão e alvará de soltura, alvarás em geral, levantamento de depósito judicial, ordem de arrombamento explícita ou implícita;

II – houver determinação de desconto de pensão alimentícia;

III – os documentos ou papéis forem dirigidos a autoridades (por exemplo, membros do Poder Judiciário, do Ministério Público e do Poder Legislativo; chefe do Poder Executivo; Delegados de Polícia; Comandantes da Polícia Militar e das Forças Armadas).

§ 2º. A emissão de cartas postais, considerada inclusive a expedição por meio eletrônico, independerão da assinatura do escrivão ou escreventes, desde que do documento conste o nome e o cargo do funcionário emitente, inexista determinação do juiz em sentido contrário, a hipótese não se enquadre nas disposições contidas no § 1º deste artigo e seja observado o disposto no parágrafo único do art. 94.

Art. 86. As disposições previstas nesta seção, relativas à escrituração em meio físico, aplicam-se, no que couber, à escrituração no sistema informatizado oficial, especialmente:

I – no cadastramento de dados;

II – na movimentação processual;

III – na lavratura e expedição de documentos, sejam ou não juntados a autos de processo.

Seção VIII – Da Ordem dos Serviços dos Processos em Geral

Subseção I – Da Autuação, Abertura de Volumes e Numeração de Feitos

Art. 87. Ao receber a petição inicial ou a denúncia, o ofício de justiça providenciará, em 24 (vinte e quatro) horas, a autuação, nela afixando a etiqueta que, gerada pelo sistema informatizado e oriunda do distribuidor, atribui número ao processo e traz outros dados relevantes (juízo, natureza do feito, nomes das partes, data etc.).

Parágrafo único. É dispensada a lavratura de certidão, no interior dos autos, da autuação e do registro do processo.

Art. 88. O ofício de justiça afixará nas autuações tarjas coloridas, na posição horizontal, para assinalar situações especiais descritas nestas Normas de Serviço.

Art. 89. Os autos de processos não excederão de 200 (duzentas) folhas em cada volume, salvo determinação judicial expressa em contrário ou para manter peça processual com seus documentos anexos, podendo, nestes casos, ser encerrado com mais ou menos folhas.

§ 1º. O encerramento e a abertura dos novos volumes serão certificados em folhas regularmente numeradas, prosseguindo-se a numeração sem solução de continuidade no volume subsequente.

§ 2º. A numeração ordinal indicativa de novos volumes será destacada nas respectivas autuações e anotada na autuação do primeiro volume.

Art. 90. Nos feitos antecedidos por procedimentos preparatórios, a peça inaugural (petição inicial de ação civil pública, representação em procedimento afeto à área infracional da infância e juventude, denúncia em ação penal pública etc.) terá numeração própria, apondo-se o número da folha, seguido da letra "i" (1-i; 2-i; 3-i...), de tal forma que a numeração dos mencionados procedimentos preparatórios (inquéritos civis, comunicações de atos infracionais, inquéritos policiais seja sempre aproveitada integralmente.

Art. 91. Os escrivães judiciais ou, sob sua supervisão, os escreventes zelarão pela correta numeração das folhas dos autos.

§ 1º. Em caso de erro na numeração, certificar-se-á a ocorrência, sendo vedada a renumeração.

§ 2º. Na hipótese de numeração repetida, acrescentar-se-á apenas uma letra do alfabeto, em sequência (188-a, 188-b, 188-c etc.), certificando-se.

Subseção II – Da Recepção e Juntada de Petições, Dos Atos e Termos Judiciais e Das Cotas nos Autos

Art. 92. É vedado aos ofícios de justiça receber e juntar petições que não tenham sido encaminhadas pelo setor de protocolo, salvo:

I – quanto às petições de requerimento de juntada de procuração ou de substabelecimento apresentadas pelo interessado diretamente ao ofício de justiça, caso em que o termo de juntada mencionará esta circunstância;

II – quando houver, em cada caso concreto, expressa decisão fundamentada do juiz do feito dispensando o protocolo no setor próprio.

Art. 93. Por ocasião da juntada de petições e documentos (ofícios recebidos, laudos, mandados, precatórias etc.), lavrar-se-á o respectivo termo de juntada.

§ 1º. Para a juntada, na mesma oportunidade, de duas ou mais petições ou documentos, será confeccionado um único termo de juntada com a relação das peças.

§ 2º. É vedado o lançamento do termo de juntada na própria petição ou documento a serem encartados aos autos.

§ 3º. Recebidas petições via fac-símile ou por correio eletrônico (e-mail) diretamente no ofício de justiça ou na vara, será imediatamente lançado número de protocolo no corpo do documento, para oportuno controle dos prazos previstos no *caput* e parágrafo único do art. 2º da Lei Federal nº 9.800, de 26.05.1999.

§ 4º. Recebida petição inicial ou intermediária acompanhada de objetos de inviável entranhamento aos autos do processo, o escrivão deverá conferir, arrolar e quantificá-los, lavrando certidão, sempre que possível na presença do interessado, mantendo-os sob sua guarda e responsabilidade até encerramento da demanda.

Art. 94. Todos os atos e termos do processo serão certificados nos autos e anotados no sistema informatizado oficial.

Parágrafo único. Dispensa-se a certificação e anotação de que trata o *caput* com relação à emissão de documento que passe a fazer imediatamente parte integrante dos autos (ofícios expedidos, mandados etc.), por original ou por cópia, rubricado pelo emitente. A data constante do documento deverá corresponder à de sua efetiva emissão.

Art. 95. Ressalvado o disposto no art. 140, é vedado o lançamento de termos no verso de petições, documentos, guias etc., devendo ser usada, quando necessária, outra folha, com inutilização dos espaços em branco.

Art. 96. São vedados o lançamento de cotas marginais ou interlineares nos autos, a prática de sublinhar palavras à tinta ou a lápis, ou o emprego de expressões injuriosas nos escritos apresentados no processo, incumbindo ao serventuário, ao constatar a irregularidade, comunicá-la imediatamente ao juiz.

Subseção III – Da Movimentação dos Autos

Art. 97. Deverá ser feita conclusão dos autos no prazo de 1 (um) dia e executados os atos processuais no prazo de 5 (cinco) dias.

§ 1º. Os juízes atenderão, preferencialmente, à ordem cronológica de conclusão para proferir sentença ou acórdão

§ 2º. O escrivão atenderá, preferencialmente, a ordem cronológica de recebimento para publicação e efetivação dos pronunciamentos judiciais.

§ 3º. Serão considerados para fins do que dispõe o art. 12 do Código de Processo Civil os processos físicos com movimentação "Conclusos para Sentença".

Art. 98. Constarão dos termos de movimentação dos processos a data do efetivo encaminhamento dos autos e, sempre que possível, os nomes, por extenso, dos juízes, representantes do Ministério Público, advogados ou daqueles a quem se refiram.

§ 1º. São vedados, sob qualquer pretexto, termos de conclusão ou de vista sem data ou, ainda, a permanência dos autos em cartório depois de assinados os respectivos termos.

§ 2º. Nenhum processo será entregue com termo de vista, a promotor de justiça ou advogado, sem prévia assinatura no relatório de carga eletrônica, e correspondente andamento no sistema informatizado, ou no livro protocolo.

§ 3º. Todas as conclusões ao juiz serão anotadas no sistema informatizado, acrescendo-se a carga, em meio físico ou eletrônico, somente quanto aos autos conclusos que não receberem despacho ou não forem sentenciados até o final do expediente do dia.

§ 4º. Se o juiz se recusar a assinar, consignar-se-á essa ocorrência no assentamento da carga.

§ 5º. A conclusão dos autos ao juiz será efetuada diariamente, sem limitação de número.

Art. 99. Nenhum processo permanecerá paralisado em cartório, além dos prazos legais ou fixados, ou ficará sem andamento por mais de 30 (trinta) dias, no aguardo de diligências (informações, respostas a ofícios ou requisições, providências das partes etc.).

Parágrafo único. Decorrido o prazo de 30 (trinta) dias, o ofício de justiça reiterará a diligência uma única vez e, em caso de não atendimento, será aberta conclusão ao juiz, para as providências cabíveis.

Subseção IV – Do Controle de Prazos

Art. 100. O escrivão judicial manterá rigoroso controle sobre os prazos dos processos, adotando o seguinte procedimento:

I – em todos os ofícios de justiça, o controle dos prazos dos processos será efetuado mediante o uso de escaninhos numerados de 01 a 31, correspondentes aos dias do mês, nos quais os autos serão acondicionados de acordo com a data de vencimento do prazo que estiver fluindo;

II – os prazos serão verificados diariamente, de acordo com as datas de vencimento, certificando-se o decurso para adoção das providências cabíveis;

III – nos escaninhos, os autos dos processos serão acondicionados na posição vertical, em ordem numeral crescente, de forma a permitir rápida localização e perfeita identificação e visualização;

IV – serão acondicionados nos escaninhos de prazo os autos dos processos que aguardam o cumprimento de diligências (cumprimento e devolução de cartas precatórias, respostas a ofícios expedidos, cumprimento de mandados, realização de inspeções e perícias etc.);

V – mensalmente, até o décimo dia do mês subsequente ou útil seguinte, o escrivão relacionará os procedimentos e processos em que há réu preso, por prisão em flagrante, temporária ou preventiva, bem como adolescente internado provisoriamente, em razão da prática de ato infracional, indicando seu nome, filiação, número do processo, data e natureza da prisão, unidade prisional, data e conteúdo do último movimento processual, enviando relatório à Corregedoria Geral da Justiça;

VI – sem prejuízo da observância do art. 99, os inquéritos e processos de réu preso e adolescentes internados provisoriamente, paralisados em seu andamento há mais de 3 (três) meses, serão levados à análise do juiz, que informará à Corregedoria Geral da Justiça por meio de relatório.

§ 1º. Para guarda dos processos nos escaninhos do prazo, será incluído, no cálculo da data de vencimento, o interregno de tempo para recebimento das petições do protocolo integrado, a ser fixado entre 15 (quinze) e 30 (trinta) dias, de acordo com o fluxo de entrega normalmente observado na comarca.

§ 2º. Faculta-se aos ofícios de justiça a manutenção de escaninhos destinados a acondicionar autos de processos que aguardam a publicação de despachos e sentenças no Diário da Justiça Eletrônico (imprensa já remetida), organizados por data de remessa, bem como escaninhos destinados a autos de processos que aguardam a realização de audiências, desde que inteiramente cumpridos, organizados por data.

§ 3º. Os autos dos processos em que houver algum ato pendente de execução pelos serventuários não poderão ser colocados nos escaninhos de prazo.

§ 4º. O controle de prazos poderá ser efetuado por sistema informatizado que permita a emissão de relatórios diários dos processos com o prazo vencido.

Art. 101. O escrivão judicial acompanhará, com regularidade, a devolução dos avisos de recebimento das cartas postadas pelo Correio, providenciando para que sejam juntados aos autos imediatamente após a devolução.

Subseção V – Da Remessa de Autos à Instância Superior

Art. 102. Antes da remessa dos autos à instância superior, os escrivães judiciais ou, sob sua supervisão, os escreventes:

I – revisarão a numeração das folhas dos autos, nos termos do art. 91;

II – certificarão nos autos eventuais suspensões de expediente havidas no período que vai da data da intimação, às partes, da sentença ou do despacho que provocou o inconformismo, até a data em que foi protocolada a petição que contém o recurso, com as especificações e motivações respectivas;

III – formarão autos suplementares, se o processo envolver questão de alto risco, conforme determinação judicial, facultada a digitalização das peças processuais, as quais serão armazenadas em disco rígido (estação de trabalho), com cópia de segurança (*backup*) em pen drive, sob a responsabilidade do escrivão judicial;

IV – zelarão pelo correto encaminhamento dos autos.

V – indicarão, obrigatoriamente, na certidão de remessa, a inclusão de mídia(s), ou sua eventual inexistência.

VI – Certificarão o valor do preparo e a quantia efetivamente recolhida com a vinculação da utilização do documento ao número do processo, nos termos do art.1093 das NSCGJ, deixando para apreciação da instância superior eventuais irregularidades.

Seção IX – Dos Papéis em Andamento ou Findos

Art. 103. Os papéis em andamento ou findos serão bem conservados e, quando for o caso, encadernados, classificados ou catalogados, aplicando-se, quanto ao seu descarte, o disposto no § 2º do art. 74.

Seção X – Das Certidões

Art. 104. A expedição de certidões em breve relatório ou de inteiro teor compete exclusivamente aos ofícios de justiça.

§ 1º. Sempre que possível, as certidões serão expedidas com base nos assentamentos constantes do sistema informatizado, cabendo ao escrivão dar a sua fé pública do que nele constar ou não, admitida, de qualquer forma, a consulta aos autos de processos em andamento ou findos, livros ou papéis a seu cargo, caso em que se designará o número e a página do livro ou processo onde se encontra o assentamento.

§ 2º. As certidões serão expedidas no prazo de 5 (cinco) dias, contados da data do recebimento do respectivo pedido pelo ofício de justiça, fornecido ao interessado protocolo de requerimento.

§ 3º. Serão atendidos em 5 (cinco) dias úteis os pedidos de certidões de objeto e pé formulados pelo correio eletrônico (e-mail) institucional de um ofício de justiça para outro. A certidão será elaborada e encaminhada pelo ofício de Justiça diretamente à unidade solicitante.

§ 4º. Se houver necessidade de requisição de autos do Arquivo Geral, os prazos deste artigo contar-se-ão do recebimento do feito pelo ofício de justiça.

§ 5º. A expedição de certidão de processos que correm em segredo de justiça dependerá de despacho do juiz competente, exceto se requerida por parte ou procurador regularmente habilitado nos autos.

Art. 104-A. A requerimento escrito do credor, tratando-se de decisão judicial, transitada em julgado, que reconheça a existência de obrigação de pagar quantia certa ou alimentos, expedir-se-á certidão de teor da decisão para fins de protesto extrajudicial, a qual deverá indicar:

I – nome; número de inscrição no cadastro do Ministério da Fazenda (CPF e CNPJ), no registro geral de identidade (RG) ou no registro nacional de estrangeiro (RNE); e endereço do credor;

II – nome; número de inscrição no cadastro do Ministério da Fazenda (CPF e CNPJ), no registro geral de identidade (RG) ou no registro nacional de estrangeiro (RNE); e endereço do devedor;

III – número do processo judicial;

IV – o valor da dívida;

V – a data em que, após intimação do executado, decorreu o prazo legal para pagamento voluntário.

§ 1º. As certidões serão expedidas no prazo de três (03) dias, contados da data do recebimento do respectivo pedido pelo ofício de justiça.

§ 2º. A expedição de certidão de processos que correm em segredo de justiça dependerá de despacho do juiz competente, exceto se requerida por parte ou procurador regularmente habilitado nos autos.

§ 3º. Em todos os casos, a certidão será levada a protesto sob a responsabilidade do credor.

§ 4º. A requerimento do executado, o protesto será cancelado por determinação do juiz, mediante ofício a ser expedido ao cartório, no prazo de 3 (três) dias, contado da data de protocolo do requerimento, desde que comprovada a satisfação integral da obrigação.

§ 5º. Nas ações monitórias, havendo conversão do mandado monitório em título executivo judicial, na forma do artigo 701, §2º do CPC, a certidão para fins de protesto deverá conter:

a) o conteúdo do mandado monitório, com a obrigação de pagar quantia certa, sob as penas da lei;

b) a data do trânsito em julgado da decisão, que deverá ser considerada a data do decurso do prazo para oposição dos embargos sem pagamento; e

c) a data do decurso do prazo para pagamento voluntário, nos termos do artigo 523 do CPC.

Seção XI – Dos Mandados

Art. 105. Os mandados de citação, intimação e demais atos a serem cumpridos pelos Oficiais de Justiça submetem-se às regras previstas no Capítulo VII destas Normas de Serviço.

Parágrafo único. Os mandados e contramandados de prisão e alvarás de soltura submetem-se às disposições constantes na Seção XII do Capítulo IV.

Arts. 106 a 110. (Revogados).

Seção XII – Dos Ofícios

Art. 111. A lavratura de ofícios observará as regras de escrituração dispostas na Seção VII do presente capítulo e o seguinte:

I – os ofícios extraídos de processos serão datados e identificados com o número dos autos respectivos e nome das partes, dispensando-se a numeração em ordem cronológica, anexada uma cópia exclusivamente nos autos;

II – os ofícios que não se refiram a feito do próprio ofício de justiça serão numerados sequencialmente, em série renovável anualmente, de acordo com as respectivas datas de expedição, arquivada uma cópia no classificador próprio.

Seção XIII – Das Comunicações Oficiais, Transmissão de Informações Processuais e Prática de Atos Processuais por Meio Eletrônico

Art. 112. Ressalvada a utilização dos meios convencionais no caso de indisponibilidade do sistema informatizado e do sistema de malote digital, quando implantado, as comunicações oficiais que transitem entre os ofícios de justiça serão por meio eletrônico, observadas as regras estabelecidas nesta Seção.

Art. 113. Serão transmitidas eletronicamente:

I – informações que devam ser prestadas à segunda instância, conforme determinação do relator;

II – ofícios;

III – comunicações;

IV – solicitações;

V – pedidos e encaminhamento de certidões de objeto e pé, certidões criminais e certidões de distribuição;

VI – cartas precatórias, nos casos de urgência.

Art. 114. A transmissão eletrônica de informações e documentos será realizada por dirigente, escrivão judicial, chefe de seção e escrevente técnico judiciário.

Art. 115. O remetente da comunicação eletrônica deverá:

I – utilizar seu correio eletrônico (e-mail) institucional, e não o da unidade em que lotado, para enviar a mensagem;

II – preencher o campo "para" com o endereço eletrônico da unidade destinatária e o campo "assunto" com o número do processo e a especificação de uma hipótese do art. 113;

III – digitar, no corpo do texto da mensagem eletrônica, os dados do processo (número, unidade judiciária, comarca e partes) e o endereço do correio eletrônico (e- mail) institucional da unidade em que lotado;

IV – juntar aos autos cópia da mensagem eletrônica enviada, dispensadas a impressão e a juntada de anexos que consistirem em peças do processo, ou, quando a mensagem não se referir a feito do próprio ofício de justiça, arquivá-la no classificador correspondente;

V – anexar à mensagem os documentos necessários, no padrão PDF e sem restrição de impressão ou salvamento;

VI – selecionar as opções de confirmação de entrega e de confirmação de leitura da mensagem;

VII – assinar a mensagem com seu certificado digital;

VIII – imprimir os comprovantes de confirmação de entrega e de leitura, para juntada aos autos, assim que recebê-los;

IX – inserir no sistema informatizado de andamento processual a informação de envio da mensagem eletrônica.

Art. 116. O ofício de justiça que receber a mensagem deverá:

I – expedir eletronicamente as confirmações de entrega e de leitura da mensagem, que valerão como protocolo;

II – imprimir a mensagem, bem como os eventuais anexos, para juntada aos autos do processo ou arquivamento em classificador próprio, se for o caso;

III – inserir no sistema informatizado de andamento processual a informação de recebimento da mensagem eletrônica, se for o caso;

IV – promover a conclusão, no prazo legal, quando a mensagem se referir a providências a cargo do juiz;

V – encaminhar eletronicamente a mensagem, no mesmo prazo da conclusão, ao correio eletrônico (e-mail) institucional do juiz, se este assim o determinar, ou ao correio eletrônico (e-mail) institucional do funcionário, a quem couber o envio da resposta.

Art. 117. A resposta aos e-mails deverá ser dada eletronicamente, cabendo ao juiz, a quem a mensagem houver sido encaminhada nos termos do inciso V do art. 116, ou ao funcionário, encarregado do envio da resposta, preencher no campo "para" o endereço do correio eletrônico (e-mail) da unidade cartorária do remetente da mensagem original.

Art. 118. Na ausência da expedição de confirmação de entrega e leitura pelo destinatário da mensagem, presumir-se-ão recebidas e lidas as mensagens no primeiro dia útil subsequente ao do envio.

Parágrafo único. Tratando-se de medidas urgentes, se frustrada a entrega, ou se não confirmados o recebimento e a leitura até o dia seguinte à transmissão, o remetente entrará em contato telefônico com o destinatário e, se o caso, reenviará a mensagem, de tudo lavrando-se certidão nos autos.

Art. 119. Em se tratando de documentos que devam ser juntados em processo digital, será feita em PDF a impressão de que cuidam os incisos IV e VIII do art. 115 e o inciso II do art. 116.

Art. 120. Nos casos de inoperância do certificado digital ou enquanto não for disponibilizado, o remetente materializará o documento em papel, colherá a assinatura, digitalizará o documento assinado e o enviará como anexo da mensagem eletrônica.

Art. 121. Cumpridas as providências dos arts. 115, 116 e 117, as mensagens eletrônicas e seus anexos serão deletados.

Subseção I – Das Informações Eletrônicas Obtidas por Meio do Sistema Infojud

Art. 121-A. A solicitação e o recebimento de informações da Receita Federal do Brasil relacionadas a endereço ou a situação econômico-financeira da parte em processo judicial serão realizadas pelo sistema Infojud, diretamente pelos Magistrados ou servidores indicados, sendo obrigatório o uso do Certificado Digital – ICP Brasil, Padrão A-3.

Art. 121-B. As informações relacionadas à situação econômico-financeira ou outras de natureza sigilosa, dirigidas a processos físicos, serão disponibilizadas em formato digital no andamento processual, com utilização da funcionalidade denominada 'sigilo do documento', configurada para que o acesso, via Portal e-SAJ, fique restrito aos advogados das partes e, desde que devidamente habilitados a atuar no processo, aos defensores públicos, promotores de justiça e integrantes de outras instituições conveniadas.

Art. 121-C. Serão igualmente juntadas aos autos as informações que versarem apenas sobre o endereço da parte, não será necessária a tramitação sob segredo de justiça.

Seção XIV – Das Cartas Precatórias, Rogatórias e Arbitrais

Art. 122. A carta precatória será confeccionada em 3 (três) vias, servindo, uma delas, de contrafé.

§ 1º. O pagamento da taxa judiciária, devida em razão do cumprimento, deverá ser demonstrado até o momento da distribuição, mediante a juntada da 1ª via original do respectivo comprovante de recolhimento.

§ 2º. Quando o ato deprecado for a citação, será instruída com tantas cópias da petição inicial quantas sejam as pessoas a citar.

§ 3º. Se a ordem judicial puder ser cumprida remotamente, o ato não será deprecado, salvo nas situações abaixo e desde que estejam devidamente fundamentadas na decisão judicial que determinar a expedição da deprecata:

a) não disponibilização de data para a realização de audiência em Estação Passiva (art. 156-A), em 30 dias para processos em que há réu preso ou menor internado, ou 90 dias para os demais casos;

b) na hipótese do art. 1.029, inciso III, destas NSCGJ;

c) quando necessária a prática de ato a ser cumprido presencialmente para viabilizar posterior ato remoto (por exemplo: intimação presencial de testemunha que será ouvida remotamente por videoconferência), excetuando-se os processos eletrônicos nas comarcas onde já implantado o compartilhamento de mandados;

d) para pessoas com dados protegidos a que se refere o Provimento CG nº 32/2000;

e) (Suprimido).

§ 4º. Nos casos de depoimento especial nos termos da Lei nº 13.431/2017, quando a vítima não residir na Comarca em que tramita o processo, observar-se-ão as seguintes diretrizes:

I – a entrevista forense deve ser presencial, nos termos da Lei nº 14.022/2020, de modo que, como regra geral, deve ser deprecada a tomada do depoimento especial pela equipe técnica do local de residência da vítima, sendo o ato presidido pelo Juízo Deprecante;

II – o Juízo Deprecante deve se articular com a equipe técnica do Juízo Deprecado para agendamento da data para a tomada do depoimento especial;

III – a articulação com a rede do local de residência da vítima, visando a garantia de seus direitos, deve ser realizada pela equipe técnica do local de residência da vítima, no Juízo Deprecado, velando nomeadamente para que seja preservada de situações de intimidação ou ameaça;

IV – é vedado deprecar apenas a entrevista prévia da criança ou adolescente, dissociado do depoimento especial, por implicar em acréscimo do número de intervenções, causando violência institucional;

V – excepcionalmente, a depender de condições adversas de atendimento pelo Juízo Deprecado, mediante consulta à criança ou adolescente, seus genitores e às partes, e devidamente ponderadas as situações de risco, especialmente em casos de violência intrafamiliar, poderá ser realizado o depoimento especial no juízo em que tramita o processo, mediante decisão devidamente fundamentada.

Art. 123. Constatado que o ato pode ser cumprido em endereço de jurisdição diversa daquela constante da carta precatória, ou ainda, que o endereço originário pertence à outra jurisdição, deverá o juízo deprecado encaminhá-la ao juízo competente, comunicando tal fato ao juízo deprecante.

Art. 124. O juízo deprecado devolverá a carta precatória, independentemente de cumprimento, quando não devidamente instruída e não houver regularização no prazo determinado.

Art. 125. As cartas precatórias não serão autuadas, servindo os encartes remetidos pelo juízo deprecante como face das mesmas, sobre os quais o ofício de justiça deprecado afixará a etiqueta adesiva remetida pelo ofício do distribuidor, que servirá de identificação das partes e da natureza do feito, cuidando também anotar no alto, à direita, o número do processo.

Art. 126. As cartas precatórias, quando possível, servirão como mandado.

Art. 127. Não atendidos pedidos de informações sobre o cumprimento do ato, cumprirá ao ofício de justiça do juízo deprecante reiterar a solicitação e estabelecer contato telefônico com o escrivão do juízo deprecado, de tudo certificando nos autos.

Parágrafo único. Em caso de inércia, os autos serão conclusos ao juiz do feito para as providências cabíveis.

Art. 128. É permitida a retirada da carta cumprida junto ao juízo deprecado, para a entrega ao juízo deprecante, desde que nela conste o nome do advogado da parte que tiver interesse no cumprimento do ato, com o número da respectiva inscrição na Ordem dos Advogados do Brasil.

Art. 129. Ao retornar cumprida a precatória, o escrivão judicial juntará, aos autos principais, apenas as peças essenciais, imprescindíveis à compreensão das diligências realizadas no juízo deprecado, especialmente as certidões de lavra dos oficiais de justiça e os termos do que foi deprecado, salvo determinação judicial em contrário.

Art. 130. Havendo urgência, transmitir-se-á a carta precatória por fac-símile (fax), telegrama, telefone, radiograma ou correio eletrônico (e-mail), observando-se as cautelas previstas nos arts. 264 e 265 do Código de Processo Civil e nos arts. 354 e 356 do Código de Processo Penal.

Parágrafo único. A via original da carta não será encaminhada ao juízo deprecado. Será encartada aos autos, juntamente com a certidão de sua transmissão, tão-logo ocorra o pedido de confirmação de seu teor por parte do juízo destinatário.

Art. 131. As cartas rogatórias cíveis e criminais serão expedidas conforme o procedimento, modelos e formulários aprovados e divulgados pela Corregedoria Geral da Justiça no sítio do Tribunal de Justiça na *internet*.

Seção XV – Das Intimações

Art. 132. A intimação dos atos e termos do processo ou de expediente administrativo far-se-á, sempre que possível, por meio eletrônico e mediante publicação no Diário da Justiça Eletrônico.

Art. 133. Os despachos, decisões interlocutórias e sentenças devem ser encaminhados à publicação no Diário da Justiça Eletrônico, dentro do prazo máximo de 3 (três) dias, a contar da devolução dos autos em cartório.

Parágrafo único. O mesmo prazo deverá ser observado para fins de cumprimento da intimação por meio eletrônico.

Art. 134. As intimações de atos ordinatórios, despachos, decisões interlocutórias e sentenças, qualquer que seja o meio empregado, consumar-se-ão de maneira objetiva e precisa, sem ambiguidades e omissões, e conterão:

I – o número dos autos, o objeto do processo, segundo a tabela vigente, e o nome das partes;

II – o resumo ou transcrição daquilo que deva ser dado conhecimento, suficientes para o entendimento dos respectivos conteúdos;

III – o nome dos advogados das partes com o número de suas respectivas inscrições na Ordem dos Advogados do Brasil.

Art. 135. Nas intimações pela imprensa:

I – quando qualquer das partes estiver representada nos autos por mais de 1 (um) advogado, o ofício de justiça fará constar o nome de qualquer subscritor da petição inicial, da contestação ou da primeira intervenção nos autos, com o número da respectiva inscrição na Ordem dos Advogados do Brasil, a não ser que a parte indique outro ou, no máximo, 2 (dois) nomes, ou indique o nome da sociedade de advogados a que seu advogado pertença.

II – as decisões interlocutórias e sentenças serão publicadas somente na sua parte dispositiva; os atos ordinatórios e despachos de mero expediente serão transcritos ou resumidos com os elementos necessários à explicitação do conteúdo da ordem judicial (quem e sobre o que se deve manifestar, ter ciência, providenciar, etc.).

Parágrafo único. Será publicada apenas a parte dispositiva das decisões proferidas em procedimentos de natureza disciplinar ou em processos de dúvida, podendo o Corregedor Geral da Justiça, se entender necessário, determinar a sua publicação integral, após o trânsito em julgado.

Art. 136. A publicação omissa em relação aos requisitos constantes dos arts. 134 e 135 e que cause efetivo prejuízo a qualquer das partes será considerada nula.

Art. 137. Quando ocorrer erro ou omissão de elemento indispensável na publicação, independentemente de despacho ou de reclamação da parte, proceder-se-á imediatamente à retificação e nova publicação, encartando-se aos autos cópia do ato incorretamente publicado.

Art. 138. Da publicação no Diário da Justiça Eletrônico a respeito de processos sujeitos ao segredo de justiça constarão as iniciais das partes.

Art. 139. Os escrivães judiciais farão publicar no Diário da Justiça, juntamente com as respectivas intimações, o valor da taxa judiciária que deve ser recolhida pelas partes, bem como o valor das importâncias que, objeto de cálculo, devam ser depositadas, em quaisquer processos e a qualquer título.

Parágrafo único. Todas as intimações, publicadas para que as partes se manifestem sobre cálculos e contas, conterão os respectivos valores, em resumo, limitando-se a publicação ao que baste para a perfeita ciência das partes sobre o objeto do cálculo ou da conta.

Art. 140. A publicação de atos ordinatórios, despachos, decisões interlocutórias e sentenças, no Diário da Justiça Eletrônico, será documentada pelo encarte, aos autos, da respectiva certidão gerada automaticamente pelo sistema informatizado oficial ou, na impossibilidade, pela certidão aposta na mesma folha, ao pé, ou, se não houver espaço, no verso da folha em que lançado o ato publicado.

Parágrafo único. As publicações feitas no Diário da Justiça Eletrônico comprovam-se mediante certidão, independentemente da juntada do exemplar impresso.

Art. 141. Nas intimações por edital:

I – extraído o edital, conferido e assinado, serão autenticadas as respectivas folhas com a chancela do ofício de justiça, devendo escrivão rubricar cada uma delas;

II – as publicações de edital feitas no Diário da Justiça Eletrônico, na rede mundial de computadores, no sítio do respectivo tribunal ou na plataforma de editais do Conselho Nacional de Justiça comprovam-se mediante certidão, independentemente da juntada do exemplar impresso;

III – a publicação de edital em jornal de ampla circulação local será providenciada pela parte ou por agência de publicidade de sua escolha e comprovada nos autos mediante a juntada do exemplar original;

IV – a entrega da minuta, para fins de publicação, sempre mediante recibo, poderá ser feita a estagiário ou advogado com procuração nos autos.

Parágrafo único. Quando o processo tramitar sob segredo de justiça, os editais de citação deverão conter o nome completo do réu e apenas o conteúdo indispensável à finalidade do ato, sem as especificações da petição inicial, abreviando- se os nomes das demais partes envolvidas a fim de resguardar o segredo de justiça.

Art. 142. Caberá aos escrivães judiciais velar pelo adequado cumprimento das normas atinentes às publicações ou às intimações por carta, conferindo diariamente seu teor, sem prejuízo da fiscalização ordinária dos Juízes Corregedores Permanentes.

Seção XVI – Das Audiências em Geral

Subseção I – Disposições Gerais

Art. 143. A designação de audiências é atribuição exclusiva e indelegável do juiz, salvo nos juizados especiais.

Art. 144. Havendo adiamento, ou nova designação para continuação, a nova data será marcada no próprio termo, com ciência imediata aos comparecentes.

Parágrafo único. Os acordos extrajudiciais, desistências e os pedidos de suspensão poderão ser homologados ou deferidos independentemente da realização da audiência já designada, com aproveitamento da data para ato diverso.

Art. 145. Os termos de audiência serão:

I – lavrados sob ditado do juiz;

II – rubricados em todas as suas folhas pelo juiz;

III – subscritos pelo juiz, advogados, órgão do Ministério Público e o escrevente, cujas assinaturas deverão ser identificadas com o lançamento dos nomes ou cargos das pessoas a que pertencem;

IV – juntados aos autos, em sua versão original.

Art. 146. Os termos de audiência conterão em resumo, todo o ocorrido durante a audiência, inclusive, por extenso, os despachos e a sentença, quando proferida no ato.

Art. 147. Em todos os depoimentos ou declarações tomados nos autos, aqueles que os prestam serão qualificados fazendo-se constar: nome, filiação, nacionalidade, data e local de nascimento, estado civil, profissão, endereço residencial e do local onde exerce a profissão, número do respectivo RG ou de outro documento hábil de identificação.

Art. 148. O servidor encarregado dos registros e audiências examinará, 10 (dez) dias antes das datas designadas para audiências, os respectivos processos, para verificar se todas as providências de intimação ou requisição de partes e testemunhas foram tomadas; havendo irregularidade ou omissão, fará imediata comunicação ao servidor responsável para as medidas necessárias.

Art. 149. Faculta-se aos juízos de primeiro grau o emprego de meios ou recursos de gravação magnética, estenotipia, digital ou técnica similar, inclusive audiovisual, como meio de documentação de depoimentos prestados em audiência, destinados a obter maior fidelidade das informações

Parágrafo único. A adoção desses meios de registro e documentação será anotada no termo de audiência, lançando-se, por escrito e em separado, as qualificações dos depoentes, que serão repetidas verbalmente quando da gravação, de modo a não deixar dúvidas quanto à identidade da pessoa ouvida.

§ 2º. (Revogado).

Art. 149-A. O exercício, pela parte, da faculdade de que trata o artigo 367 §6º do Código de Processo Civil será comunidada ao Magistrado previamente ao início da gravação. O Magistrado consignará no termo de audiência o nome da parte e o meio de registro adotado para a gravação.

Parágrafo único. Para utilização da gravação nos autos, caberá à parte ou seu patrono realizar a integral transcrição dos atos, dando-se ciência à parte contrária do teor transcrito para manifestação no prazo de 5 (cinco) dias.

Subseção II – Da Gravação de Audiências

Art. 150. As audiências serão gravadas diretamente no sistema informatizado oficial e armazenadas em ambiente de nuvem, observado o disposto no art. 156.

Art. 151. (Revogado).

Art. 152. Os depoimentos registrados em meio audiovisual não serão objeto de transcrição.

Parágrafo único. A transcrição dos depoimentos gravados em audiência somente será feita pelo respectivo ofício se houver interposição de recurso e for impossível o envio da documentação eletrônica.

Art. 153. Depois do trânsito em julgado, o registro de audiência permanecerá armazenado no sistema informatizado especial e em ambiente de nuvem até o decurso do prazo para o ajuizamento de ação rescisória no processo de natureza civil e após a extinção da pena no processo penal.

Art. 154. Havendo solicitação, a parte interessada receberá cópia do termo de audiência, que será impresso logo após a conclusão do ato, bem como cópia do registro audiovisual.

Art. 155. (Revogado).

Art. 156. Cabe à Secretaria de Tecnologia da Informação (STI) do Tribunal de Justiça editar e manter atualizadas orientações técnicas quanto a sistemas, forma de gravação e equipamentos referentes a registros audiovisuais (digitais) de depoimentos e termos de audiência.

Subseção III – Das Estações Passivas.

Art. 156-A. É vedada a expedição de carta precatória para a realização de oitivas de forma presencial ou remota, em outras Comarcas do Estado de São Paulo, observadas as exceções do § 3º do artigo 122 das NSCGJ.

§ 1º. O domicílio da pessoa a ser ouvida determina a Estação Passiva a receber o agendamento, observada onde houver a divisão de competência territorial da Comarca (Prov. CSM 2644/2021).

§ 2º. Determinada a oitiva remota, a Unidade Judicial agendará, diretamente na agenda eletrônica da respectiva Estação Passiva, a data e o horário para sua realização.

§ 3º. A Unidade Judicial deverá certificar a data e horário designados para a oitiva, providenciando-se, por ato ordinatório, as intimações necessárias para possibilitar a consecução do ato.

§ 4º. Nas hipóteses do art. 455, § 4º, do Código de Processo Civil, será deprecada a intimação da pessoa a ser ouvida na Estação Passiva.

§ 5º. As solicitações advindas de outros órgãos do Poder Judiciário deverão ser encaminhadas por e-mail para a Estação Passiva competente de acordo com o endereço da pessoa a ser ouvida. A reserva de agenda na data e horário pretendidos, após confirmação de disponibilidade, deverá ser comunicada ao solicitante por e-mail. Eventual necessidade de intimação da pessoa a ser ouvida deverá ser deprecada pelo órgão solicitante.

Seção XVII – Da Consulta e da Carga dos Autos

Art. 157. O acesso aos autos judiciais e administrativos de processos em andamento ou findos, mesmo sem procuração, quando não estejam sujeitos a segredo de justiça, é assegurado aos advogados, estagiários de Direito e ao público em geral, por meio do exame em balcão do ofício de justiça ou seção administrativa, podendo ser tomados apontamentos, solicitadas cópias reprográficas, bem como utilizado escâner portátil ou máquina fotográfica, vedado, nestas hipóteses, o desencarte das peças processuais para reprodução.

Parágrafo único. Os escrivães judiciais e os chefes de seção judiciária manterão, pessoalmente ou mediante servidor designado, rigorosa vigilância sobre os autos dos processos, sobretudo quando do seu exame, por qualquer pessoa, no balcão do ofício de justiça ou seção administrativa.

Art. 158. Para garantia do direito de acesso aos autos que não corram em segredo de justiça, poderão os advogados ou estagiários de Direito, regularmente inscritos na OAB, que não tenham sido constituídos procuradores de quaisquer das partes, retirar os autos para cópia, pelo período de 1 (uma) hora, mediante controle de movimentação física, devendo o serventuário consultar ao sítio da Ordem dos Advogados do Brasil da Internet, à vista da Carteira da OAB apresentada pelo advogado ou estagiário de Direito interessado, com impressão dos dados obtidos, os quais serão conferidos pelo servidor antes da entrega dos autos, observadas, ainda, as demais cautelas previstas para a carga rápida, conforme o disposto no art. 165.

Parágrafo único. A carga rápida de que trata este artigo também será concedida à pessoa credenciada pelo advogado ou sociedade de advogados, não sendo dispensada a consulta ao sítio da Ordem dos Advogados do Brasil dos dados referentes ao advogado ou sociedade de advogados que autorizar a retirada dos autos. O preposto deverá apresentar, além da autorização prevista no § 7º do artigo 272 do Código de Processo Civil, o respectivo documento de identidade.

Art. 159. Nos casos complexos ou com pluralidade de interesses, a fim de que não seja prejudicado nem o andamento do feito e nem o acesso aos autos, fica autorizada a retirada de cópias de todo o feito, que ficarão à disposição para consulta dos interessados.

Art. 160. Na hipótese de os processos correrem em segredo de justiça, o seu exame, em cartório, será restrito às partes e a seus procuradores devidamente constituídos.

§ 1º. As entidades que reconhecidamente prestam serviços de assistência judiciária poderão, por intermédio de advogado com procuração nos autos, autorizar a consulta de processos que tramitam em segredo de justiça em cartório pelos acadêmicos de Direito não inscritos na OAB. Referida autorização deverá conter o nome do acadêmico, o número de seu RG e o número e/ou nome das partes do processo a que se refere a autorização, que será juntada posteriormente aos autos.

§ 2º. É vedado o acesso a autos de processos que correm em segredo de justiça por estagiários não inscritos ou com inscrição vencida na OAB.

Art. 161. A carga de autos judiciais e administrativos em andamento no cartório é reservada unicamente a advogados ou estagiários de Direito regularmente inscritos na OAB, constituídos procuradores de alguma das partes, ressalvado, nos processos findos e que não estejam sujeitos a segredo de justiça, a carga por advogado mesmo sem procuração, pelo prazo de 10 (dez) dias.

Parágrafo único. A carga de autos também poderá ser realizada por pessoa credenciada a pedido do advogado ou da sociedade de advogados, pela Advocacia Pública, pela Defensoria Pública ou pelo Ministério Público, o que implicará intimação de qualquer decisão contida no processo retirado, ainda que pendente de publicação.

Art. 162. O escrivão ou o escrevente responsável pelo atendimento registrará a retirada e a devolução de autos, mediante anotação no sistema informatizado oficial e no relatório de carga emitido pelo sistema (carga eletrônica), observadas as seguintes cautelas:

I – na retirada dos autos, o advogado, estagiário de Direito ou pessoa credenciada lançará sua assinatura no relatório de carga emitido pelo sistema informatizado, arquivando-se o documento provisoriamente em classificador próprio;

II – na devolução do feito, o servidor do ofício de justiça ou da seção administrativa efetuará a baixa no relatório de carga, juntando-o imediatamente aos autos.

§ 1º. O Livro Protocolo de Autos e Papéis em Geral será utilizado quando não for possível a utilização do sistema informatizado, caso em que serão lançados, no livro, a assinatura do destinatário e, nos autos, o termo de carga e recebimento.

§ 2º. No relatório eletrônico ou no livro de protocolo constarão o número da carteira profissional e respectiva seção, expedida pela OAB, em nome do destinatário ou o número da carteira de identidade, quando tratar-se de pessoa credenciada pelo advogado ou sociedade de advogados, facultado ao servidor, na dúvida, solicitar a exibição dos documentos.

§ 3º. A baixa da carga de autos, constante de relatório eletrônico ou de livro protocolo, far-se-á imediatamente, à vista do interessado, sendo-lhe facultada a obtenção de recibo de autos, assinado pelo servidor, em instrumento previamente confeccionado pelo interessado e do qual constarão designação do ofício de justiça ou da seção administrativa, número do processo, tipo de demanda, nome das partes e data da devolução. A cada auto processual corresponderá um recibo e a subscrição pelo servidor não implica reconhecimento da respectiva regularidade interna.

§ 4º. (Revogado).

Art. 163. Os advogados, a sociedade de advogados, os representantes judiciais da Fazenda Pública e os membros do Ministério Público e da Defensoria Pública, mediante petição dirigida ao Juiz Corregedor Permanente, poderão indicar prepostos, funcionários ou estagiários autorizados a retirarem, em nome daqueles, os autos em carga.

§ 1º. Da petição, que será arquivada em pasta própria, constarão os nomes completos, os números dos documentos de identidade, do CPF e os números das identificações funcionais, se o caso.

§ 2º. O funcionário ou estagiário deverá portar o documento de identidade e a cédula ou crachá funcional, conforme o caso, no momento da retirada dos autos, para que o ofício de justiça possa verificar, mediante conferência das petições arquivadas, se a pessoa encontra-se autorizada a subscrever a carga.

§ 3º. A carga dos autos será feita em nome da pessoa que subscreveu a autorização e dela constarão os dados da pessoa que estiver retirando os autos.

§ 4º. Qualquer alteração no rol de pessoas autorizadas a retirar os autos deverá ser imediatamente comunicada ao Juiz Corregedor Permanente.

Art. 164. Não havendo fluência de prazo, os autos somente serão retirados em carga mediante requerimento.

§ 1º. Na fluência de prazo, os autos não sairão do ofício de justiça, salvo nas hipóteses expressamente previstas na legislação vigente, ressalvado, porém, em seu curso ou em outras hipóteses de impossibilidade de retirada dos autos, o direito de requisição de cópias quando houver justificada urgência na extração respectiva, mediante autorização judicial, observando-se o procedimento próprio.

§ 2º. Na fluência de prazo comum, só em conjunto ou mediante prévio ajuste por petição nos autos os procuradores das partes ou seus prepostos retirarão os autos, ressalvada a obtenção de cópias para a qual cada procurador ou preposto poderá retirá-los pelo prazo de 2 (duas) a 6 (seis) horas, mediante carga, independentemente de ajuste, observado o término do expediente forense.

Art. 165. A carga rápida dos autos será concedida pelo escrivão ou o escrevente responsável pelo atendimento, pelo período de uma hora, mediante controle de movimentação física dos autos, conforme formulário a ser preenchido e assinado por advogado ou estagiário de Direito devidamente constituído no processo, ou ainda por pessoa credenciada pelo advogado ou sociedade de advogados, respeitado o seguinte procedimento:

I – os requerimentos serão recepcionados e atendidos, desde que formulados até 1 (uma) hora antes do término do expediente forense;

II – o formulário de controle de movimentação física será juntado aos autos no exato momento de sua devolução ao ofício de justiça, certificando-se o respectivo período de vista;

III – na hipótese dos autos não serem restituídos no período fixado, competirá ao escrivão judicial representar, no prazo de 24 (vinte e quatro) horas, ao Juiz Corregedor Permanente, inclusive para fins de providências competentes junto à Ordem dos Advogados do Brasil (EOAB, arts. 34, inciso XXII, e 37, inciso I).

Art. 166. É vedada a retenção do documento de identificação do advogado ou do estagiário de Direito no ofício de justiça, para a finalidade de controle de carga de autos, em qualquer modalidade ou circunstância.

Art. 167. O advogado deve restituir, no prazo legal, os autos que tiver retirado do ofício de justiça. Se intimado pessoalmente, o advogado não devolver os autos no prazo de 3 (três) dias, perderá o direito à vista fora de cartório e incorrerá em multa correspondente à metade do salário mínimo.

§ 1º. Verificada a falta, o juiz comunicará o fato à seção local da Ordem dos Advogados do Brasil para procedimento disciplinar e imposição das penalidades.

§ 2º. O expediente de cobrança de autos receberá autuação singela, sem necessidade de registro.

§ 3º. Devolvidos os autos, o ofício de justiça, depois de seu minucioso exame, juntará o expediente de cobrança de autos, certificando a data e o nome de quem os retirou e devolveu.

§ 4º. Na hipótese de extravio dos autos, o expediente de cobrança instruirá o respectivo procedimento de restauração.

Art. 168. O escrivão ou o chefe de seção deverá, mensalmente, até o décimo dia útil do mês subsequente, verificar o cumprimento dos prazos de devolução dos autos retirados, relacionar, em duas vias, os autos em poder das partes além dos prazos legais ou fixados, a primeira encaminhada, sob forma de representação, ao Juiz Corregedor Permanente, para as providências previstas no art. 167 e a segunda via, para acompanhamento e controle, arquivada em pasta própria.

Art. 169. O disposto nesta seção aplica-se, no que couber, a todos os demais destinatários de carga.

Seção XVIII – Do Desentranhamento de Peças e Documentos dos Autos

Art. 170. O desentranhamento de peças e de documentos, facultada a substituição por cópia simples, poderá ser requerido pelo interessado ou determinado de ofício pelo juiz.

Art. 171. Não haverá substituição das peças ou dos documentos desentranhados por cópia quando, a critério do juiz do processo, referirem-se a:

I – manifestação intempestiva do peticionário;

II – documentação evidentemente estranha aos autos;

III – documentos que não tenham servido de base para fundamentação de qualquer decisão proferida nos autos ou para a manifestação da parte contrária.

§ 1º. Nestas hipóteses, será colocada uma folha em branco no lugar das peças ou documentos desentranhados, anotando-se a folha dos autos em que lançada a certidão de desentranhamento, vedada a renumeração das folhas do processo.

§ 2º. As peças e documentos juntados por equívoco aos autos serão imediatamente desentranhados e juntados aos autos corretos ou, quando não digam respeito a feitos da vara ou ofício de justiça, devolvidos ao setor de protocolo, de tudo lavrando-se certidão.

Art. 172. Deferido ou determinado de ofício o desentranhamento, caberá ao ofício de justiça:

I – desentranhar as peças, certificando-se;

II – manter os documentos em local adequado, para sua posterior entrega;

III – intimar o interessado a retirar a documentação no prazo de 5 (cinco) dias, se outro não for assinalado pelo Juiz.

§ 1º. A certidão de desentranhamento mencionará a numeração das folhas desentranhadas e, quando o caso, daquela na qual se determinou o ato e a eventual substituição por cópias simples.

§ 2º. As peças desentranhadas dos autos, enquanto não entregues ao interessado, serão guardadas em classificador próprio, sendo vedado grampeá-las na contracapa dos autos.

§ 3º. A devolução de peças desentranhadas efetuar-se-á mediante termo nos autos, lançado imediatamente após a certidão de desentranhamento, constando o nome e documento de identificação de quem as recebeu em devolução, além do competente recibo.

Art. 173. Salvo motivada determinação judicial em sentido contrário e os títulos de crédito, fica dispensada a certificação do número do processo nas peças e documentos desentranhados dos autos.

Art. 174. Transitada em julgado a sentença, os objetos anexados às manifestações processuais serão devolvidos às partes ou seus procuradores, mediante solicitação ou intimação para retirada em até 30 (trinta) dias, sob pena de destruição.

Art. 175. O escrivão ou servidor responsável verificará periodicamente o classificador para arquivamento provisório de petições e documentos desentranhados e petições que não sejam passíveis de juntada aos autos:

I – quando constatar a existência de petições desentranhadas ou que, por qualquer motivo, não sejam passíveis de juntada aos autos, acompanhadas ou não de documentos, intimará os interessados para retirá-las;

II – decorrido o período de 11 (onze) meses, contado da intimação para sua retirada, deverá ser publicado edital contendo o número de protocolo das petições, indicação se vieram acompanhadas de algum documento, os números dos processos, os nomes das partes e o nome do advogado, se houver, para retirada em 30 (trinta) dias, sob pena de inutilização;

III – será enviada cópia do edital previsto no item II à Ordem dos Advogados do Brasil local, que, observado prazo indicado, poderá solicitar o encaminhamento de uma ou mais petições nele descritas, caso em que passará a ser a responsável pela sua custódia;

IV – o procedimento previsto nos incisos II e III deverá ser realizado pelo menos uma vez em cada ano, devendo constar na ata de correição anual a data da publicação do edital e o número do expediente.

Seção XIX – Do Arquivamento, Rearquivamento, Desarquivamento de Processos e Pesquisa Histórica de Acervo Arquivado

Subseção I – Disposições Gerais

Art. 176. Nenhum processo será arquivado sem sentença definitiva ou decisão terminativa, incluindo nesse último caso a hipótese de decisão de extinção do processo em razão da estabilização da tutela de que trata o art. 304, § 1º do Código de Processo Civil, salvo os casos legais de suspensão do processo por prazo indeterminado, quando não será comunicada a sua extinção.

Art. 177. Após a publicação da decisão que determinou o arquivamento, os processos permanecerão no ofício de justiça por 30 (trinta) dias, findo o prazo, serão arquivados após realizadas as anotações e atos necessários no sistema informatizado oficial e no sistema da empresa terceirizada (SGDAU).

Art. 178. Quando o cumprimento da sentença condenatória cível se der em juízo diverso daquele que a proferiu (art. 516, parágrafo único, do CPC), o arquivamento dos autos, no âmbito do Poder Judiciário do Estado de São Paulo, deverá ser promovido pelo juízo da execução, que realizará todos os cadastramentos pertinentes à extinção do processo, quando for o caso.

Art. 179. É autorizado o arquivo provisório de processos que se encontrem em fase de execução de título judicial há mais de 1 (um) ano e nos quais não tenham sido localizados bens do executado, mantido o nome das partes no Cartório Distribuidor. Os processos arquivados provisoriamente deverão ser excluídos das estatísticas mensais.

Art. 180. Fica vedada às partes e advogados a consulta ou retirada de processos nos depósitos do Arquivo Terceirizado.

Art. 181. O interessado consultará o processo no ofício de justiça onde tramitou o processo objeto do pedido de desarquivamento, promovendo a unidade judicial a requisição no sistema da empresa terceirizada (SGDAU), observando o prévio recolhimento da taxa de desarquivamento dos autos, quando não se tratar de pedidos abrangidos pela gratuidade judiciária ou isenção.

Parágrafo único. O interessado no desarquivamento será intimado, por qualquer meio idôneo de comunicação, da chegada dos autos ao cartório e do prazo de 30 (trinta) dias para manifestação, bem como de que, decorrido o prazo sem manifestação, os autos retornarão ao arquivo.

Art. 182. É expressamente vedado o manuseio de autos processados em segredo de justiça, exceção feita às partes e aos advogados por elas constituídos, ou mediante ordem judicial expressa.

Parágrafo único. A extração de cópia reprográfica ou certidão de processos com segredo de justiça, bem como o desentranhamento de documentos, dependerão de despacho do juiz competente.

Art. 183. Permite-se a pesquisa histórica, em local apropriado, mediante solicitação prévia para a Coordenadoria de Gestão Documental e Arquivos que fará os encaminhamentos necessários para autorizar o acesso ao processo objeto da pesquisa.

Subseção II – Do Arquivamento

Art. 184. O arquivo de processos, primeiro arquivamento, será feito individualmente dispensando-se o uso de caixas e adotando-se as seguintes cautelas

I – indexar no sistema da empresa terceirizada (SGDAU) cada processo e, se for o caso, seus volumes, separadamente;

II – no caso de processos com mais de um volume, indicar o número do volume que está sendo internado;

III – afixar na capa do processo, no canto superior esquerdo, a etiqueta de indexação do processo (volume a volume);

IV – indicar no sistema a quantidade de apensos existentes para o processo ou volumes objeto da indexação;

V – se for o caso de apenso com número autônomo de distribuição, realizar a indexação do processo apenso, informando a vinculação (apensamento).

Parágrafo único. No sistema informatizado oficial todos os dados do processo deverão estar anotados, processo baixado (extinção) ou com decisão terminativa.

Art. 185. A remessa de processos para guarda em Arquivo Terceirizado será feita pelos ofícios de justiça de acordo com a escala de retirada periodicamente publicada no Diário da Justiça Eletrônico.

Subseção III – Do Rearquivamento

Art. 186. Para rearquivamento de processos, os ofícios de justiça informarão no sistema da empresa terceirizada (SGDAU) os dados necessários para propiciar a coleta do processo para guarda:

I – Vara/Secretaria (unidade produtora);

II – Número de registro, compreendendo todos os números que o processo possui;

III – Classe e Assunto;

IV – Nome das partes ativa e passiva, sem abreviações;

V – Número de documentos, quando houver;

VI – Nome dos advogados das partes ativa e passiva, sem abreviações e número da OAB;

VII – Objeto da ação;

VIII – Data da decisão final (compreende todos os recursos, data de Acórdão, quando houver);

IX – Resultado da ação (procedente, improcedente, condenado, absolvido, sem julgamento do mérito);

X – Data do trânsito em julgado;

XI – Data da extinção (baixa definitiva).

Art. 187. Os processos destinados ao rearquivamento dispensam a utilização de caixas/ pacotes, malotes e submalotes, contudo deverão estar separados de forma distinta, possibilitando identificar no momento da coleta, quais são novos arquivamentos (primeiro arquivamento) e quais são os de retorno para arquivamento (rearquivamento).

Subseção IV – Do Desarquivamento

Art. 188. Os requerimentos de desarquivamento de autos, ressalvadas as exceções legais, serão instruídos com o comprovante de recolhimento da respectiva taxa.

Parágrafo único. Na ausência da guia de recolhimento, o advogado (subscritor ou responsável indicado) será intimado a recolher as respectivas custas, no prazo de 5 (cinco) dias, sob pena de não prosseguimento da solicitação.

Art. 189. Os ofícios de justiça requisitarão, quando necessário, os processos depositados no Arquivo Terceirizado, emitindo a solicitação diretamente no sistema da empresa terceirizada (SGDAU) e anotando no sistema informatizado oficial a data em que solicitado o desarquivamento do processo.

§ 1º. Se o interesse recair sobre processo em apenso, no momento da requisição deverá ser informado no sistema o processo principal ao qual ele se encontra apensado.

§ 2º. Antes de requisitar o processo, os ofícios de justiça verificarão se o processo foi de fato remetido para guarda no Arquivo Terceirizado, mediante consulta prévia no sistema da empresa terceirizada (SGDAU), sem prejuízo de certificar-se de que o processo objeto da solicitação não se encontra no próprio ofício.

§ 3º. Quando se tratar de requisição de processos por parte dos ofícios de justiça integrantes de Foro Regional, o requisitante deverá mencionar na requisição, se for o caso, a que vara distrital pertencia o processo ora solicitado.

§ 4º. Não será permitida a reiteração de requisição antes de decorridos 10 (dez) dias úteis contados da data de requisição no sistema da empresa terceirizada (SGDAU).

§ 5º. Assim que recebidos os autos do Arquivo Terceirizado, o ofício de justiça lançará o recebimento no sistema informatizado oficial e no sistema da empresa terceirizada (SGDAU), evitando-se novas requisições de processos que já se encontram nas unidades judiciais.

Subseção V – Da Pesquisa Histórica

Art. 189-A. Permite-se a pesquisa científica nos processos que se encontram arquivados nas dependências da empresa terceirizada responsável pela guarda.

Art. 189-B. Para realização da pesquisa é necessário o credenciamento junto à Coordenadoria de Gestão Documental e Arquivos – SPI 2.4, através do endereço eletrônico institucional: (spi.gestaodocumental@tjsp.jus.br).

Art. 189-C. No pedido de credenciamento deverá constar o tema da pesquisa e a lista de processos com indicação da Comarca, Vara de Origem, número(s) de cada processo, o nome das partes e número da caixa – arquivo (pacote) onde foi guardado.

Art. 189-D. Deverá ainda ser preenchido e encaminhado o termo de compromisso, sigilo e confidencialidade, conforme modelo oficial disponível no site do Tribunal de Justiça do Estado de São Paulo (http://www.tjsp.jus.br/PrimeiraInstancia/GestaoDocumental).

Art. 189-E. Recebido o pedido de credenciamento e o termo de compromisso de sigilo e confidencialidade devidamente assinado, após autorizada a pesquisa pelo Presidente da Comissão Permanente de Avaliação Documental (CPAD), o pesquisador e a empresa terceirizada serão comunicados da autorização.

Art. 189-F. A autorização do credenciamento poderá ser pelo prazo de 30 (trinta), 60 (sessenta) ou no máximo 90 (noventa) dias, renováveis desde que justificado o motivo.

Art. 189-G. Para pesquisa científica, busca e fornecimento da informação não haverá incidência do pagamento da taxa de desarquivamento, mas deverão ser ressarcidos eventuais custos gerados com serviços de extração de cópias reprográficas e os referentes a materiais utilizados, eventualmente, nos termos do art. 12 da Lei 12.527/2011 – Lei de Acesso à Informação Pública.

....

Capítulo XI
DO PROCESSO ELETRÔNICO

Seção I – Do Sistema de Processamento Eletrônico

Art. 1.189. Processo eletrônico é o processo judicial cujas peças, documentos e atos processuais constituem um conjunto de arquivos digitais, que tramitam e são transmitidos, comunicados, armazenados e consultados por meio eletrônico, nos termos da Lei nº 11.419, de 19 de dezembro de 2006.

Art. 1.190. O sistema de processamento eletrônico do Tribunal de Justiça do Estado de São Paulo será utilizado como meio eletrônico de tramitação de processos judiciais, comunicação de atos e transmissão de peças processuais.

Art. 1.191. O acesso ao sistema de processamento eletrônico será feito:

I – no sítio eletrônico do Tribunal de Justiça do Estado de São Paulo na internet, por qualquer pessoa credenciada, mediante uso de certificação digital (ICP- Brasil – Padrão A3);

II – pelos entes conveniados, por meio seguro da integração de sistemas;

III – nos sistemas internos, por magistrados, servidores, funcionários e terceiros autorizados pelo Tribunal de Justiça do Estado de São Paulo.

Parágrafo único. O uso inadequado do sistema de processamento eletrônico do Tribunal de Justiça do Estado de São Paulo que venha a causar prejuízo às partes ou à atividade jurisdicional importará bloqueio do cadastro do usuário, sem prejuízo das demais cominações legais.

Art. 1.192. A autenticidade e integridade dos atos e peças processuais serão garantidas por sistema de segurança eletrônica, mediante uso de certificação digital (ICP-Brasil – Padrão A3).

§ 1º. Os documentos produzidos de forma eletrônica serão assinados digitalmente por seu autor, como garantia da origem e de seu signatário.

§ 2º. Os documentos digitalizados serão assinados ou rubricados:

I – no momento da digitalização, para fins de autenticação;

II – no momento da transmissão, caso não tenham sido previamente assinados ou rubricados.

§ 3º. Fazem a mesma prova que os originais as reproduções digitalizadas de qualquer documento, público ou particular, quando juntados aos autos pelos órgãos da Justiça e seus auxiliares, pelo Ministério Público e seus auxiliares, pelas procuradorias, pelas autoridades policiais, pelas repartições públicas em geral e por advogados públicos ou privados, ressalvada a alegação motivada e fundamentada de adulteração antes ou durante o processo de digitalização.

§ 4º. Os originais dos documentos digitalizados, mencionados no § 3º deste artigo, deverão ser preservados pelo seu detentor até o final do prazo para interposição de ação rescisória, observadas, quanto aos ofícios de justiça, as disposições destas Normas de Serviço.

Art. 1.193. É de exclusiva responsabilidade do titular de certificação digital o uso e sigilo da chave privada da sua identidade digital, não sendo oponível, em nenhuma hipótese, alegação de seu uso indevido.

Art. 1.194. Todos os atos processuais do processo eletrônico serão assinados eletronicamente, por meio de certificação digital.

Parágrafo único. As cartas rogatórias emitidas em processos eletrônicos serão assinadas eletronicamente. Em seguida, serão impressas para aposição de carimbo e assinatura física pelo magistrado do feito.

Art. 1.195. Será considerada original a versão armazenada no servidor do Tribunal de Justiça do Estado de São Paulo, enquanto o processo estiver em tramitação ou arquivado.

Seção II – Do Peticionamento Eletrônico

Subseção I – Disposições Gerais

Art. 1.196. As petições referentes a processos eletrônicos serão produzidas eletronicamente e enviadas pelo sistema de processamento do Tribunal de Justiça do Estado de São Paulo, ressalvada a utilização do meio físico nos casos expressamente previstos neste Capítulo.

Art. 1.197. A correta formação do processo eletrônico constitui responsabilidade do advogado ou procurador, que deverá carregar as peças essenciais e documentos na ordem que devam aparecer no processo:

I – petição;

II – procuração;

III – documentos pessoais e/ou atos constitutivos;

IV – documentos necessários à instrução da causa e;

V – comprovante do recolhimento das despesas processuais, se o caso.

§ 1º. Os documentos digitalizados e anexados às petições eletrônicas serão classificados e organizados de forma a facilitar o exame dos autos eletrônicos.

§ 2º. Quando a forma de apresentação dos documentos ensejar prejuízo ao exercício do contraditório e da ampla defesa, poderá o juiz determinar nova apresentação.

Art. 1.197-A. Compete à autoridade policial o correto cadastro do expediente encaminhado por meio eletrônico, devendo classificar os documentos com observância da exata nomenclatura.

Parágrafo único. Os termos eletrônicos de oitivas e interrogatórios da fase policial serão assinados digitalmente pela autoridade policial e os termos físicos assinados por todos permanecerão na delegacia de polícia, podendo ser solicitados a qualquer tempo.

Art. 1.197-B. As medidas cautelares criminais e da Infância e da Juventude infracional tramitarão digitalmente com numeração própria e independente, sendo vedada a apresentação de pedido cautelar através de petição intermediária ou no relatório final, caso em que deverá o magistrado determinar que a autoridade policial providencie a correta distribuição.

Parágrafo único. Com a chegada do expediente principal (inquérito policial, termo circunstanciado, auto de prisão em flagrante, boletim de ocorrência circunstanciado, auto de apreensão em flagrante ou relatório de investigações) a cautelar deverá ser a este apensada.

Art. 1.198. Os atos processuais das partes consideram-se realizados no dia e na hora de seu recebimento no sistema de processamento eletrônico do Tribunal de Justiça do Estado de São Paulo.

§ 1º. A petição será considerada tempestiva quando recebida até as 24 (vinte e quatro horas) do último dia do prazo, considerada a hora oficial de Brasília.

§ 2º. Considera-se prorrogado o prazo até as 24 (vinte e quatro) horas do primeiro dia útil subsequente ao vencimento quando este ocorrer em dia sem expediente forense.

§ 3º. As petições recebidas em dias sem expediente forense serão consideradas protocoladas no primeiro dia útil seguinte.

Art. 1.199. Será fornecido, pelo sistema de processamento eletrônico do Tribunal de Justiça do Estado de São Paulo, recibo eletrônico dos atos processuais praticados pelos peticionários e que conterá informações relativas à data, à hora da prática do ato e à identificação do processo.

Art. 1.200. O sistema de processamento eletrônico do Tribunal de Justiça do Estado de São Paulo estará ininterruptamente disponível para acesso, salvo nos períodos de sua manutenção.

Art. 1.201. A suspensão dos prazos processuais não impedirá o encaminhamento de petições e a movimentação de processos eletrônicos.

Parágrafo único. Os pedidos decorrentes dos atos praticados durante a suspensão dos prazos processuais serão apreciados após seu término, ressalvados os casos de urgência.

Subseção II – Da Indisponibilidade do Sistema

Art. 1.202. Caracteriza indisponibilidade do sistema ou impossibilidade técnica por parte do Tribunal de Justiça do Estado de São Paulo a falta de oferta ao público externo dos seguintes serviços:

I – consulta aos autos digitais;

II – transmissão eletrônica de peças processuais, inclusive da petição eletrônica;

III – acesso a citações, intimações ou notificações eletrônicas.

Parágrafo único. As falhas de transmissão de dados entre as estações de trabalho do público externo e a rede de comunicação pública, assim como a impossibilidade técnica que decorrerem de falhas nos equipamentos ou programas dos usuários, não caracterizarão indisponibilidade.

Art. 1.203. A indisponibilidade definida no art. 1.202 será aferida por sistema de auditoria estabelecido pela Secretaria de Tecnologia da Informação.

§ 1º. O sistema de auditoria verificará a disponibilidade externa dos serviços referidos no art. 1.202, em intervalos não superiores a 5 (cinco) minutos.

§ 2º. As indisponibilidades do sistema ou impossibilidades técnicas por parte do Tribunal de Justiça serão registradas em relatório de interrupções de funcionamento, a ser divulgado ao público na rede mundial de computadores, devendo conter, pelo menos, as seguintes informações:

I – data, hora e minuto do início e do término da indisponibilidade;

II – o período total de indisponibilidade ocorrido entre as 6h00 e as 23h00;

III – serviços que ficaram indisponíveis.

Art. 1.204. A indisponibilidade de sistema ou impossibilidade técnica serão reconhecidas no sítio do Tribunal de Justiça do Estado de São Paulo na internet (www.tjsp.jus.br).

Nos casos de indisponibilidade do sistema ou impossibilidade técnica por parte do Tribunal de Justiça do Estado de São Paulo:

I – prorroga-se, automaticamente, para o primeiro dia útil seguinte à solução do problema, o termo final para a prática de ato processual sujeito a prazo que vencer no dia da ocorrência da indisponibilidade, desde que ela;

a) seja superior a 60 (sessenta) minutos, ininterruptos ou não, se ocorrida entre as 6h00 e 23h00;

b) ocorra entre as 23h e 24h.

Art. 1.205. serão permitidos o encaminhamento de petições e a prática de outros atos processuais em meio físico, nos casos de risco de perecimento de direito.

§ 1º. As indisponibilidades ocorridas entre a 0h00 e às 6h00 dos dias de expediente forense e as ocorridas em feriados e finais de semana, a qualquer hora, não produzirão o efeito do inciso I deste artigo.

§ 2º. Os prazos fixados em hora ou minuto serão prorrogados até às 24h00 do dia útil seguinte quando:

I – ocorrer indisponibilidade superior a 60 (sessenta) minutos, ininterruptos ou não, nas últimas 24 (vinte e quatro) horas do prazo; ou

II – ocorrer indisponibilidade nos 60 (sessenta) minutos anteriores ao seu término.

§ 3º. A prorrogação de que trata este artigo será feita automaticamente pelo sistema que eventualmente controle o prazo.

§ 4º. As petições urgentes em papel, previstas no inciso II deste artigo, serão recebidas:

I – durante o horário de funcionamento do fórum, no dia em que ocorrida a indisponibilidade do sistema;

II – desde que previamente admitidas pelo Juiz Corregedor Permanente do Distribuidor ou pelo juiz do feito, após confirmadas a indisponibilidade do sistema e a existência de situação que, em tese, demande a apreciação judicial em razão de risco de perecimento de direito, e;

III – instruídas com cópias legíveis dos documentos, vedado o recebimento de documentos originais, sem prejuízo de determinação ulterior e em sentido contrário pelo juiz do feito.

Art. 1.205-A. Na hipótese de "indisponibilidade severa" a indisponibilidade, lentidão ou intermitência superior a 3 (três) horas, ininterruptas ou não, no período entre 9h00 e 19h00, em dias úteis, de qualquer dos serviços indicados no art. 1.202, que será aferida conforme o estabelecido no § 2º do art. 1.203 e art. 1.204, acrescentando-se que quanto à ela a informação deverá ser desde logo divulgada na internet, complementando-se a informação com a hora de seu término quando este ocorrer.

Art. 1.205-B. A indisponibilidade severa por dois ou mais dias consecutivos implica, nos feitos digitais e para os atos de intimação eletrônica eventualmente feitos em processos físicos, suspensão automática dos prazos processuais a partir do segundo dia de indisponibilidade.

§ 1º. Os prazos suspensos nos termos supra retomam automaticamente seu curso a partir do primeiro dia útil sem a indisponibilidade severa.

§ 2º. A indisponibilidade severa não exclui a caracterização e os efeitos da indisponibilidade comum, nos termos dos normativos existentes.

§ 3º. A suspensão dos prazos processuais na forma deste artigo não prejudica a realização de audiências ou outros atos processuais.

Art. 1.205-C. Na situação do artigo anterior, sem prejuízo da divulgação na página do Tribunal de Justiça da situação de indisponibilidade severa, será publicada diariamente no Diário da Justiça Eletrônico a suspensão dos prazos processuais nos termos do Provimento CSM nº 2.537/2019, enquanto perdurar.

Parágrafo único. Encerrado o período de indisponibilidade severa, serão publicados de forma discriminada os termos inicial e final da suspensão.

Art. 1.205-D. A suspensão dos prazos processuais prevista no artigo 1.205-B não alcança o curso do período de graça (10 dias) para ciência dos entes que recebem intimação via Portal e-SAJ.

Subseção III – Das Exceções ao Peticionamento Eletrônico

Art. 1.206. Poderão ser recepcionados pedidos formulados pelas partes, em meio físico, nas hipóteses legais em que for dispensada e não houver assistência de advogado.

Parágrafo único. A parte deverá apresentar cópias legíveis dos documentos, vedado o recebimento de documentos originais, sem prejuízo de determinação ulterior e em sentido contrário pelo juiz do feito.

Art. 1.206-A. Quando não oferecidas através de peticionamento eletrônico, a ser preferencialmente utilizado, as informações, petições, ofícios, documentos e demais interações oriundas de autoridades ou órgãos auxiliares da justiça que não devam obrigatoriamente intervir através de advogado serão encaminhadas em arquivo eletrônico no formato PDF, conforme as especificações técnicas estabelecidas pelo Tribunal de Justiça, ao correio eletrônico institucional do ofício de justiça, devendo constar no campo 'assunto' o número do processo.

Parágrafo Único. Após o recebimento do documento, o ofício de justiça providenciará a devida classificação e vinculação em pdf ao processo eletrônico.

Art. 1.207. Nas unidades perante as quais tramitam processos eletrônicos da competência da Família e Sucessões, o pedido de alimentos formulado pelo credor sem assistência de advogado ('alimentos de balcão') será, depois de recepcionado ou reduzido a termo pelo ofício de justiça, encaminhado ao distribuidor para cadastro e digitalização, com cópia dos documentos apresentados.

§ 1º. Após a digitalização, a petição física e os documentos serão devolvidos ao ofício de justiça, onde aguardará, pelo prazo de 45 (quarenta e cinco) dias, a retirada pelo autor, findo o qual serão inutilizados.

§ 2º. No momento do comparecimento pessoal para deduzir sua pretensão, o autor será cientificado do prazo previsto no § 1º para retirada da documentação.

Art. 1.208. (Revogado).

Seção III – Da Distribuição

Art. 1.209. O peticionamento inicial, para distribuição às Varas Judiciais, exclusivamente digitais ou híbridas, será feito eletronicamente, por meio do Portal e-SAJ do Tribunal de Justiça do Estado de São Paulo na internet.

Parágrafo único. As ações de competência da Infância e Juventude e do Juizado Especial Cível, enviadas pelo peticionamento eletrônico, serão distribuídas pelo Distribuidor e os expedientes recebidos em cartório (Autorização de Viagem, Conselho Tutelar, Cadastramento para fins de adoção, atermação, etc.) serão cadastrados e distribuídos pelo respectivo ofício de justiça da Infância e Juventude ou do Juizado Especial, conforme o caso, que se encarregará da digitalização de eventuais documentos para tramitação no formato digital.

Art. 1.209-A. Os expedientes da área criminal e infracional encaminhados eletronicamente pela delegacia de polícia receberão a numeração única da Resolução nº 65 do CNJ e serão distribuídos automaticamente ao cartório.

Parágrafo único. As delegacias de polícia utilizarão as classes e assuntos processuais da Tabela Unificada Processual – CNJ, também utilizada por este Tribunal de Justiça.

Art. 1.210. Nos Foros em que não estiver configurada a funcionalidade de distribuição automática, o Serviço de Distribuição verificará a correta formação do processo, procedendo ao cancelamento do protocolo do peticionamento eletrônico, com registro do motivo no sistema de processamento eletrônico, intimando-se o peticionário pelo Diário da Justiça Eletrônico – DJE, nos seguintes casos:

I – petição dirigida a varas ou competências não digitais;

II – petição dirigida a juízo diverso daquele indicado no peticionamento eletrônico;

III – envio de documentos desprovidos de petição inicial e;

IV – petição intermediária encaminhada por meio do peticionamento eletrônico de iniciais.

§ 1º. O Serviço de Distribuição deverá confrontar os dados da petição inicial e os informados pelo advogado, procedendo ao complemento do cadastro e promovendo eventuais correções quanto ao preenchimento dos campos necessários (tipos de distribuição, valor da ação e os campos da tela "Partes e Representantes") antes de sua distribuição.

§ 2º. O Serviço de Distribuição não deverá alterar os campos competência, classe e assunto, ressalvados os casos de manifesta divergência entre o cadastro realizado e os dados constantes na petição inicial, submetendo eventuais dúvidas ao Juiz Corregedor Permanente.

Art. 1.211. As petições iniciais anotadas como urgentes ou assim reconhecidas por lei deverão ser distribuídas com prioridade.

Art. 1.212. A petição inicial instrumentalizada em papel será distribuída desde que observados os requisitos do § 4º do artigo 1.205 destas Normas de Serviço.

§ 1º. Deferida a distribuição, e quando inoperante apenas o peticionamento eletrônico, o Serviço de Distribuição protocolará a petição através do SAJ/PRO na tela "Protocolo – Petições Iniciais"; e procederá ao cadastro dos dados, realizando a digitalização das peças, sua categorização e a distribuição no formato eletrônico. Em seguida, a petição em papel será encaminhada ao respectivo ofício de justiça, ficando o requerente cientificado de que terá 45 (quarenta e cinco) dias para retirá-la, sob pena de inutilização da peça e dos documentos.

§ 2º. No caso de inoperância do sistema no Distribuidor:

I – a distribuição será realizada por sorteio, sob a presidência do Juiz Corregedor Permanente, lavrando-se termo nos autos, encaminhando-se a petição ao ofício de justiça da Vara para a qual foi distribuída.

II – regularizado o serviço eletrônico, o ofício de justiça remeterá o processo ao Distribuidor respectivo, que:

a) protocolará a petição através do SAJ/PRO na tela "Protocolo – Petições Iniciais";

b) providenciará a digitalização das peças e sua categorização;

c) em seguida realizará a distribuição do processo no sistema informatizado no formato eletrônico por direcionamento à Vara sorteada, indicando o motivo no campo "observação";

d) devolverá a petição e os documentos ao ofício de justiça, que cadastrará os andamentos e digitalizará os expedientes emitidos.

III – a petição e documentos deverão ser retirados pelo requerente no prazo de 45 (quarenta e cinco) dias, após o qual serão inutilizados.

§ 3º. Em nenhuma hipótese será recebida a petição inicial em papel, quando indeferida sua distribuição.

Art. 1.213. Na hipótese descrita no inciso II do artigo 1.205, o expediente físico de origem da delegacia de polícia, sujeito à distribuição, deverá ser encaminhado ao cartório distribuidor acompanhado de ofício padrão assinado pela autoridade policial apontando a indisponibilidade do sistema informatizado ou a impossibilidade técnica e, ainda, o número de controle único do Registro Digital de Ocorrência – RDO.

§ 1º. (Revogado).

§ 2º. (Revogado).

Art. 1.214. Os embargos à execução e de terceiros, o cumprimento de sentença e a restauração de autos estão sujeitos, independentemente do meio de tramitação do processo principal, ao peticionamento eletrônico obrigatório e tramitarão no formato digital.

Parágrafo único. Anotar-se-á na capa dos autos principais físicos a interposição dos embargos e que estes tramitam em formato eletrônico, certificando-se, ainda, em ambos (autos físicos e eletrônicos) o número dos processos e a forma de tramitação.

§ 2º. (Revogado).

Art. 1.215. A reconvenção, na hipótese de a ação principal tramitar em formato físico, também estará sujeita ao peticionamento físico. Compete ao ofício judicial, assim que oferecida a reconvenção nessas condições, comunicar ao Distribuidor para que este proceda à anotação da reconvenção, na forma do art. 915, parágrafo único.

Parágrafo único. (Revogado).

Art. 1.216. Tratando-se de distribuição automática, nas hipóteses em que o expediente houver sido distribuído pela delegacia de polícia equivocadamente para o Foro competente ao invés do Foro Plantão, ou vice-versa, deverá ser realizada, de maneira excepcional, a redistribuição do expediente através de ato ordinatório, sendo dispensada, nestes casos, a determinação judicial, certificando-se a ocorrência nos autos.

Art. 1.217. (Revogado).

Art. 1.218. (Revogado).

Art. 1.219. Em razão do Banco Nacional de Monitoramento de Prisões – BNMP 2.0, havendo duplicidade na distribuição do expediente deverá ser mantida a numeração do expediente em que foram emitidos documentos (mandado de prisão, ordem de liberação, alvará de soltura etc.), cancelando-se o outro.

§ 1º. As peças produzidas no expediente a ser cancelado que não constem no outro expediente deverão ser trasladadas a este último, certificando-se.

§ 2º. O expediente a ser cancelado deverá ser encaminhado ao distribuidor, com determinação de cancelamento do mesmo, restituindo-se depois ao cartório, se físico.

Seção IV – Do Protocolo de Petições Intermediárias

Art. 1.220. As petições intermediárias serão apresentadas pelo peticionamento eletrônico e encaminhadas diretamente ao ofício de justiça correspondente.

Parágrafo único. Na hipótese de materialização do processo, cuja tramitação era em meio eletrônico, passarão a ser admitidas petições em meio físico. Retomada a tramitação no meio eletrônico, não mais serão admitidas petições em meio físico.

Art. 1.221. Ressalvado o disposto neste Capítulo, os Setores de Protocolo do Tribunal de Justiça do Estado de São Paulo não poderão receber petições em papel dirigidas aos processos que tramitam eletronicamente.

§ 1º. Em caso de recebimento indevido, caberá ao Setor de Protocolo de origem cancelar o protocolo e intimar o peticionário pelo Diário da Justiça Eletrônico – DJE para retirada da petição. Se o Ofício de Justiça verificar o recebimento indevido antes do cadastramento, devolverá a petição ao protocolo de origem. Se a verificação ocorrer após o cadastramento da petição pelo Ofício de Justiça, caberá a este adotar as providências necessárias para a devida regularização.

§ 2º. Admitir-se-á, nos Foros Digitais, o protocolo integrado de petições em papel dirigidas a processos físicos em tramitação nas demais Comarcas do Estado.

Art. 1.222. Em caso de indisponibilidade do serviço de peticionamento eletrônico ou impossibilidade técnica, a petição intermediária em papel será recebida desde que observados os requisitos do § 4º do artigo 1.205 destas Normas de Serviço.

§ 1º. Deferida a juntada pelo juiz do feito, o ofício de justiça protocolará a petição, dispensada a remessa para o Setor de Protocolo, e caso verifique o funcionamento do sistema informatizado, procederá à digitalização das peças e o trâmite eletrônico regular do processo.

§ 2º. Caso inoperante o sistema, o processamento seguirá fisicamente, devendo o ofício de justiça proceder à digitalização tão logo seja restabelecido o funcionamento.

§ 3º. Nos casos dos parágrafos anteriores, cientificar-se-á o requerente de que terá 45 (quarenta e cinco) dias, a partir da digitalização, para retirar a petição, sob pena de inutilização da peça e dos documentos pelo ofício de justiça.

Art. 1.223. (Revogado).

Parágrafo único. (Revogado).

Seção V – Da Consulta às Movimentações Processuais e Decisões

Art. 1.224. É livre a consulta, no sítio do Tribunal de Justiça do Estado de São Paulo, às movimentações processuais, inteiro teor das decisões, sentenças, votos, acórdãos e aos mandados de prisão registrados no BNMP.

§ 1º. O advogado, o defensor público, as partes e o membro do Ministério Público, cadastrados e habilitados nos autos, terão acesso a todo o conteúdo do processo eletrônico.

§ 2º. Os advogados, defensores públicos, procuradores e membros do Ministério Público, não vinculados a processo, previamente identificados, poderão acessar todos os atos e documentos processuais armazenados, salvo nos casos de processos em sigilo ou segredo de justiça.

Art. 1.225. Os processos que tramitam no sistema de processamento eletrônico do Tribunal de Justiça do Estado de São Paulo, em segredo de justiça, só poderão ser consultados pelas partes e procuradores habilitados a atuar no processo.

§ 1º. A indicação de que um processo está submetido a segredo de justiça deverá ser incluída no sistema de processamento eletrônico do Tribunal de Justiça do Estado de São Paulo:

I – no ato do ajuizamento por indicação do advogado, procurador ou autoridade policial;

II – no ato da transmissão, quando se tratar de recurso interposto em primeiro grau, pelo órgão judicial de origem;

III – por determinação do juiz ou do relator;

IV – automaticamente, por expressa previsão legal, conforme tabela de classes e assuntos padronizadas no sistema.

§ 2º. A indicação implica impossibilidade de consulta dos autos por quem não seja parte no processo, nos termos da legislação específica, e é presumida válida, até decisão judicial em sentido contrário, de ofício ou a requerimento da parte.

§ 3º. A indicação proveniente do advogado ou procurador será submetida à imediata análise pelo juiz.

Art. 1.226. A consulta da íntegra de processos eletrônicos na internet observará as seguintes regras:

I – os advogados, após cadastramento no Portal E-Saj, e mediante uso da certificação digital ou login e senha, poderão consultar a íntegra de processos públicos e a íntegra de processos em que decretado o segredo de justiça, desde que, no último caso, estejam vinculados por força de procuração nos autos;

II – às partes será fornecida senha para acesso à íntegra de seu processo eletrônico juntamente com a citação ou quando solicitada, sendo possível o requerimento e a retirada pelo advogado constituído, circunstância essa que deverá ser certificada nos autos;

III – Para consulta da íntegra dos autos digitais na internet será fornecida senha de acesso a terceiros legitimamente interessados para autos que tramitem em sigilo, peritos, assistentes e outros auxiliares da justiça nomeados nos autos, de acordo com o tipo de participação no processo, mediante autorização do magistrado.

IV – nos processos eletrônicos de execução criminal, inclusive no caso de segredo de justiça, salvo determinação judicial em sentido contrário, quando solicitada, será fornecida senha à vítima pelo tempo da pena imposta ou, a depender do montante, renovável até o término, sendo possível o requerimento e a retirada pelo advogado constituído, circunstância essa que deverá ser certificada nos autos.

Parágrafo único. (Revogado).

§ 1º. A solicitação da senha de acesso poderá ser encaminhada pela parte interessada ou seu representante legal aos canais institucionais de atendimento virtual da Unidade Judicial em que tramita o processo, com cópia do respectivo documento pessoal com foto.

§ 2º. A Unidade Judicial confirmará a identidade do solicitante por meio de videoconferência, sendo necessária a exibição do documento pessoal.

§ 3º. A Unidade Judicial deverá verificar se a citação já foi efetivada e, em caso negativo, procederá ao ato citatório, com o lançamento da certidão respectiva nos autos e informação ao réu da concretização do ato.

§ 4º. Após a confirmação da identidade do solicitante e a efetivação da citação, se o caso, a Unidade Judicial encaminhará a senha de acesso do processo pelo mesmo canal de atendimento em que foi realizada a solicitação, sem a necessidade de deslocamento até a Unidade Judicial, juntando nos autos o histórico das comunicações.

Art. 1.226-A. O acesso à integra dos processos digitais que não tramitem sob segredo de justiça a terceiro interessado será franqueado mediante uso de senha pessoal e intransferível, disponibilizada para utilização pelo período de 24 (vinte e quatro) horas após a sua emissão.

§ 1º. O terceiro interessado encaminhará requerimento próprio contendo sua qualificação e a declaração de responsabilidade pessoal pelo conteúdo das informações acessadas aos canais institucionais de atendimento virtual da Unidade Judicial em que tramita o processo, com cópia do respectivo documento pessoal com foto.

§ 2º. A Unidade Judicial confirmará a identidade do solicitante por meio de videoconferência, sendo necessária a exibição do documento pessoal.

§ 3º. Após a confirmação a Unidade Judicial encaminhará a senha de acesso do processo pelo mesmo canal de atendimento em que foi realizada a solicitação, juntando nos autos o histórico das comunicações e a declaração de responsabilidade pessoal.

§ 4º. Para os pedidos formulados presencialmente, a impressão da senha será providenciada pela Unidade Judicial em que tramita o processo, hipótese em que, após digitalizados e importados para os autos, os requerimentos serão arquivados em classificador próprio.

§ 5º. Decorridos 45 (quarenta e cinco) dias da emissão da senha nos termos do parágrafo anterior, os documentos mencionados no parágrafo anterior poderão ser inutilizados, observadas as diretrizes do Comunicado SAD nº 11/2010.

Art. 1.227. Sempre que possível, os documentos serão disponibilizados na internet para impressão pelo advogado ou interessado.

Parágrafo único. (Revogado).

Seção VI – Da Tramitação dos Processos Eletrônicos

Subseção I – Disposição inicial

Art. 1.228. Aplicam-se aos Ofícios de Justiça Digitais e ao processo eletrônico, subsidiariamente, e no que compatível, os dispositivos previstos nos demais capítulos destas Normas de Serviço.

Subseção II – Das Providências Gerais

Art. 1.229. Recebidos os autos digitais do distribuidor, o ofício de justiça identificará os processos que necessitem de tratamento urgente (pedido de liminar, tutela antecipada etc.) e adotará as providências necessárias, promovendo, se o caso, a correção do cadastro realizado inicialmente pelo advogado. Para as petições iniciais protocoladas por meio do peticionamento eletrônico poderá ser utilizada a funcionalidade do sistema que possibilita a correção/complemento do cadastro pelo próprio advogado ou procurador

§ 1º. A mesma identificação será feita nos processos em andamento no ofício de justiça, após manifestações do Ministério Público, da Defensoria Pública, dos auxiliares da justiça (peritos, administradores judiciais etc.) e das partes.

§ 2º. A correção dos dados dos expedientes distribuídos por meio da integração com a Polícia Civil, durante a fase investigatória, deverá ser comunicada à autoridade policial, a quem cabe realizá-la.

§ 3º. Em caso de necessidade de correção de Classe, deverão ser verificadas as regras do art. 882 destas Normas de Serviço.

Art. 1.230. O ofício de justiça conferirá as peças do processo e o cadastro dos advogados para fins de publicação no Diário da Justiça Eletrônico – DJE.

Art. 1.231. Os alertas de pendência serão excluídos, somente e logo após, o efetivo encerramento da pendência a que se referem.

Art. 1.232. As informações que, por força das determinações constantes nos demais Capítulos destas Normas, devam ser anotadas na capa dos autos (como, por exemplo, penhora no rosto dos autos, agravos retidos e de instrumento, embargos de terceiro e à execução) serão objeto de "alertas de pendência" no sistema de processamento eletrônico.

Art. 1.233. Sem prejuízo da anotação correspondente no campo próprio, é obrigatória a utilização das tarjas coloridas disponibilizadas no sistema informatizado para identificação visual das seguintes situações processuais:

I – justiça gratuita;

II – réu preso;

III – prioridade idoso;

IV – prioridade pessoa com deficiência;

V – prioridade pessoa com doença grave;

VI – urgente;

VII – segredo de justiça;

VIII – atuação ministério público;

IX – sigilo absoluto;

X – sigilo externo;

XI – pedido de diligência;

XII – cadastro de penhora no rosto dos autos;

XIII – análise de penhora;

XIV – preso por outro juízo;

XV – suspensão do artigo 89 da Lei 9.099/95;

XVI – vítima criança ou adolescente;

XVII – sentença registrada;

XVIII – dignidade sexual;

XIX – prioridade – execução fiscal;

XX – defensoria pública;

XXI – curador especial/advogado dativo;

XXII – processos suspensos (CPP, art. 366);

XXIII – réu menor de 21 anos ou maior de 70 anos de idade;

XVIV– competência Lei Maria da Penha;

XXV – vítima ou testemunha protegida;

XXVI – processo de adoção;

XXVII – crimes dolosos contra a vida (Lei Maria da Penha);

XVIII – Juízo 100% Digital.

XXIX – pessoa protegida pelo PROVITA/SP.

Parágrafo único. Enquanto não disponibilizadas todas as tarjas obrigatórias, as situações a que se referem devem ser objeto de alertas no sistema informatizado.

Art. 1.234. O ofício de justiça utilizará, obrigatoriamente, os botões de atividade, sempre que a atividade ou funcionalidade do processo eletrônico puder ser realizada por meio desses botões.

Art. 1.235. Sempre que o sistema permitir, o Magistrado, seu gabinete e o ofício de justiça procederão obrigatoriamente à configuração de atos na criação de modelos de despacho, decisões, sentenças e atos ordinatórios.

Art. 1.236. O ofício de justiça, ao menos uma vez por mês, verificará todas as filas do subfluxo de processos e petições e todas as fases do subfluxo de documentos, visando, quando for o caso, à movimentação dos processos nelas inseridos indevidamente.

Parágrafo único. Para o controle da prescrição nos processos das competências criminal e execução criminal, deverão ser verificadas as filas "Previsão da Prescrição" e "Processos Prescritos" do subfluxo "Acompanhamento", ou relatórios disponíveis no sistema informatizado.

Subseção III – Da Elaboração de Expedientes pelo Ofício de Justiça

Art. 1.237. Na elaboração dos documentos, serão utilizados os modelos de expediente institucionais padronizados, autorizados e aprovados pela Corregedoria Geral da Justiça.

Parágrafo único. Os modelos institucionais possuirão a respectiva movimentação vinculada, a fim de garantir estatísticas fidedignas.

Art. 1.238. A criação de modelos de grupo ou usuário realizar-se-á a partir dos modelos institucionais ou da autoria intelectual do magistrado e somente será permitida para as seguintes categorias:

I – ajuizamentos;

II – atos ordinatórios;

III – autos;

IV – cartas precatórias/rogatórias;

V – certidões de cartório;

VI – decisões;

VII – despachos;

VIII – editais;

IX – expedientes do Distribuidor;

X – formais;

XI – mandados – outros;

XII – ofícios;

XIII – requerimentos;

XIV – sentenças;

XV – Setor Técnico – Assistente Social;

XVI – Setor Técnico – Psicologia;

XVII – termo;

XVIII – termos de audiência.

§ 1º. Na configuração dos modelos de grupo ou usuário, o ofício de justiça preencherá:

I – na aba "Informações", o nome, tipo, área e a classificação "grupo";

II – na aba "Movimentações", a movimentação que reflita o teor do expediente;

III – na aba "Compartilhamentos", o tipo "grupo";

IV – na aba "Assinaturas", o(s) agente(s) que assinará(ão) o documento;

V – na aba "Atos do documento", o tipo de ato, a forma, o código do modelo se o caso, o prazo, o tipo de seleção (partes a que se destina o documento) e o modo de finalização.

§ 2º. Em relação às cartas rogatórias deverá ser observado o procedimento estabelecido no art, 131.

§ 3º. Sempre que cabível, a fim de possibilitar trabalho em lote e filtro nas filas de trabalho pela serventia judicial, deverão ser utilizados modelos de grupo, que conterão, obrigatoriamente, as seguintes características:

a) vinculação de atos correspondentes, nos termos do artigo 1.235;

b) nomeação do modelo com termos que correspondam ao teor do documento, inclusive com a informação do ato a ele vinculado, se o caso;

c) indicação, no cadastro ou no nome do modelo, quanto à necessidade de análise e cumprimento do ato judicial pelo cartório;

d) indicação, no cadastro ou no nome do modelo, das informações do prazo a ser cumprido em decorrência da publicação do ato judicial no Diário Oficial;

e) vinculação da movimentação específica, a fim de permitir a extração de dados estatísticos para o Tribunal;

f) vinculação dos atos de encaminhamento aos Portais de intimação eletrônica, tais como do Ministério Público, da Defensoria Pública e da Fazenda Pública, preferindo-se a forma automática, sempre que possível;

g) marcação do teor do documento para fins de publicação e emissão de atos (Ctrl + M).

Art. 1.239. O juiz somente lançará no documento assinatura eletrônica, mesmo que o ato deva ser praticado junto à unidade judicial ou extrajudicial de outro Estado da Federação.

Subseção IV – Dos Termos de Conclusão e Vista

Art. 1.240. São dispensados os termos de conclusão e de vista nos autos digitais.

Parágrafo único. Será gerada a movimentação específica no momento do encaminhamento à fila de trabalho, de modo a permitir a identificação inequívoca da data da remessa ao juiz, à Defensoria Pública e ao Ministério Público.

Art. 1.241. Cessada a vinculação do juiz com a vara, eventual abertura de conclusão será comunicada por meio de e-mail institucional do magistrado, o qual conterá(ão) o(s) número(s) do(s) processo(s), procedendo-se ainda a transferência do processo ao magistrado, no sistema informatizado.

Art. 1.242. Na ausência momentânea do juiz do feito, será informado na tela de emissão o nome do magistrado que assinará a decisão.

Parágrafo único. O juiz assinará a decisão mediante inicialização do sistema de processamento eletrônico pelo escrivão ou pelo assistente judiciário.

Subseção V – Do Cumprimento de Ordens Judiciais

Art. 1.243. Nos ofícios de justiça onde implantado o fluxo por atos, o cumprimento das ordens judiciais dar-se-á pelos subfluxos de documentos.

Subseção VI – Da Publicidade de Expedientes e Movimentações

Art. 1.244. A liberação dos expedientes emitidos nos autos digitais é obrigatória, a fim de que haja visibilidade externa e possibilidade de consulta na internet.

Parágrafo único. Para os casos em que a visibilidade externa possa prejudicar o cumprimento do ato, a movimentação a ser registrada no sistema informatizado será aquela que possui restrição de publicidade. Somente após o efetivo cumprimento do ato, o servidor liberará nos autos digitais a sua visibilidade externa.

Subseção VII – Das Citações, Intimações e Notificações

Art. 1.245. Nos processos eletrônicos, as cartas e os mandados de citação conterão senha que viabilize o acesso à íntegra dos autos digitais pela internet.

§ 1º. Não dispondo a Lei ou estas Normas de Serviço de modo diverso, a citação, a intimação e a notificação pelo Correio serão efetuadas por meio da Carta AR Digital Unipaginada.

§ 2º. É vedado, salvo determinação judicial em sentido contrário, o encaminhamento de cópia da petição inicial em papel, cabendo ao ofício de justiça sua impressão, mediante o recolhimento, quando o caso, do valor referente ao custo de reprodução da peça processual.

§ 3º. Tratando-se de processos criminais ou de apuração de ato infracional, o mandado de citação deverá ser instruído com cópia, respectivamente, da denúncia ou representação.

§ 4º. Nas hipóteses de cumprimento remoto de ordens judiciais de comunicações em geral, como citação, intimação ou notificação, para Unidades Prisionais ou de Internação, poderá o Juiz do feito, a seu critério, dispensar a expedição de mandado para que a ordem judicial seja cumprida diretamente pelo Ofício Judicial, certificados os atos por serventuário com fé pública.

Art. 1.246. As intimações e notificações serão realizadas por meio do Diário da Justiça Eletrônico – DJE, ressalvadas as exceções previstas em lei.

Art. 1.247. Na impossibilidade do uso do meio eletrônico, a citação, intimação, notificação e atos cartorários urgentes serão praticados segundo os meios ordinários.

Art. 1.248. As instituições que gozam de prerrogativa de intimação pessoal serão intimadas por meio de portal próprio.

§ 1º. As unidades habilitadas ao Portal da Defensoria Pública e do Ministério Público efetuarão as intimações eletronicamente, mediante configuração do ato junto ao sistema.

§ 2º. Enquanto não disponibilizado o acesso ao portal referido no *caput*, as intimações dar-se-ão pelos meios ordinários.

Art. 1.248-A. Nas intimações realizadas por meio de Portal Eletrônico:

I – a certificação de remessa da intimação ao Portal Eletrônico será emitida automaticamente pelo sistema informatizado e lançada na pasta digital do processo, com a respectiva movimentação no andamento do processo;

II – considerar-se-á realizada a intimação no dia em que o intimando efetivar a consulta eletrônica ao teor da intimação, circunstância que ensejará o lançamento automático de certidão de ciência;

III – na hipótese do inciso II, nos casos em que a consulta se dê em dia não útil, a intimação será considerada como realizada no primeiro dia útil seguinte;

IV – a consulta referida nos incisos II e III deverá ser feita em até 10 (dez) dias corridos contados da data do envio da intimação, sob pena de considerar-se a intimação automaticamente realizada na data do término desse prazo;

V – na hipótese do inciso IV, o sistema informatizado oficial lançará certidão de "não leitura" na pasta digital do processo, com a respectiva movimentação no andamento do processo.

Art. 1.249. A unidade judicial emitirá certidões de remessa e de publicações das intimações realizadas no Diário da Justiça Eletrônico existentes no sistema, até a implantação da rotina da Publicação Automática.

Subseção VIII – Da Contagem e do Controle de Prazos

Art. 1.250. Nas citações ou intimações pelo correio, considera-se como data de juntada do aviso de recebimento aos autos, para fins de contagem do prazo (artigo 231 do Código de Processo Civil):

I – a data da digitalização e liberação, pelo ofício de justiça, no processo eletrônico, do aviso de recebimento físico;

II – a data da disponibilização, pelos Correios, no processo eletrônico, do aviso de recebimento digital.

Art. 1.251. Quando a citação ou intimação for realizada por oficial de justiça, ao receber o mandado positivo, o ofício de justiça procederá à sua digitalização e liberação nos autos e, ato contínuo, liberará a certidão do oficial de justiça, por este assinada eletronicamente, momento a partir do qual se considera juntado o mandado aos autos digitais, para fins de contagem de prazo (artigo 231 do Código de Processo Civil).

Parágrafo único. No caso de mandado negativo, o ofício de justiça liberará a certidão do oficial de justiça por este assinada eletronicamente, sendo desnecessária a digitalização do mandado pelo ofício de justiça, cabendo-lhe apenas a prática do ato ordinatório pertinente.

Art. 1.252. Quando a citação ou intimação se realizar por carta precatória ou rogatória, o ofício de justiça, ao receber a carta cumprida, procederá à sua digitalização e liberação nos autos, momento a partir do qual se considera juntada a carta aos autos digitais, para fins de contagem de prazo (artigo 231, inciso VI, do Código de Processo Civil).

Parágrafo único. Em caso de cumprimento do disposto no artigo 232 do Código de Processo Civil, o que será feito pelo juízo deprecado, o prazo será computado a partir da juntada aos autos da comunicação encaminhada.

Art. 1.253. É vedado o controle de prazos por meio da fila "aguardando decurso de prazo – publicação".

Art. 1.254. Todos os processos que aguardam o decurso de prazo decorrente de publicação no Diário da Justiça Eletrônico serão movimentados para a fila "aguardando decurso de prazo".

§ 1º. O ofício de justiça preencherá, em campo específico, a data da disponibilização no Diário da Justiça Eletrônico (publicação de despacho, ato ordinatório, decisão interlocutória, sentença) e, em seguida, a quantidade de dias do prazo, para que então o sistema gere automaticamente o seu termo final.

§ 2º. Verificar-se-á diariamente a fila "aguardando decurso de prazo", adotando-se as providências necessárias quanto aos processos com prazo vencido.

Art. 1.255. O decurso de prazo decorrente de emissão de documentos será controlado por meio do subfluxo do respectivo documento.

Parágrafo único. Os prazos de cada documento serão indicados no momento da configuração do ato no modelo de grupo.

Subseção IX – Da Juntada de Petições Intermediárias

Art. 1.256. As petições intermediárias, até que seja disponibilizada a funcionalidade da certificação automática, serão juntadas independentemente da lavratura dos correspondentes termos, devendo ser utilizado o tipo de petição específica que permita a identificação inequívoca da data do ato, lançada a respectiva movimentação pelo sistema.

§1º. Quando da materialização de processos eletrônicos, anexar-se-á aos autos extrato ou ficha de movimentação processual.

§ 2º. Verificada a existência de petições intermediárias sujeitas à distribuição, o ofício de justiça intimará o peticionário pelo Diário da Justiça Eletrônico – DJE para que promova o peticionamento eletrônico como inicial.

Art. 1.257. Os documentos recebidos por outros meios eletrônicos (*e-mail*, Sistema Malote Digital ou outro que venha a ser instituído), desde que autorizada a utilização destes, serão diretamente juntados aos autos digitais, em formato eletrônico (PDF).

Subseção X – Da Digitalização e da Guarda de Petições e Documentos

Art. 1.258. As petições e documentos recebidos em papel, dirigidos a processos eletrônicos, nos casos permitidos, serão digitalizados, juntados aos autos e mantidos no ofício de justiça pelo período previsto neste artigo.

§ 1º. Os documentos, após digitalização, serão categorizados de acordo com o tipo correspondente, a fim de facilitar a sua rápida identificação dentro da pasta digital.

§ 2º. Depois de digitalizados e juntados aos autos digitais, serão mantidos no ofício de justiça, pelo prazo de 45 (quarenta e cinco) dias, findos os quais, salvo determinação do juiz do feito em sentido contrário, serão inutilizados e encaminhados à reciclagem:

I – os ofícios e/ou respostas, informações, laudos e pareceres oferecidos pelos assistentes técnicos;

II – os documentos que formam os autos de processos judiciais originados no plantão judiciário;

III – os comprovantes de depósito judicial;

IV – os comprovantes de mandado de levantamento judicial (MLJ) cumprido;

V – os originais dos avisos de recebimento, mandados, cartas precatórias e rogatórias, nos quais tenham sido colhidas as respectivas notas de ciente, após manifestação da parte citada ou intimada;

VI – os originais dos avisos de recebimento, mandados, cartas precatórias e rogatórias, nos quais tenham sido colhidas as respectivas notas de ciente, mesmo se não houver manifestação da parte citada ou intimada, nos processos em trâmite no Juizado Especial Cível;

VII – os originais dos avisos de recebimento, cartas precatórias e rogatórias em que a parte não tenha sido citada ou intimada;

VIII – demais documentos elencados em Portaria ou Ordem de Serviço expedidos pelo Juiz Corregedor Permanente, após sua aprovação pela Corregedoria Geral da Justiça, nos termos do art. 5º, § 2º, das NSCGJ.

§ 3º. Os originais de mandados, negativos e positivos total ou parcialmente, em que houver recusa de aposição da nota de ciente sem qualquer assinatura ali exarada serão imediatamente inutilizados pelos oficiais de justiça após a lavra da certidão no sistema informatizado, observados os procedimentos dos arts. 1.030 e 1.032.

§ 4º. Serão organizados, em pastas individuais por processo, os originais dos avisos de recebimento, mandados, cartas precatórias e rogatórias, nos quais tenham sido colhidas as respectivas notas de ciente, se não houver manifestação da parte citada ou intimada, os quais serão mantidos até o final do prazo para interposição de ação rescisória.

§ 5º. Toda digitalização dos documentos será supervisionada pelo Escrivão, que zelará para que a qualidade das imagens permita a legibilidade de seu conteúdo.

§ 6º. No caso de ilegibilidade do documento digitalizado, o documento apresentado será mantido em pasta individual do processo, certificando-se nos autos digitais a ocorrência para apreciação do juiz.

§ 7º. O Boletim de Ocorrência Circunstanciado sem a instauração de Inquérito Policial ou qualquer outro procedimento, deverá ser devolvido à competente Delegacia de Polícia para seu arquivamento.

Art. 1.259. Os documentos cuja digitalização em PDF seja tecnicamente inviável devido ao grande volume, por motivo de ilegibilidade (como papeis antigos ou escritos desgastados), em razão do meio em que originalmente produzidos (como mídias, mapas, plantas, radiografias e assemelhados) ou por que devam ser entregues no original serão apresentados ao ofício de justiça no prazo de 10 (dez) dias contados do envio de petição eletrônica (intermediária e/ou inicial) comunicando o fato, os quais serão devolvidos à parte após o trânsito em julgado ou quando determinado pelo juiz do feito, dispensada a remessa ao setor de protocolo.

§ 1º. Os documentos serão identificados com o número do processo, nomes das partes e a designação da Vara e arquivados em pastas individuais por processo.

§ 2º. O ofício de justiça certificará, no processo eletrônico, a apresentação e guarda de documentos em cartório.

§ 3º. Além da mídia original, deverão ser entregues pelo interessado tantas cópias quantas forem as partes do processo, cópias essas que lhes serão disponibilizadas.

Art. 1.260. Tratando-se de cópia digital de título executivo extrajudicial ou outro documento relevante à instrução do processo, o juiz poderá determinar o seu depósito no ofício de justiça, observado o procedimento estabelecido nos parágrafos do art. 1.259.

Parágrafo único. Faculta-se ao juiz a determinação da exibição dos documentos originais apenas para neles sejam lançadas as anotações a respeito de sua vinculação ao processo digital, devolvendo, em seguida, ao apresentante, certificando-se nos autos digitais.

Subseção XI – Da Nomeação dos Peritos e Demais Auxiliares da Justiça Não Serventuários e da Entrega dos Laudos Técnicos

Art. 1.261. Os peritos e demais auxiliares da justiça serão intimados da nomeação por mensagem eletrônica (*e-mail*), enviada pelo ofício de justiça ao correio eletrônico constante do cadastro do auxiliar, no corpo da qual constará a senha de acesso aos autos digitais.

Parágrafo único. A aceitação ou escusa do encargo será formalizada mediante resposta à mensagem eletrônica referida no *caput,* encaminhada ao correio eletrônico institucional do ofício de justiça, resposta essa que será digitalizada e liberada nos autos digitais.

Art. 1.262. Os laudos e manifestações de peritos e demais auxiliares da Justiça que atuem em processos eletrônicos serão apresentados em arquivo eletrônico no formato PDF, por meio de peticionamento eletrônico diretamente no Portal e-SAJ, mediante a utilização de certificado digital.

§ 1º. O perito ou auxiliar da justiça, ao inserir o documento, providenciará a devida classificação e vinculação do documento em PDF ao processo eletrônico.

§ 2º. O Ofício de Justiça poderá corrigir a organização dos documentos digitalizados e anexados, de forma a facilitar o exame dos autos eletrônicos.

§ 3º. A entrega dos laudos na forma prevista neste artigo dar-se-á sem prejuízo de outros meios que vierem a ser criados, como portais próprios.

Subseção XII – Das Informações Obtidas por Meio do Infojud, Bacenjud, Renajud e Outros Similares

Art. 1.263. As informações relacionadas à consulta de endereço ou à situação econômico-financeira das partes, obtidas por meio do Infojud ou outro meio similar serão juntadas aos autos.

Parágrafo único. (Revogado).

§ 1º. As informações relacionadas à situação econômico-financeira ou outras de natureza sigilosa, dirigidas a processos digitais, serão juntadas aos autos com o tipo específico de documento digital sigiloso, configurado para que o acesso, via Portal e-SAJ, fique restrito aos advogados das partes e, desde que devidamente habilitados a atuar no processo, aos defensores públicos, promotores de justiça e integrantes de outras instituições conveniadas.

§ 2º. Caso a informação de natureza sigilosa não tenha tipo específico, o cartório utilizará o tipo genérico 'documento sigiloso'.

Art. 1.264. As informações prestadas pelo Bacenjud, que se restrinjam a declinar o bloqueio ou não dos valores determinados pelo Juízo, ou pelo Renajud, que se limitem a declinar quais veículos foram bloqueados, ou por qualquer outro sistema similar serão importadas do sistema – ou digitalizadas se enviadas em meio físico –, e em seguida liberadas nos autos digitais, praticando o ofício de justiça o ato ordinatório pertinente.

Subseção XIII – Da Expedição de Mandados de Levantamento

Art. 1.265. Os processos que se encontram na fase de expedição de mandados de levantamento serão encaminhados para a fila "ag. análise de cartório urgente".

Subseção XIV – Da Prática de Atos Processuais Mediante a Utilização de Sistema de Fac-Símile

Art. 1.266. As normas que tratam da utilização do sistema de transmissão de dados e imagens tipo fac-símile (*fax*) para a prática de atos processuais não se aplicam aos processos que tramitam eletronicamente.

Subseção XV – Das Audiências

Art. 1.267. As audiências serão cadastradas na pauta de audiências do sistema de processamento eletrônico, mantendo-se atualizados os dados em relação ao seu resultado, bem como quanto às redesignações e aos cancelamentos determinados pelo juiz.

§ 1º. Os agendamentos das audiências serão imediatamente anotados no sistema, para que a data conste automaticamente dos expedientes.

§ 2º. Poderá ser impressa via em pdf da pasta digital visando garantir a visualização pelo juiz, caso indisponível o sistema informatizado ou o seu acesso quando da realização do ato.

Art. 1.268. A contestação e eventuais documentos que devam ser apresentados em audiência serão objeto de peticionamento eletrônico prévio, se o advogado não dispuser de meios tecnológicos necessários para fazê-lo no momento de sua realização.

Parágrafo único. A critério do juiz do feito, faculta-se a apresentação das peças, em audiência, em mídia eletrônica (pen drive) no formato PDF ou em papel, para inserção nos autos digitais.

Art. 1.269. Os termos de audiências serão assinados eletronicamente pelo juiz.

§ 1º. Cópias do termo de audiência, assinadas eletronicamente pelo juiz, serão impressas e assinadas fisicamente pelos presentes (escrevente, partes, advogados, defensores, procuradores etc.) e entregues aos advogados das partes, consignando-se essas circunstâncias no referido termo.

§ 2º. Eventuais contradições na transcrição deverão ser suscitadas oralmente no momento da realização do ato, sob pena de preclusão.

Art. 1.270. O depoimento da testemunha poderá ser registrado por meio audiovisual, observando-se, nesse caso, ao disposto nos artigos 150 e seguintes, ou registrado em termo assinado eletronicamente pelo juiz.

§ 1º. Cópias do termo, assinadas eletronicamente pelo juiz, serão impressas e assinadas fisicamente pelo depoente e pelos advogados e entregues aos subscritores, consignando-se essas circunstâncias no referido termo.

§ 2º. Eventuais contradições na transcrição deverão ser suscitadas oralmente no momento da realização do ato, sob pena de preclusão.

Art. 1.271. A transcrição da fita de estenotipia, sempre que possível, será realizada diretamente no sistema de processamento eletrônico e assinada eletronicamente.

Subseção XVI – Das Sentenças

Art. 1.272. (Suprimido).

Subseção XVII – Dos Formais de Partilha e Cartas de Sentença

Art. 1.273. As peças necessárias à formação do formal de partilha, carta de adjudicação e de arrematação e documentos semelhantes, de que trata o art. 221 destas Normas de Serviço, extraídas do processo eletrônico, serão impressas pelo ofício de justiça responsável pelo feito, após a comprovação do pagamento, pelo interessado, da taxa correspondente à reprodução de peças do processo (Lei 11.608/2003, art; 2º, parágrafo único, "V"), consoante o valor vigente estipulado para a cópia reprográfica.

Parágrafo único. O escrivão judicial rubricará todas as folhas, imediatamente à sua impressão, dispensando-se a autenticação.

Art. 1.273-A. A requerimento da parte, o formal de partilha, a carta de sentença, a carta de adjudicação e de arrematação, e os documentos semelhantes previstos no art. 221 das Normas de Serviço, originados de processo eletrônico e destinados aos Serviços Notariais e de Registro, poderão ser expedidos para remessa eletrônica aos Serviços Notarias e de Registro, observando-se o seguinte procedimento:

I – emissão dos termos de abertura e de encerramento, constando daquele o número da folha inicial e final do processo em que é expedido o termo, bem como senha de acesso aos autos pelo Oficial de Registro ou Tabelião;

II – assinatura eletrônica dos termos de abertura e de encerramento pelo Escrivão e pelo Magistrado;

III – liberação dos termos na pasta digital dos autos eletrônicos;

IV – intimação da parte interessada, por ato ordinário, para a remessa dos termos por meio eletrônico ao Registro Público ou Tabelionato destinatário.

Subseção XVIII
Das Decisões Terminativas de Notificações, Interpelações e Protestos

Art. 1.274. Das decisões terminativas em Notificações, Interpelações e Protestos, constará determinação de impressão a partir de consulta processual na internet.

Parágrafo único. Após o trânsito em julgado, o processo será movido para a pasta de processos arquivados.

Subseção XIX – Do Envio e Recebimento de Recursos

Art. 1.275. Interposto o recurso, a remessa de autos digitais à Segunda Instância será realizada eletronicamente, por meio do botão de atividade.

§ 1º. O ofício de justiça remeterá o processo à Segunda Instância sem qualquer pendência (juntada de petições, expedientes pendentes de assinatura, certificação de publicações, de recolhimento de custas iniciais e preparo, cadastro atualizado de advogados e outros).

§ 2º. Não há cobrança de despesas de porte de remessa e retorno quando se tratar de transmissão integralmente eletrônica, seja de autos entre primeira e segunda instâncias, seja de autos de competência originária deste Tribunal.

§ 3º. Existindo mídias ou outros objetos que devam ser remetidos pela via tradicional (malote) à superior instância, será cobrada a taxa do porte de remessa e de retorno correspondente a um volume de autos para cada objeto a ser encaminhado.

§ 4º. Na certidão de remessa dos autos digitais deverá ser indicado obrigatoriamente o envio de mídia(s) pela via tradicional (malote), ou sua eventual inexistência.

§ 5º. Para o envio de recursos aos Colégios Recursais não digitalizados, o Juizado Especial deverá imprimir e autuar o processo, anexar o extrato de movimentações e movê-lo para a fila própria. Após a implementação do processamento eletrônico, observar-se-á o *caput* deste artigo.

Art. 1.276. Após a devolução dos autos materializados em Segunda Instância, serão observados os seguintes procedimentos, se necessário:

I – ao recebê-los, juntamente com a senha de acesso aos autos em segunda instância, o ofício de justiça digitalizará todas as peças produzidas na instância superior, podendo importar aquelas produzidas no sistema eletrônico, categorizando-as e inserindo-as no processo eletrônico de primeira instância;

II – a partir de então, o processo retomará sua tramitação na forma eletrônica, procedendo-se à intimação das partes pelo Diário da Justiça Eletrônico – DJE, tornando-se obrigatório, novamente, o peticionamento eletrônico;

III – as peças que foram materializadas e retornarem à primeira instância quando do julgamento, bem como aquelas "importadas" do sistema SAJ/PG assinadas digitalmente, poderão ser descartadas;

IV – as peças que forem digitalizadas serão arquivadas em cartório, em pastas individuais, organizadas pelo número do processo.

Subseção XX – Das Providências Adotadas após o Julgamento dos Agravos de Instrumento e Conflitos de Competência

Art. 1.277. Ao receber da Segunda Instância comunicação de julgamento de agravos de instrumento e de conflitos de competência digitais, o ofício de justiça deverá, mediante uso da senha do processo encaminhada na mensagem eletrônica enviada pelo Serviço de Processamento das Câmaras, consultar o inteiro teor dos autos digitais no site do Tribunal de Justiça e providenciar a juntada da mensagem, da cópia do acórdão ou decisão monocrática e da certidão de trânsito em julgado, sendo desnecessária a juntada das demais peças indicadas nos arts. 208 e 209.

Parágrafo único. As unidades de Primeira Instância poderão, observadas as regras destas Normas relativas às comunicações eletrônicas, solicitar a senha de acesso aos agravos de instrumento e conflitos de competência, via *e-mail* institucional, mesmo antes do julgamento final, caso necessário.

Subseção XXI – Do Cadastramento de Incidentes e Ações Dependentes

Art. 1.278. A tramitação das ações eletrônicas, distribuídas por dependência a processos que tramitam em papel, permanecerá no formato eletrônico

Parágrafo único. Deverá ser anotada na capa do processo físico a existência de feito dependente que tramita no formato eletrônico, certificando em ambos o número dos processos e a forma de tramitação.

Subseção XXII – Da Redistribuição de Processos Eletrônicos

Art. 1.279. Os processos eletrônicos que devam ser redistribuídos a outras unidades judiciais de primeira instância do Estado de São Paulo serão encaminhados ao distribuidor em fila própria, lançando-se a movimentação correspondente.

Art. 1.280. Se no Foro destinatário os processos tramitarem de forma exclusivamente eletrônica, o distribuidor digitalizará os processos físicos recebidos por redistribuição, para que passem a tramitar em meio eletrônico.

Parágrafo único. Se o Foro destinatário da redistribuição possuir tramitação híbrida, os processos físicos continuarão a tramitar em meio físico.

Art. 1.280-A. Para redistribuição a outros Tribunais, o distribuidor receberá em carga o processo materializado e impresso, devendo proceder à anotação na movimentação unitária.

§ 1º. Nos casos de retorno dos autos, o distribuidor tornará o processo eletrônico, digitalizará as peças produzidas em papel no outro Tribunal e distribuirá o processo à unidade judicial competente.

§ 2º. Havendo prévio conhecimento de que no Tribunal de destino tramitam autos no formato digital, o processo eletrônico poderá ser remetido por meio de mídia eletrônica. Nesse caso, o ofício de justiça encaminhará o processo ao distribuidor em fila própria e este providenciará a gravação dos autos e respectivo extrato em mídia, enviando-a ao Tribunal de destino por meio de ofício, e procederá à anotação na movimentação unitária.

Subseção XXIII – Do Desentranhamento

Art. 1.281. Havendo necessidade de desentranhamento de documentos em autos digitais, por intempestividade ou qualquer outro motivo determinado pelo juiz, utilizar-se-á a funcionalidade "tornar sem efeito".

Subseção XXIV
Das Cópias Pagas de Peças Processuais de Processos Eletrônicos

Art. 1.282. Requerimentos de impressão de processos digitais, apresentados diretamente no balcão de atendimento do Oficio de justiça, serão colhidos mediante elaboração de certidão, à vista do disposto no art. 158 das Normas de Serviço, e recolhimento do custo correspondente ao valor estipulado para a cópia reprográfica.

Subseção XXV – Do Arquivamento e Desarquivamento

Art. 1.283. Determinado pelo Magistrado o arquivamento dos autos, o ofício de justiça verificará as pendências, encerrará eventuais atos do sistema, lançará a movimentação correspondente e encaminhará o processo para fila própria.

Parágrafo único. Antes de proceder ao arquivamento, o ofício de justiça regularizará as movimentações e cadastros das situações não informadas ao sistema, de modo a formar um banco de dados o mais completo possível.

Art. 1.284. No desarquivamento do processo, o ofício de justiça deverá observar o motivo, utilizando as atividades do sistema informatizado de "Desarquivamento sem Reabertura" ou "Desarquivamento com Reabertura" que reativará o processo para fins de andamento e apontamento de certidões.

Subseção XXVI – Do Cumprimento de Sentença

Art. 1.285. O cumprimento de sentença de processos eletrônicos observará, no que couber, o disposto no art. 917 destas Normas de Serviço, dispensado o traslado das peças indicadas nos incisos I, II e IV do § 2º do art. 1286, exigíveis apenas nas hipóteses em que o pedido for distribuído em Juízo diverso daquele em que formado o título executivo.

Art. 1.286. Tramitará em meio eletrônico, nas unidades híbridas, a execução de sentença proferida em processos físicos.

§ 1º. Após o trânsito em julgado, será proferido despacho ou ato ordinatório cientificando as partes de que eventual cumprimento de sentença deverá tramitar em formato digital.

§ 2º. O requerimento de cumprimento de sentença proferida em autos físicos deverá ser realizado por peticionamento eletrônico e instruído com as seguintes peças:

I – sentença e acórdão, se existente;

II – certidão de trânsito em julgado; se o caso

III – demonstrativo do débito atualizado ou planilha do órgão pagador, quando se tratar de execução por quantia certa;

IV – mandado de citação cumprido e procurações outorgadas aos advogados das partes, além de outras peças processuais que o exequente considere necessárias.

§ 3º. O requerimento de cumprimento de sentença será cadastrado como incidente processual apartado, com numeração própria.

§ 4º. Os autos físicos, nos quais tramitou a fase de conhecimento, permanecerão no ofício de justiça para consulta e extração de cópias pelo prazo de 30 (trinta) dias, contados do requerimento de cumprimento de sentença definitivo, após o qual, salvo determinação judicial em contrário, serão baixados e arquivados definitivamente, com lançamento de movimentação específica.

§ 5º. Finda a fase de cumprimento de sentença, o ofício de justiça lançará as movimentações de baixa e arquivamento no incidente.

§ 6º. Não sendo requerida a execução no prazo de 30 (trinta) dias, o juiz mandará arquivar os autos, sem prejuízo de seu desarquivamento a pedido da parte.

§ 7º. Até que seja autorizada pela Corregedoria Geral da Justiça, fica vedada a conversão ao formato digital dos cumprimentos de sentença que já tramitam fisicamente.

§ 8º. Nos casos de cumprimento de sentença contra a Fazenda Pública, se já houver execução oriunda do mesmo processo de conhecimento, novos cumprimentos de sentença poderão ser recebidos e processados no formato físico.

Art. 1.287. Aplica-se o procedimento previsto na presente Subseção aos requerimentos de cumprimento de sentença provisórios ou definitivos, e, no que couber, a todos os incidentes processuais autuados em apartado na área cível, mesmo que os autos principais sejam físicos.

Art. 1.288. O cumprimento provisório de decisão interlocutória tramitará no mesmo formato em que tramita o processo.

Art. 1.289. Os pedidos de cumprimento de sentença sujeitos ao peticionamento eletrônico intermediário que forem distribuídos pelo peticionamento eletrônico inicial deverão ser cancelados pelo Distribuidor, por determinação expressa do juiz competente.

Parágrafo único. O ofício de justiça intimará o peticionário pelo Diário da Justiça Eletrônico – DJE para que promova o peticionamento intermediário.

Seção VII – Dos Precatórios e das Requisições de Pequeno Valor

Subseção I – Do Processamento dos Ofícios Requisitórios

Art. 1.290. A tramitação do ofício requisitório dar-se-á exclusivamente nos incidentes processuais individualizados de precatórios e de requisições de pequeno valor.

Art. 1.291. Os pedidos relativos aos precatórios e requisições de pequeno valor devem ser apreciados nos respectivos incidentes individualizados, sendo vedado o processamento do requerimento no processo de conhecimento ou no cumprimento de sentença.

§ 1º. Realizado o pagamento do requisitório, a extinção deve ser realizada no respectivo incidente de precatório ou de requisição de pequeno valor, preferencialmente com emissão de um mandado de levantamento por incidente, sem prejuízo da extinção do cumprimento de sentença pelo pagamento após a quitação do último incidente requisitório, o que deve ser certificado nos autos do cumprimento de sentença.

§ 2º. Após a sentença de extinção e expedição de ofício de comunicação à DEPRE, a serventia deve providenciar a baixa definitiva do incidente no sistema.

§ 3º. Se, excepcionalmente a critério do magistrado, for expedido um único mandado de levantamento para todos os depósitos de RPV ou de precatório, a serventia deve certificar em cada incidente o levantamento do valor respectivo e o incidente onde foi realizado, com expedição de ofício de comunicação à DEPRE e baixa definitiva do incidente no sistema.

§ 4º. É vedada a vinculação de incidentes de precatório e RPV ao processo principal, os quais devem ser vinculados exclusivamente ao cumprimento de sentença, cabendo ao juízo indeferir o processamento do incidente assim iniciado pelo advogado. Excetua-se a hipótese em que o cumprimento de sentença tenha tramitado no processo principal.

§ 5º. No caso de ofícios requisitórios com comunicação à DEPRE anterior ao advento dos precatórios eletrônicos individualizados, a apreciação dos pedidos deve ser feita no bojo do processo que está em curso, ressalvadas as hipóteses de cumprimento de sentença autônomos descritas no art. 1.292 das Normas de Serviço da Corregedoria Geral da Justiça. É, portanto, vedada a instauração de novos cumprimentos de sentença ou de incidentes autônomos vinculados ao processo originário relativos a beneficiários já incluídos no precatório original.

§ 6º. No caso de tramitação do precatório na forma acima referida, fica mantido o dever de prestar informações atualizadas à DEPRE, por meio do fluxo de comunicação eletrônica e com modelos institucionais específicos.

Art. 1.292. É permitida a instauração de cumprimento de sentença autônomo nas seguintes hipóteses:

I – quando houver requisitório de valor incontroverso já expedido e o valor do crédito remanescente, antes controverso, transita em julgado e exige nova sentença fixando os valores devidos, ainda que homologatória;

II – quando houver reconhecimento de diferenças originadas de outras revisões de precatório;

III – quando determinado credor, por qualquer motivo, não teve seu crédito liquidado antes da expedição do requisitório já informado à DEPRE;

Parágrafo único. Compete ao juízo da fase de conhecimento a análise dos pedidos de cumprimento de sentença autônomo referidos no *caput*, mesmo que haja concordância do ente devedor e necessidade de prolação de sentença meramente homologatória, independentemente da existência de precatório anterior expedido em favor de outros litisconsortes do processo originário.

Art. 1.293. Salvo nas hipóteses restritas previstas na Resolução nº 303 do Conselho Nacional de Justiça, é vedada a expedição de precatório complementar.

Parágrafo único. Nas hipóteses excepcionais, o pedido será processado como novo precatório, a partir de um novo incidente de precatório eletrônico, admitido somente pelo Portal e-Saj e vinculado ao cumprimento de sentença que o originou.

Art. 1.294. Nos processos de competência dos Juizados Especiais da Fazenda Pública, para as partes não assistidas por advogado ou defensor público, o cadastro do novo incidente precatório eletrônico será realizado pela Unidade Judicial.

Subseção II – Do Processamento na Capital

Art. 1.295. Para os processos de conhecimento que tramitaram no formato físico, o juiz deve zelar para que os cumprimentos de sentença e/ou os incidentes de precatório individualizados sejam instruídos com a procuração do advogado que instaurou o pedido de execução, colaborando com a análise do pedido na fase do precatório e evitando-se desarquivamento dos autos.

Art. 1.296. As Varas da Fazenda Pública do Foro Central da Capital devem encaminhar o cumprimento de sentença e respectivo precatório à UPEFAZ somente após a confirmação do número de ordem indicado pela DEPRE referente ao precatório expedido, competindo à UPEFAZ os atos subsequentes, conforme o artigo 2º do Provimento CSM nº 2.488/2018.

Art. 1.297. Antes de encaminhar o processo à UPEFAZ, os juízos das Varas da Fazenda Pública do Foro Central da Capital devem analisar as questões processuais pendentes, como pedidos de habilitação de herdeiros, de homologação de cessão de crédito, anotação de penhora no rosto dos autos, impugnações, decisão sobre pedidos de prioridade especial, inclusive pedido de levantamento de valores de precatórios depositados nas Varas, dentre outros, vedando-se a remessa dos autos com questões pendentes de apreciação ou cumprimento, sob pena de não recebimento pela UPEFAZ.

Parágrafo único. Nos casos referidos no *caput*, é vedada a mera determinação de anotação do pedido, devendo ser apreciada a questão levada ao conhecimento do magistrado, procedendo-se às comunicações à DEPRE decorrentes da análise.

Art. 1.298. Nos casos em que houver a expedição concomitante de ofício requisitório de precatório a ser encaminhado à DEPRE e de requisição de pequeno valor (RPVs), os autos do processo principal serão remetidos à UPEFAZ após o pagamento, o levantamento e a extinção da obrigação de pequeno valor (OPV), sem prejuízo da pronta expedição do ofício requisitório de precatório e análise das questões processuais pendentes.

Art. 1.299. Os processos de conhecimento físicos arquivados nas Varas da Fazenda Pública do Foro Central da Capital não deverão ser encaminhados para a UPEFAZ quando da remessa do precatório.

§ 1º. Para possibilitar a redistribuição desses processos, diante da impossibilidade técnica atual, deverá a Vara de Fazenda proceder a retirada do processo físico do pacote de arquivo, apenas no sistema informatizado, incluindo uma movimentação correspondente a "Reativação do Processo". No complemento desta movimentação, deverá a Vara da Fazenda informar que o processo permanece arquivado, declinando o número do respectivo pacote e a Vara de origem. Deverá, ainda, inserir no complemento da movimentação a informação de que o processo foi desarquivado apenas no sistema informatizado para possibilitar a redistribuição à UPEFAZ.

§ 2º. Realizada a redistribuição do processo, deverá a UPEFAZ regularizar a situação do feito desarquivado, lançando a movimentação vinculada específica e promover o processamento do pedido.

§ 3º. Após a extinção da execução e respectivo cadastramento no sistema, a UPEFAZ encaminhará os autos ao arquivo.

Subseção III – Das Comunicações Obrigatórias à DEPRE

Art. 1.300. O juízo da execução comunicará eletronicamente à DEPRE, valendo-se dos modelos de expediente institucionais específicos ou dos modelos de grupo vinculados com as movimentações específicas, as seguintes hipóteses:

I – cessão de crédito;

II – sucessão processual nos casos de falecimento, divórcio, dissolução de união estável ou empresarial, dentre outras hipóteses legalmente previstas;

III – deferimento da penhora de valores de precatório;

IV – deferimento de preferência aos portadores de doença grave ou pessoa com deficiência;

V – acolhimento da impugnação ou pedido de revisão de cálculo relativos a critério de cálculo judicial;

VI – outras informações que o juízo entender relevantes ao processamento do pagamento do precatório pela DEPRE, em especial quando houver alteração do beneficiário.

Parágrafo único. No caso do inciso III, a comunicação à DEPRE deve ser feita exclusivamente pela funcionalidade própria do sistema para registro da penhora no incidente de precatório, que incluirá de forma automática a respetiva tarja no incidente ou processo, vedada a comunicação por outro meio.

Art. 1.301. As comunicações relativas aos expedientes produzidos pelo juízo da execução nos processos físicos ou digitais que não possuam incidente individualizado de precatório serão também encaminhadas eletronicamente à DEPRE, observando-se os modelos institucionais específicos.

....

ÍNDICES ALFABÉTICO-REMISSIVOS

6.1. RESOLUÇÃO TJSP Nº 850, DE 14 DE ABRIL DE 2021 – *Regulamenta o teletrabalho no âmbito do TJSP*

6.2.[A] RESOLUÇÃO TJSP Nº 963, DE 28 DE MAIO DE 2025 – *Governança e utilização do sistema eproc no TJSP*

6.2.[B] LEI COMPLEMENTAR Nº 1.111, DE 25 DE MAIO DE 2010 – *Plano de Cargos e Carreiras do TJSP*

6.3. REGIMENTO INTERNO DO TRIBUNAL DE JUSTIÇA DO ESTADO DE SÃO PAULO

6.4. NORMAS DA CORREGEDORIA GERAL DA JUSTIÇA

Este livro foi impresso
em fonte Arial sobre papel Offset 75 g/m²
para a Edipro na primavera de 2025.